Learning Spanish

How to Understand and Speak a New Language

Bill Worden, Ph.D.

THE
GREAT
COURSES

PUBLISHED BY:

THE GREAT COURSES
Corporate Headquarters
4840 Westfields Boulevard, Suite 500
Chantilly, Virginia 20151-2299
Phone: 1-800-832-2412
Fax: 703-378-3819
www.thegreatcourses.com

Bill Worden, Ph.D.
Associate Professor of Spanish
Director of Spanish Programs
The University of Alabama

D r. Bill Worden is an Associate Professor of Spanish and the Director of Spanish Programs in the Department of Modern Languages and Classics at The University of Alabama. Dr. Worden received his A.B. in Mathematics from Dartmouth College in 1985 and subsequently taught high school Spanish for five years in Illinois and Massachusetts. After studying in both Vermont and Madrid, he received his M.A. in Spanish from Middlebury College in 1996.

As a doctoral student at Brown University, Dr. Worden was awarded the David and Ruth Kossoff Prize for Leadership in Language Teaching by the Department of Hispanic Studies and the Presidential Award for Excellence in Teaching by the Graduate School. He also was chosen by fellow graduate students to give the address at the Graduate School commencement ceremony. In 2002, Dr. Worden received his Ph.D. in Hispanic Studies from Brown.

Since 2002, Dr. Worden has taught a wide variety of courses at The University of Alabama, ranging from Introductory Spanish and Advanced Grammar and Composition to undergraduate and graduate courses in 16th- and 17th-century Spanish literature. He has directed doctoral dissertations on colonial Latin American literature, early modern Spanish literature, and 20th-century Latin American literature.

Dr. Worden's main area of research is the work of Miguel de Cervantes, especially his novel *Don Quixote*. Dr. Worden has published in the fields of early modern Spanish literature, colonial Cuban theater, and 19th-century Spanish literature. He also has published on pedagogical topics, including how to teach Spanish at the middle school and high school levels and how to help undergraduate students make connections to *Don Quixote*. In addition, Dr. Worden is an award-winning speaker who has lectured on such subjects as the prose of Cervantes, early modern Spanish poetry, and approaches for helping beginning language students become comfortable speaking Spanish.

For a number of years, Dr. Worden served The University of Alabama's Department of Modern Languages and Classics as the Director of the Spanish Language Program and was responsible for supervising all graduate teaching assistants and instructors of introductory- and intermediate-level Spanish courses. In 2013, the Alabama Association of Foreign Language Teachers selected Dr. Worden as the winner of the annual Outstanding Foreign Language Teacher Award for Postsecondary. ■

Dr. Laura Rojas-Arce, author of the workbook and coauthor of the speaking activities, grew up in Costa Rica, where she studied psychology as an undergraduate student at the Universidad Hispanoamericana in Heredia. She completed her doctoral studies with a focus on contemporary Central American literature and received her Ph.D. from The University of Alabama in 2013. Dr. Rojas-Arce is an Instructor of Spanish at The University of Alabama, where she teaches courses ranging from Introductory Spanish and Advanced Grammar and Composition to courses on Latin American literature. ■

Table of Contents

Supplemental Material

Scope

This course introduces learners to the Spanish language and the cultures of the Spanish-speaking world. Because the course is designed for learners with no previous experience with the language, the lessons begin with the building blocks of Spanish: the alphabet, the proper pronunciation of consonant and vowel sounds, and greetings and responses to greetings. As you move forward in the course, you will be introduced to a variety of fundamental grammar topics, ever-increasing vocabulary lists, and cultural information that will teach you about the countries in the world where Spanish is spoken and help you understand how to use the grammar and vocabulary you will learn about in their proper cultural context.

The purpose of this course is not simply to teach you about Spanish, but rather to develop your language skills so that you can communicate successfully in the language. For that reason, the course includes a variety of components designed to allow you to practice and improve your abilities in reading, writing, speaking, and understanding spoken Spanish.

This course exposes learners to a variety of cultural aspects in the Spanish-speaking world, both in the video lessons and in the Cultural Readings that are found in the workbook. In terms of the grammar and vocabulary presented in the 30 lessons, this course covers the equivalent of what is taught in a first-semester Spanish course in college. You will find extensive grammar and vocabulary information in the various sections of the workbook. In addition, you might wish to consult any standard introductory Spanish textbook for reference.

Throughout the course, you will learn more than a thousand of the most commonly used words in Spanish and become acquainted with a number of important cultural aspects of the Spanish-speaking world. In terms of grammar, you will learn how to form the present tense of all verbs, as well as the present progressive construction, which is used to talk about something happening right now. You will be able to talk about future events in two different ways and to use several expressions that talk about past events. Moreover, you will learn how to conjugate and use one past tense—the preterite tense—for all verbs. Your ability to express yourself with verbs will be accompanied by a growing competence in using, for example, nouns, adjectives, and adverbs—all the necessary linguistic tools that will allow you to communicate successfully in Spanish. This course offers the requisite linguistic and cultural knowledge that will allow you to make the necessary first steps toward achieving communicative competence in Spanish. ■

Workbook Introduction

Welcome to the workbook for *Learning Spanish: How to Understand and Speak a New Language*. The exercises included here are designed to help develop your reading and writing skills in Spanish while you practice the vocabulary and grammar presented in the lessons. This introduction briefly explains how this workbook fits in with the other components that accompany this course so that you'll know how best to make use of all of them to help develop your Spanish skills.

When you finish watching one of the 30 lessons, you should next listen to the audio glossary, which will give you the pronunciation and definition of all the new vocabulary words. Then, it will be time to practice what you've learned. The speaking activities that follow the audio glossary are designed to help you improve your listening and speaking skills, and the exercises in this workbook will allow you to practice your reading and writing skills. You can decide if you want to do the speaking activities before or after you do the workbook exercises, but you should do both of these only after watching the lesson and listening to the audio glossary. In addition to the exercises accompanying each lesson, you will find the Grammar Reference, Glossary by Topic, Glossary of Cognates, Spanish-English Glossary, English-Spanish Glossary, and Resources for Further Study at the end of the workbook.

Each section of this workbook begins with New Vocabulary, a listing of new words in the same order as they are presented in the audio glossary. Next, the General Review section summarizes the material covered in the lesson, allowing you to review grammatical, cultural, or vocabulary-related content. Then, you will find the Activities, which offer practice with the new grammar and vocabulary. At the end of every workbook section, you will find the Correct Answers, which will allow you to check your work. In addition to the Activities included after every lesson, this workbook also contains six Cultural Readings about different aspects of Latin American culture.

The Activities in this workbook are contextualized in a series of short stories dealing with several families and their friends and neighbors. These families live in Villa Celeste [Celestial Town], a neighborhood somewhere in Latin America. The principal characters in the stories are the Cortés Ruiz family, the Quirós García family, and the González Fallas family. The Cortés Ruiz family has three sons, and the Quirós García family has two daughters and a son. Those two families also have two very young granddaughters. The González Fallas family, who just recently moved to the neighborhood, has a son and a daughter. You will find the family trees for these families following this introduction.

Most of the words used in the Activities will be ones you will have already been introduced to in the course. When this is not the case, the workbook will give the English for the Spanish word. The six Cultural Readings do indeed include vocabulary and grammar you will have already seen in the course. But they also purposely include some material a bit beyond your current level of comprehension. This will force you to make some educated guesses while reading—a very useful skill for a language learner. You won't need to recognize every word or expression in a reading to gain a good understanding of it. The English translation for the Cultural Readings can be found after the Correct Answers, so you will be able to see how well your understood what you read.

And now, it's time to get to work. Or, as we would say in Spanish: **¡A trabajar!** [Let's work!]. ∎

Workbook Families

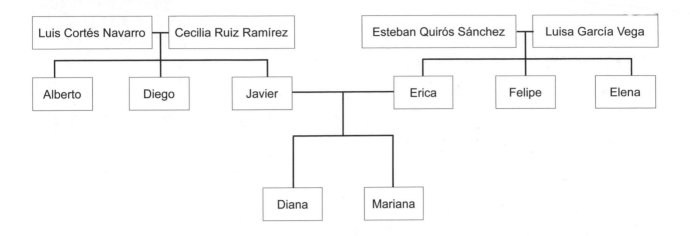

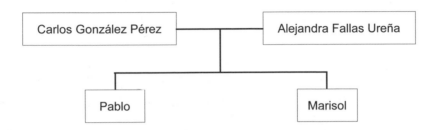

Introduction to the Spanish Language

I. Vocabulario nuevo / New Vocabulary

hola – hello	**¿Cómo está usted?** – How are you? [formal, singular]
¿Qué tal? – How's it going?	**¿Cómo están ustedes?** – How are you? [formal, plural]
¿Cómo estás? – How are you? [informal, singular]	

Bien, gracias. ¿Y tú? – Fine, thanks. And you? [informal, singular]	**Bien, gracias. ¿Y ustedes?** – Fine, thanks. And you? [formal, plural]
Bien, gracias. ¿Y usted? – Fine, thanks. And you? [formal, singular]	

bien – well	**regular** – so-so
Estoy bien. – I'm well.	**más o menos** – so-so
mal – not well	**no muy bien** – not very well
Estoy mal. – I'm not well.	

buenos días – good morning	**buenas tardes** – good afternoon
buen día – good morning	**buenas noches** – good evening, good night

Me llamo…. – My name is….	**¿Cómo te llamas?** – What's your name? [informal, singular]
Soy…. – I am….	**¿Cómo se llama usted?** – What's your name? [formal, singular]
Mi nombre es…. – My name is….	**mucho gusto** – nice to meet you

encantado – pleased to meet you [speaker masculine]	**Es un placer.** – It's a pleasure.
encantada – pleased to meet you [speaker feminine]	**igualmente** – likewise

gracias – thank you	**muy bien, gracias** – very well, thank you
muy – very	**bastante bien** – just fine

bienvenidos – welcome [plural]	**Le presento a….** – Let me introduce you to…. [formal, singular]
Te presento a…. – Let me introduce you to…. [informal, singular]	**Les presento a….** – Let me introduce you to…. [plural]

adiós – good-bye	**hasta mañana** – see you tomorrow
chao – bye	**hasta pronto** – see you soon
hasta luego – see you later	**nos vemos** – see you

el **curso** – course	la **lengua** – language
los **Estados Unidos** – United States	el **español** – Spanish language
el **aspecto** – aspect	el **castellano** – Spanish language
la **cultura** – culture	

| **introductorio** – introductory | **solo** – alone, only |
| **importante** – important | |

II. Repaso general / General Review

A. Approach to Learning a New Language

Successful language learners have a positive reaction when faced with the unfamiliar. So, rather than allowing yourself to feel frustrated, confused, or annoyed when listening to Spanish, try to maintain a positive outlook and work to understand anything you can. It can help to think of communicating in Spanish as a puzzle to be solved or an interesting challenge to be met. When you hear spoken Spanish, focus on what's being said, don't be distracted by negative thoughts, and listen for cognates, which are words that are the same or almost the same in two languages. Spanish and English share many cognates, including **curso** / course; **introductorio** / introductory; **profesor** / professor; **importante** / important; **aspecto** / aspect; **cultura** / culture; and **mucho** / much.

B. The Spanish Language

The Spanish language, known as either **español** or **castellano**, developed in the Iberian Peninsula in the region of Castile, or Castilla in Spanish. According to the United Nations, Spanish is the third most-spoken language in the world, after Mandarin Chinese and English. Roughly half a billion people speak Spanish, which is spoken on four continents, is an official language of 20 countries, and is one of the official languages (along with English) of the U.S. territory of Puerto Rico.

Spanish is also spoken more and more each year in the mainland United States. According to the latest census data, almost 40 million people in the United States speak Spanish at home, which makes up more than 12 percent of the country's population. A 2015 report by the Instituto Cervantes, a governmental organization in Spain that focuses on the Spanish language, concluded that there are more Spanish speakers in the United States than there are in Spain.

C. Varieties of Spoken Spanish

The three main differences that distinguish how Spanish is spoken in one place versus another are vocabulary, accent, and grammar. Differences in vocabulary result in different words being used in different places to refer to the same thing. To say "the computer," for example, in Latin America you'd say **la computadora**, while in Spain it's much more common to say **el ordenador**.

In terms of accent, there are differences between countries and even between regions within the same country. Perhaps the most notable difference in accent among Spanish speakers relates to the way to pronounce the letter **z** and the letter **c** followed by **e** or **i**. In Latin America, the letter **z** and the letter combinations **ce** and **ci** are pronounced with an **s** sound, while in northern and central Spain this is pronounced with a **th** sound. The Spanish word for "shoe" is **zapato**, which in Madrid is pronounced as "**th**apato" and in Latin America is pronounced "**s**apato."

There are not many grammatical differences among regions, but there are a few, and one deals with the plural form of "you." In both Spain and Latin America, the word **ustedes** is the formal, plural way to say "you." In Spain, there's also an informal, plural way to say "you," which is **vosotros** in the masculine or **vosotras** in the feminine. But **vosotros** and **vosotras** are not used in Latin America; instead, **ustedes** is used for the plural "you" in all cases.

Despite these differences in vocabulary, accent, and grammar, hundreds of millions of Spanish speakers communicate successfully across all the countries where the language is spoken. Speakers of Spanish—even from different regions—understand each other extremely well.

D. Pronunciation of Vowels

Pronouncing words in Spanish is simpler than it is in English because when you look at a letter in Spanish, with very rare exceptions you know exactly how to pronounce the sound of that letter. One challenging aspect of Spanish pronunciation is that there are sounds in the language that don't exist in English, and these can be difficult to pronounce at first.

Each of the five vowels—**a**, **e**, **i**, **o**, **u**—makes just one sound in Spanish, a short sound that stays the same from beginning to end.

- **A**, found in the common Spanish word **casa**, is the easiest vowel sound to make. For the other four vowel sounds, focus on keeping the vowel sound short and uniform.
- **E** makes the sound pronounced in the English word "take." It's not "eyyyy." You don't close it off at the end as you often do in English.
- **I** makes the sound pronounced in the word "fee." It's not "iyyyy."
- **O** makes the sound pronounced in "toll." It's not "owwww."
- **U** makes the sound pronounced in "rule." It's not "uwwww."

The video lessons, audio glossaries, and speaking activities model proper pronunciation in Spanish.

E. Greetings

Among the very common greetings in Spanish are **hola** [hello]; **¿Qué tal?** [How's it going?]; and **¿Cómo estás?** and **¿Cómo está usted?** [How are you?]. **¿Cómo estás?** is the informal way to say "How are you?" to someone. **¿Cómo está usted?** also asks "How are you?" but is used with someone you address formally.

Three ways to introduce yourself are **Me llamo Bill** [I call myself Bill, or My name is Bill]; **Soy Bill** [I am Bill]; and **Mi nombre es Bill** [My name is Bill].

Common expressions used when you meet someone for the first time are **mucho gusto** [nice to meet you]; **encantado** [pleased to meet you, masculine form]; **encantada** [pleased to meet you, feminine form]; **Es un placer** [It's a pleasure]; and **igualmente** [likewise].

Greetings dependent on the time of day include **buenos días** or **buen día** [good morning]; **buenas tardes** [good afternoon]; and **buenas noches** [good evening, or good night]. Ways to say "goodbye" include **adiós** [goodbye]; **chao** [bye]; **hasta luego** [see you later]; **hasta mañana** [see you tomorrow]; **hasta pronto** [see you soon]; and **nos vemos** [see you].

F. How Best to Approach This Course

If your goal is to work toward proficiency in Spanish, you should watch the video lessons and engage with the other course materials as well. In order to make significant progress with your language skills, you'll need to practice what's presented in the video lessons.

When you finish a lesson, you should next listen to the audio glossary, which will give you the pronunciation and definition of all new vocabulary words. Then, it will be time to practice what you've learned. The speaking activities for each lesson are designed to help you improve your listening and speaking skills. And the workbook exercises will allow you to practice your reading and writing. You can decide if you want to do the speaking activities before or after you do the workbook exercises, but you should do both of these only after watching the video lesson and listening to the audio glossary.

If you are able to involve someone else with your studies, you are encouraged to do so. Languages are meant for social interaction, so take the course with a friend or seek out opportunities to speak Spanish with someone who already knows the language. The more contact you have with Spanish, both within the course and beyond it, the better your progress will be.

G. Global Importance of the Spanish Language

Although it might seem that Spanish has gained importance in the United States only recently, in 1787 Thomas Jefferson wrote the following about the Spanish language in a letter to his nephew: "Bestow great attention on this, and endeavor to acquire an accurate knowledge of it. Our future connections with Spain and Spanish America, will render that language a valuable acquisition." What was true in Jefferson's time remains true today. Spanish is a world language, and its importance now extends beyond its use in other countries to the mainland of the United States.

Acquiring Spanish is a way of broadening your horizons and becoming more connected to the diverse traditions that are being lived out across oceans and right next door. A sincere desire to learn accompanied by diligent practice makes acquiring Spanish an achievable goal for people of all ages. And the benefits of being able to communicate in Spanish are significant. After all, half a billion people are waiting to talk with you.

¡Buenos días!	¡Buenas tardes!	¡Buenas noches!

III. Actividades / Activities

Carlos González y Alejandra Fallas se acaban de mudar con su familia al vecindario Villa Celeste y están saludando y conociendo a sus vecinos. / Carlos González and Alejandra Fallas have just moved with their family to the neighborhood Villa Celeste and are greeting and getting to know their neighbors.

a. Completa las siguientes frases con la expresión apropiada. / Complete the following sentences with the appropriate expression.

1. Esteban: Hola, ¿_____ están?

2. Carlos: ¡_____, gracias!

3. Esteban: ¿Cómo _____?

4. Carlos: _____ Carlos. ¿Y usted?

5. Esteban: _____ Esteban, y ella es mi esposa [and she is my wife], Luisa.

6. Carlos: ¡_____ gusto! Ella es mi esposa, Alejandra.

7. Alejandra: ¡_____!

8. Luisa: ¡_____!

b. Escribe una expresión similar a la expresión original. / Write an expression similar to the original expression.

1. Encantado. _____   4. Más o menos. _____

2. ¿Qué tal? _____   5. Mi nombre es.... _____

3. Muy bien, gracias. _____   6. Nos vemos. _____

c. Escoge una respuesta apropiada en cada situación. / Choose an appropriate answer in each situation.

1. Hola. ¿Cómo está?

a) Igualmente.   b) Bien, gracias. ¿Y usted?   c) Hasta luego.

2. Le presento a Luisa.

a) Más o menos.   b) Bien, gracias.   c) Mucho gusto.

3. Buenas tardes. ¿Qué tal?

a) Igualmente.   b) Muy bien. ¿Y usted?   c) Nos vemos.

4. Hasta mañana.

a) Regular.   b) Encantado.   c) Hasta pronto.

5. ¿Cómo te llamas?

a) Igualmente.   b) Buenos días.   c) Me llamo Carlos.

6. ¡Buenas noches! ¿Cómo estás?

a) Bien, gracias. ¿Y tú?   b) ¿Y usted?   c) Encantada.

d. Agrega la expresión apropiada. / Add the appropriate expression.

1. ¡Buenas   a. está usted?

2. ¿Cómo te   b. tal?

3. ¿Qué   c. gusto!

4. ¡Mucho   d. Carlos

5. Les   e. presento a mi amigo.

6. ¡Hasta   f. llamas?

7. ¿Cómo   g. pronto!

8. Mi nombre es   h. tardes!

IV. Respuestas correctas / Correct Answers

a.
1. ¿Cómo están?
2. ¡Bien, gracias! / ¡Muy bien, gracias!
3. ¿Cómo se llama usted?
4. Me llamo Carlos / Soy Carlos / Mi nombre es Carlos.
5. Soy Esteban / Mi nombre es Esteban / Me llamo Esteban.
6. ¡Mucho gusto!
7. ¡Mucho gusto! / ¡Encantada! / ¡Es un placer!
8. ¡Igualmente!

b.
1. Mucho gusto. / Igualmente. / Es un placer.
2. ¿Cómo está usted? / ¿Cómo estás?
3. Bien, gracias..
4. Regular
5. Soy…. / Me llamo
6. Hasta luego. / Hasta pronto. / Adiós. / Chao.

c.
1. b) Bien, gracias. ¿Y usted?
2. c) Mucho gusto.
3. b) Muy bien. ¿Y usted?
4. c) Hasta pronto.
5. c) Me llamo Carlos.
0. a) Bien, gracias. ¿Y tú?

d.
1. h) ¡Buenas tardes!
2. f) ¿Cómo te llamas?
3. b) ¿Qué tal?
4. c) ¡Mucho gusto!
5. e) Les presento a mi amigo.
6. g) ¡Hasta pronto!
7. a) ¿Cómo está usted?
8. d) Mi nombre es Carlos.

Definite Articles and Nouns

I. Vocabulario nuevo / New Vocabulary

el – the [masculine, singlar]	**los** – the [masculine, plural]
la – the [feminine, singular]	**las** – the [feminine, plural]

el **libro** – book	la **mano** – hand
la **silla** – chair	el **mapa** – map
la **mesa** – table	el **problema** – problem
la **casa** – house	el **sistema** – system
la **clase** – class	el **día** – day
el **reloj** – watch, clock	el **cuaderno** – notebook, workbook
el **lápiz** – pencil	el **agua** – water [feminine]
la **pared** – wall	la **letra** – letter
la **música** – music	el **hotel** – hotel
el **televisor** – television set	la **familia** – family
el **papel** – paper	

interesante – interesting	**clásico** – classical
popular – popular	**central** – central
inteligente – intelligent	

la **educación** – education	la **libertad** – liberty, freedom
la **nación** – nation	la **posibilidad** – possibility
la **lección** – lesson	la **actitud** – attitude
la **universidad** – university	la **virtud** – virtue

el **pianista** – male pianist	el **señor** – Mr., man
la **pianista** – female pianist	la **señora** – Mrs., woman
el **dentista** – male dentist	la **señorita** – Miss, young woman
la **dentista** – female dentist	el **profesor** – male professor
el **futbolista** – male soccer player	la **profesora** – female professor
la **futbolista** – female soccer player	el **doctor** – male doctor
el **chico** – boy	la **doctora** – female doctor
la **chica** – girl	**llamar** – to call

en – in	**hay** – there is, there are
de – of, from	

el **norte** – north	el **sur** – south
el **oeste** – west	el **este** – east

II. Repaso general / General Review

A. Geography of the Spanish-Speaking World

Spanish is spoken in Europe, North America, Central America, the Caribbean, South America, and Africa. The countries where Spanish is spoken as an official language within each of these regions are as follows.

- Europe: Spain.
- North America: Mexico.
- Central America: Guatemala, El Salvador, Honduras, Nicaragua, Costa Rica, Panama.
- The Caribbean: Cuba, the Dominican Republic, Puerto Rico.
- South America: Venezuela, Colombia, Ecuador, Peru, Bolivia, Paraguay, Chile, Uruguay, Argentina.
- Africa: Equatorial Guinea.

As you learned in the first lesson, the United States has more Spanish speakers than Spain; in fact, the United States has more Spanish speakers than any other country except Mexico. Spanish is also widely spoken in Canada, Belize, and the Philippines.

B. Nouns

All nouns in Spanish have a gender, meaning that they are either masculine or feminine. Most nouns that end in -**o** are masculine, while most that end in -**a** are feminine. Beyond gender, nouns also have a number, meaning that they are either singular or plural.

C. Definite Articles

While "the" is the only definite article in English, in Spanish there are four forms of the definite article: **el** (masculine singular), **la** (feminine singular), **los** (masculine plural), and **las** (feminine plural). Examples of definite articles used with nouns include **el libro** [the book]; **la mesa** [the table]; **los cuadernos** [the notebooks, or the workbooks]; **las señoras** [the women]. When the preposition **de** [of] is followed by the definite article **el**, **de** + **el** contracts to **del**. So, **El cuaderno del curso** is "The workbook of the course," or "The course's workbook."

Although nouns ending in -**o** are usually masculine and nouns ending in -**a** are usually feminine, there are many nouns in Spanish that have an ending other than -**o** or -**a**. For that reason, you should always learn a new noun with its accompanying definite article. As you learn, for example, that "the hotel" is **el hotel**, you are reinforcing that **hotel** is a masculine noun. And you need to know the gender of a noun, for example, so that you can use the proper form of an adjective to describe the noun.

Definite articles have a variety of uses in Spanish. As is the case with English, they can refer to something specific. For example, "The class is interesting" is **La clase es interesante**. Unlike English, definite articles are also used when talking about a noun in a general sense. To say, for example, "Freedom is important," you would say **La libertad es importante**. Definite articles are also needed when speaking or writing about people with titles, such as **señor**, **señora**, **señorita**, **profesor**, **profesora**, **doctor**, and **doctora**. To say "Professor Ana Cano is popular," for example, you would say **La profesora Ana Cano es popular**. No definite article is needed when talking directly to a person with a title, so "Hello, Professor Cano" is **Hola, Profesora Cano**.

D. Knowing the Gender of a Noun

You have learned that nouns ending in -**a** are usually feminine. Words ending in the suffixes -**ión**, -**ad**, and -**tud** are also almost always feminine. Examples of feminine nouns with these suffixes include **la lección** [lesson], **la posibilidad** [possibility], and **la virtud** [virtue]. [Note: Technically, **la lección**, for example, means "the lesson." But throughout the workbook and audio glossaries, although the definite article appears before the noun in Spanish (and can thereby help you remember the noun's gender), the definite article "the" does not appear before the noun in English.]

In the way that nouns ending in **-o** are usually masculine, nouns ending in **-r** and **-l** are also usually masculine. Examples of masculine nouns ending in **-r** and **-l** include **el televisor** [television set] and **el hotel** [hotel].

Words ending in **-ista** look feminine because they end in **-a**. But these words actually can be either masculine or feminine, as seen, for example, in **el futbolista** [male soccer player] and **la futbolista** [female soccer player]. Spanish words ending in **-ma** also look feminine because of the **-a** ending, but many of these words are actually masculine, including **el sistema** [system] and **el problema** [problem].

Specific words that seem to be one gender but are the other include **el día** [day] and **el mapa** [map], which are masculine, and **la mano** [hand], which is feminine.

Feminine nouns beginning with the sound **-a** in a stressed syllable use **el** rather than **la** as their definite article. **El agua** [water], for example, is indeed a feminine noun, but it uses **el** rather than **la** as its definite article. [Note: If **la** were used as the definite article for **agua**, then the two **a** sounds when pronounced would run together and sound like **laaaagua**. Using **el** instead of **la** avoids this problem.] Feminine nouns beginning with the sound **a** in a syllable that is not stressed keep the usual definite article of **la** (e.g., **la actitud** [attitude]).

E. Making Nouns Plural
The three rules for making a noun plural in Spanish are as follows.

1. If a noun ends in a vowel, add **-s**: **la silla** [chair] → **las sillas**.
2. If a noun ends in a consonant other than **z**, add **-es**: **el papel** [paper] → **los papeles**
3. If a noun ends in a **z**, change the **z** to **c** and add **-es**: **el lápiz** [pencil] → **los lápices**

F. The Alphabet in Spanish
The Spanish alphabet has 27 letters. They include the 26 used in English plus the letter **ñ** (as seen in **España**), which comes right after the letter **n** in the alphabet.

G. Pronunciation of Several Consonant Sounds
Pronunciation is not about letters, and it's not about spelling—it's about sound. So, listen carefully when you hear words in Spanish and do your best to reproduce the sounds you hear.

The letters **f**, **l**, **m**, and **n** are pronounced the same in Spanish as they are in English and are found in such words as **la profesora** [female professor], **la libertad** [liberty, freedom], **la música** [music], and **la nación** [nation].

The letter **s** is always pronounced as **s** and never as **z**. The name **José**, for example, is pronounced with an **s** sound, not a **z** sound.

The letter **h** is silent in Spanish, so **el hotel** [hotel], for example, should be pronounced as **el otel**. When **h** follows **c**, it makes a **ch** sound, as found in **la chica** [girl].

The letter **t** in Spanish is never aspirated when pronounced, meaning that you produce no puff of air when you make the sound of **t**. In fact, the **t** in Spanish sounds like a combination of **t** and **d**.

The sound that corresponds with single **r** in Spanish is similar to the sound made when **d** is pronounced in English. The sound corresponding to **j** in Spanish, as used in the names **Juan** and **José**, has no exact equivalent in English. Both the audio glossaries and the speaking activities offer numerous opportunities for you to listen to the pronunciation of words in Spanish and practice your own pronunciation. The best way to improve your pronunciation is to listen carefully when you hear Spanish and speak a lot of Spanish yourself.

III. Actividades / Activities

a. Agrega el artículo definido apropiado a cada sustantivo. / Add the appropriate definite article to each noun.

1. _____ universidad

2. _____ libros

3. _____ día

4. _____ lápices

5. _____ sistema

6. _____ cuadernos

7. _____ mapas

8. _____ educación

9. _____ actitud

b. La familia González Fallas desempaca las cajas que tienen las cosas que necesitan en su nueva casa. / The González Fallas family is unpacking the boxes that have the things they need in their new home.

Ayuda a la familia González Fallas a desempacar sus cosas. Agrega el artículo definido apropiado a cada sustantivo. / Help the González Fallas family unpack their things. Add the appropriate definite article to each noun.

1. _____ televisor

2. _____ mesas

3. _____ lámparas [lamps]

4. _____ papeles

5. _____ computadora [computer]

6. _____ alfombra [rug]

7. _____ cuadernos

8. _____ mapas

9. _____ libros

10. _____ mesas

c. La familia González Fallas no recuerda cuántas cosas tienen en las cajas. / The González Fallas family doesn't remember how many things they have in the boxes.

Ayúdalos haciendo el plural de las siguientes cosas que han desempacado. / Help them by making the plural of the following things they have unpacked.

1. el cuaderno _____

2. la lámpara _____

3. el televisor _____

4. el zapato [shoe] _____

5. el mapa _____

6. la alfombra _____

7. la cama [bed] _____

8. el reloj _____

9. la bicicleta [bicycle] _____

10. el perfume [perfume] _____

11. el papel _____

12. el lápiz _____

d. Escoge la respuesta correcta. / Choose the correct answer.

1. ¿Cuál [What] es el plural de **reloj**?	a) relojes	b) relojs	c) relojeces
2. ¿Cuál es el singular de **televisores**?	a) televiso	b) televisor	c) televisore
3. ¿Cuál es el plural de **hotel**?	a) hotel	b) hoteles	c) hotels
4. ¿Cuál es el singular de **doctoras**?	a) doctor	b) doctoras	c) doctora
5. ¿Cuál es el artículo definido de **sistema**?	a) la	b) las	c) el
6. ¿Cuál es el artículo definido de **mano**?	a) el	b) la	c) los
7. ¿Cuál es el artículo definido de **problemas**?	a) los	b) las	c) el
8. ¿Cuál es el artículo definido de **dentistas**?	a) los	b) las	c) la
9. ¿Cuál es el artículo definido de **futbolistas**?	a) los	b) las	c) la
10. ¿Cuál es el artículo definido de **papel**?	a) la	b) el	c) las

IV. Respuestas correctas / Correct Answers

a.
1. la universidad
2. los libros
3. el día
4. los lápices
5. el sistema
6. los cuadernos
7. los mapas
8. la educación
9. la actitud

b.
1. el
2. las
3. las
4. los
5. la
6. la
7. los
8. los
9. los
10. las

c.
1. los cuadernos
2. las lámparas
3. los televisores
4. los zapatos
5. los mapas
6. las alfombras
7. las camas
8. los relojes
9. las bicicletas
10. los perfumes
11. los papeles
12. los lápices

d.
1. a) relojes
2. b) televisor
3. b) hoteles
4. c) doctora
5 c) el
6. b) la
7. a) los
8. a) los and b) las
9. a) los and b) las
10. b) el

Subject Pronouns and the Verb *Ser*

I. Vocabulario nuevo / New Vocabulary

yo – I	**él** – he
tú – you [singular, informal]	**ella** – she
usted – you [singular, formal]	

nosotros – we [masculine]	**ustedes** – you [plural, formal]
nosotras – we [feminine]	**ellos** – they [masculine]
vosotros – you [masculine plural, informal]	**ellas** – they [feminine]
vosotras – you [feminine plural, informal]	

ser – to be	**¡Hablen!** – Speak! [plural command]
¡No esperen! – Don't wait! [plural command]	

alto – tall	**accidental** – accidental
simpático – nice	**usual** – usual
antipático – unfriendly	**normal** – normal
guapo – good-looking	**optimista** – optimistic
bonito – pretty	**pesimista** – pessimistic
feo – ugly	**activo** – active
joven – young	**responsable** – responsible
viejo – old	

largo – long	**embarazada** – pregnant
corto – short in length	**elegante** – elegant
grande – big	**excelente** – excellent
pequeño – small	**fantástico** – fantastic
avergonzado – embarrassed	

el **accidente** – accident	el **taxi** – taxi
la **cuestión** – question, issue	el **teléfono** – telephone
la **pregunta** – question	el **colegio** – high school

la **persona** – person	el **amigo** – male friend
el **vecino** – male neighbor	la **amiga** – female friend
la **vecina** – female neighbor	el **novio** – boyfriend
el **hombre** – man	la **novia** – girlfriend
la **mujer** – woman	

y – and	**sí** – yes
o – or	**no** – no, not
pero – but	**ahora** – now

II. Repaso general / General Review

A. Improving Your Ability to Speak

It's important as a beginning language learner that you take every opportunity to speak Spanish. Don't wait until you've learned more vocabulary and grammar. **¡Hablen español ahora!** ["Speak Spanish now!"] The best way to improve your spoken Spanish is to speak more.

B. Subject Pronouns

The singular subject pronouns in Spanish are **yo** – I; **tú** – you [singular, informal]; **usted** – you [singular, formal]; **él** – he; and **ella** – she. The plural subject pronouns are **nosotros** – we [masculine]; **nosotras** – we [feminine]; **vosotros** – you [masculine plural, informal]; **vosotras** – you [feminine plural, informal]; **ustedes** – you [plural, formal]; **ellos** – they [masculine]; and **ellas** – they [feminine].

The informal, singular way to say "you" is **tú**; the formal, singular way to say "you" is **usted**. If you're speaking to a family member, a friend, or someone else you're well acquainted with, you'll probably use **tú**. You'll use **usted** when talking with someone you have a formal relationship with or with someone you don't know well. If you're not sure which pronoun to use, it's better to use **usted**, because using the informal **tú** can be seen as rude by someone you don't know well.

The **vosotros** and **vosotras** forms, which are plural, informal ways to say "you," are used only in Spain. In Latin America, the plural of **tú** is **ustedes** and the plural of **usted** is **ustedes**; **vosotros** and **vosotras** are never used in Latin America.

The pronouns **nosotros**, **vosotros**, and **ellos** are used when referring to a group of all men or a mixed group of men and women. Even a group of many women and just one man would be referred to with these masculine pronouns. The pronouns **nosotras**, **vosotras**, and **ellas** are used only when every member of the group is female.

C. The Verb **ser**

The infinitive form, which is the verb form found in the dictionary, of all Spanish verbs ends in **-ar**, **-er**, or **-ir**. Ser, the infinitive form meaning "to be," has the following six forms in the present tense: **soy, eres, es, somos, sois, son**. Conjugating a verb means giving its proper verb forms for different subjects in a given tense. **Ser** is conjugated with the subject pronouns in the present tense as follows.

Ser with singular subject pronouns:	**yo soy**; **tú eres**; **usted**, **él**, or **ella es**
Ser with plural subject pronouns:	**nosotros** or **nosotras somos**; **vosotros** or **vosotras sois**; **ustedes**, **ellos**, or **ellas son**

Any singular subject that is not **yo** or **tú** uses the verb form **es** (e.g., **La clase es importante**).

Any plural subject that is not **nosotros**, **nosotras**, **vosotros**, or **vosotras** uses the verb form **son** (e.g., **Los amigos son optimistas**).

Ser is used 1) to identify a person or thing (**Ella es Claudia**); 2) to talk about one's profession (**Son doctores**), origin, or nationality (**Roberto es de Chile**); or 3) to describe inherent characteristics of someone or something (**Carla es inteligente**; **El hotel es elegante**)

D. Cognates
Spanish and English share many cognates, which are words that are the same or similar in two languages. Sometimes Spanish cognates are spelled the same as the word in English: **normal**, **hotel**, **usual**. Other Spanish cognates are spelled similar to, but not the same as, the word in English: **activo**, **responsable**, **excelente**. Your comprehension of Spanish will improve if you listen for cognates when conversing and look for them when reading.

Occasionally, a Spanish word will look like an English word but mean something else. These words are called false cognates. Examples include **largo** (which looks like "large" but means "long") and **colegio** (which looks like "college" but means "high school"). False cognates, however, are relatively rare compared to the vast number of cognates shared by English and Spanish.

E. Adjectives
Adjectives in Spanish must agree in number and gender with the noun being modified. So, if the subject is masculine singular, the adjective must also be masculine singular, and if the subject is feminine plural, the adjective must also be feminine plural.

Adjectives ending in **-o** have four forms. For example, **viejo**, meaning "old," has the following four forms: **viejo** (masculine singular); **vieja** (feminine singular); **viejos** (masculine plural); **viejas** (feminine plural).

Adjectives ending in **-e** have two forms, as can be seen in **responsable** (masculine and feminine singular) and **responsables** (masculine and feminine plural).

Adjectives ending in **-ista** have two forms, as can be seen in **pesimista** (masculine and feminine singular) and **pesimistas** (masculine and feminine plural).

III. Actividades / Activities
a. Decide si debes dirigirte a las siguientes personas de una manera formal o informal. / Decide if you should address the following people in a formal or informal way.

1. You are about to call your friend to ask him to watch the game with you. _____

2. Your uncle wants to borrow your car. _____

3. Your boss just sent you an email. _____

4. Your neighbor is inviting you to a gathering on Saturday. _____

5. The CEO of the company is entering the room. _____

6. You just met someone. _____

7. The President of the United States is coming to your town. _____

8. You and your sister are going to celebrate her birthday. _____

9. Someone called and it was a wrong number. _____

10. You meet a random person at the supermarket. _____

b. Alejandra está hablando sobre su familia con su vecina Cecilia. / Alejandra is talking about her family with her neighbor Cecilia.

Agrega la conjugación correcta del verbo **ser**. / Add the correct conjugation of the verb **ser**.

1. Carlos _____ mi esposo [my husband].

2. Pablo _____ mi hijo [son].

3. Marisol _____ mi hija [daughter].

4. Pablo y Marisol _____ mis hijos [children].

5. Yo _____ la esposa [wife] de Carlos.

6. Yo _____ la madre [mother] de Pablo y Marisol.

7. Nosotros _____ la familia González Fallas.

8. Carlos _____ el padre [father] de Pablo y Marisol.

9. ¿De dónde _____ usted y Luis?

c. La familia González Fallas continúa conociendo a los miembros de su nuevo vecindario en Villa Celeste. / The González Fallas family continues to meet the members of their new neighborhood in Villa Celeste.

Completa el diálogo entre Alejandra, Luisa, Pablo y Marisol usando el verbo **ser** y palabras para saludarse y presentarse. / Complete the dialogue between Alejandra, Luisa, Pablo, and Marisol using the verb **ser** and words to greet others and introduce oneself.

Alejandra: ¡Hola! Me 1) _____ Alejandra.

Luisa: Mucho 2) _____. 3)_____Luisa.

Alejandra: Le 4) _____ a Pablo. Él 5)_____ mi hijo.

Luisa: ¡Encantada! Mi nombre 6)_____ Luisa.

Pablo: 7)_____. Ella 8)_____ mi hermana Marisol.

Marisol: ¿Qué tal?

Luisa: 9) ¡_____ bien, gracias!

Luisa: Le 10) _____ mi hija Elena. Ella 11) _____ estudiante de la universidad.

Marisol: 12) ¡_____ gusto!

Elena: Igualmente. Erica y Felipe 13) _____ mis hermanos.

d. Elena está hablando con Marisol. / Elena is talking with Marisol.

¿Qué pronombres personales necesita Elena para hablar de…? / What subject pronouns does Elena need to talk about…?

1. Mis amigos y yo _____.

2. Mis vecinas _____.

3. El ex-novio [ex-boyfriend] de Elena _____.

4. Los ex-novios de Marisol y de Elena _____.

5. Una amiga de Elena _____.

6. Elena y su familia _____.

7. Los amigos de Pablo _____.

8. Las amigas de Elena _____.

9. Elena _____.

10. Pablo _____.

11. Los hermanos [siblings] de Elena (Erica y Felipe) y Elena_____.

12. La hermana [sister] de Elena y Elena _____.

13. Marisol _____.

14. Marisol y su familia _____.

e. Luisa está hablando con su esposo Esteban sobre los nuevos vecinos. / Luisa is talking with her husband Esteban about the new neighbors.

Completa las frases usando la forma correcta de los adjetivos y el verbo **ser** si es necesario. / Complete the sentences using the correct form of the adjectives and the verb **ser** if it's necessary.

activo(a)	fantástico(a)	alto(a)	guapo(a)	
simpático(a)	inteligente	excelente	responsable	simpático (a)

Luisa: Alejandra es una buena persona. 1) _____ una mujer muy 2) _____.

Esteban: Carlos y Pablo 3) _____ 4) _____ también [also].

Luisa: Carlos, Alejandra, Pablo y Marisol 5) _____ la familia González Fallas.

Esteban: Pablo juega tres deportes [plays three sports]. Él 6) _____ un chico 7) _____.

Luisa: Y Pablo está en la escuela secundaria [is in high school]. Sus notas [His grades] 8) _____

9) _____. Él 10)_____ 11) _____.

Esteban: Elena y Marisol también tienen [have] notas 12)_____. Ellas 13)_____ muy

14) _____.

IV. Respuestas correctas / Correct Answers

a.
1. informal
2. informal*
3. formal
4. informal
5. formal

6. formal
7. formal
8. informal
9. formal
10. formal

b.
1. es
2. es
3. es
4. son
5. soy

6. soy
7. somos
8. es
9. son

c.
1. llamo
2. gusto
3. Me llamo / Soy / Mi nombre es
4. presento
5. es
6. es
7. Mucho gusto. / Encantado. / Es un placer.

8. es
9. Muy
10. presento a
11. es
12. Mucho
13. son

d.
1. nosotros
2. ellas
3. él
4. ellos
5. ella
6. nosotros
7. ellos

8. ellas
9. yo
10. él
11. nosotros
12. nosotras
13. usted / tú
14. ustedes / vosotros

e.
1. Es
2. simpática / fantástica**
3. son
4. simpáticos / fantásticos
5. son
6. es
7. activo

8. son
9. fantásticas
10. es
11. inteligente
12. fantásticas
13. son
14. inteligentes

* As is the case with all of these examples, the way you address these people depends on the closeness of your relationship with them. It's also possible that you might address your uncle in a formal way.

** The word **fantástica** already conveys the idea of something extremely good, so it would be odd to say **muy fantástica** because it would be redundant. **Simpática** is the better answer.

Regular -ar Verbs in the Present

I. Vocabulario nuevo / New Vocabulary

cubano – Cuban	**venezolano** – Venezuelan
dominicano – Dominican	**colombiano** – Colombian
puertorriqueño – Puerto Rican	**ecuatoriano** – Ecuadorian
norteamericano – (North) American	**peruano** – Peruvian
mexicano – Mexican	**boliviano** – Bolivian
guatemalteco – Guatemalan	**chileno** – Chilean
salvadoreño – Salvadoran	**paraguayo** – Paraguayan
hondureño – Honduran	**argentino** – Argentine
nicaragüense – Nicaraguan	**uruguayo** – Uruguayan
costarricense – Costa Rican	**español** – Spaniard
panameño – Panamanian	**ecuatoguineano** – Equatorial Guinean
el **café** – coffee	el **trabajador** – worker
hablar – to speak, to talk	**trabajar** – to work
bailar – to dance	**llegar** – to arrive
tomar – to take, to drink	**estudiar** – to study
ayudar – to help	**cantar** – to sing
comprar – to buy	**cocinar** – to cook
preparar – to prepare	**indicar** – to indicate
escuchar – to hear	**ordenar** – to order
viajar – to travel	**dedicar** – to dedicate
fuerte – strong	**contento** – happy
egoísta – selfish	**famoso** – famous
trabajador – hard-working	**formal** – formal
hablador – talkative	**informal** – informal
ideal – ideal	**bueno** – good
tímido – timid	**malo** – bad
terrible – terrible	**mucho** – a lot
fenomenal – phenomenal	**muchos** – many
paciente – patient	**poco** – little
impaciente – impatient	**pocos** – few

II. Repaso general / General Review

A. Conjugating Verbs in Spanish

As you learned in an earlier lesson, the infinitive form of a verb is the form that appears in the dictionary and is a nonconjugated verb form. All Spanish verbs have infinitive forms ending either in **-ar**, **-er**, or **-ir**, so the three kinds of verbs in Spanish are **-ar** verbs, **-er** verbs, and **-ir** verbs.

The infinitive form of the verb has two parts: the stem of the word (which is everything before the ending) and the ending itself (which is either **-ar**, **-er**, or **-ir**). For example, the stem of **viajar** ("to travel") is **viaj-**, and the verb's ending is **-ar**. Once you've identified the stem of a verb, you conjugate the verb by adding the appropriate ending to the stem for the given subject.

B. Conjugating Regular **-ar** Verbs in the Present

The present tense endings for regular **-ar** verbs are **-o**, **-as**, **-a**, **-amos**, **-áis**, and **-an**. The following is an example of a regular **-ar** verb conjugated in the present tense.

ayudar [to help]

yo	ayud**o**	nosotros, nosotras	ayud**amos**
tú	ayud**as**	vosotros, vosotras	ayud**áis**
él, ella, usted	ayud**a**	ellos, ellas, ustedes	ayud**an**

The verb form **ayudamos**, for example, can mean "We help," "We do help," "We are helping," or even—in certain contexts—"We are going to help."

C. When to Use Subject Pronouns before Verbs

Because the ending of a verb indicates the verb's subject, most often Spanish speakers do not include a subject pronoun before the verb. There are, however, two common cases in which subject pronouns are used. They are often used before verbs in the third-person singular and plural because there can be many possible subjects for these verb forms. **Trabaja mucho**, for example, could mean "You work a lot" (with the subject being **usted**), or it could be "He works a lot," or "She works a lot." To clarify, then, it's common to include a subject with a third-person form of the verb and say, for example, **Usted estudia mucho**.

Another time to use a subject pronoun is to emphasize the subject. If, for example, people around you are saying that they don't sing much, and you actually do, it would be appropriate to say **Yo canto mucho**, emphasizing "I *do* sing a lot."

D. More Agreement of Adjectives with Nouns

Adjectives ending in **-dor** in the masculine singular have four forms, as can be seen with the adjective meaning "talkative": **hablador**, **habladora**, **habladores**, **habladoras**. Any adjective of nationality that ends in a consonant also has four forms, as seen in the adjective meaning "French": **francés**, **francesa**, **franceses**, **francesas**. Except for adjectives ending in **-o**, **-dor**, and ones ending in consonants that express nationality, almost all other adjectives in Spanish have two forms (e.g., **fenomenal**, **fenomenales**; **terrible**, **terribles**).

E. Placement of Adjectives

Adjectives in Spanish almost always follow the noun modified (e.g., **las doctoras ideales**). To modify a noun with two adjectives, put the adjectives after the noun and put **y** ("and") between them (e.g., **el pianista famoso y egoísta**). **Bueno** and **malo** can go before or after the modified noun. Before masculine nouns, both of these adjectives drop the **-o** (e.g., **el buen hombre**; **el mal día**). Adjectives of quantity precede the modified noun (e.g., **muchos estudiantes**; **poca agua**).

F. Pronunciation of Consonants

The double-r sound requires that you roll your **r**, creating a sound that does not exist in English. The sound is required when a word has the letter combination **rr**, when a word starts with **r**, and after the letters **l**, **n**, and **s** (e.g., **carro**, **Raúl**, **alrededor**, **Enrique**, **Israel**). You make the sound corresponding with **rr** by having your tongue vibrate up against the center of the roof of your mouth.

At the start of a word or after the letters **n** and **l**, you pronounce **d** as you would in English. After a vowel, the sound of the **d** should be like the **th** sound of the English word "this." When saying the name **David**, for example, you should pronounce the first **d** similar to the **d** sound made in English and the second **d** similar to the **th** of "this."

There are variations by country, but in many places, both **y** and **ll** are pronounced similar to the way **y** is pronounced in English.

III. Actividades / Activities

a. Cecilia Ruiz Ramírez es una secretaria ejecutiva en un banco muy importante de su ciudad. Ella está explicando lo que hace generalmente durante la semana. / Cecilia Ruiz Ramírez is an executive secretary at a major bank in her city. She is explaining what she usually does during the week.

Completa las frases siguientes con la conjugación del verbo en presente. / Complete the following sentences with the present tense conjugation of the verb.

Todos los días [Every day], yo 1. _____ (tomar) café con mi esposo [my husband] Luis. Mi esposo

y yo 2. _____ (llegar) al trabajo [at work] a las 8:00 de la mañana. Mis colegas [my colleagues]

3. _____ (llegar) a las 8:50. Nosotros 4. _____ (tomar) café a las 10:50. En mi trabajo,

(yo) 5. _____ (escuchar) a muchas personas que [that] 6. _____ (hablar) en las reuniones

[meetings]. Yo a veces [at times] 7. _____ (hablar) también [also], pero generalmente [generally] yo

8. _____ (tomar) las notas [notes] importantes de las reuniones. Mi asistente [My assistant] también

9. _____ (tomar) notas en las reuniones. Todos los días, mi asistente y yo 10._____

(llamar) a muchas personas. También, yo 11. _____ (viajar) a dos simposios [symposiums] cada año

[each year]. En casa, mi esposo y yo 12. _____ (preparar) la cena [dinner] juntos [together]. Alberto,

mi hijo [son], no 13. _____ (llegar) a cenar [to have dinner] con [with] nosotros porque [because]

él 14. _____ (trabajar) muy tarde [late]. Diego, mi otro [other] hijo y sus [his] amigos a veces

15. _____ (llegar) a cenar con nosotros. Ellos 16. _____ (cocinar) el postre [dessert].

b. De la historia anterior, escribe la forma negativa de los siguientes verbos. / From the previous story, write the negative form of the following verbs.

1. Mis colegas y yo _____ (tomar) café a las 11:50 de la mañana.

2. Ellos _____ (llegar) a las 7:50 de la mañana.

3. Yo _____ (hablar) nunca [never] en las reuniones.

4. Diego, mi hijo y su profesora _____ (llegar) a comer con nosotros.

c. Responde a las preguntas de forma afirmativa. / Answer the questions affirmatively.

1. ¿Bailas mucho? _____.

2. ¿Clara y Roberto bailan tango? _____.

3. ¿Estudias en la universidad? _____.

4. ¿Tú y tu [your] familia preparan la cena juntos?_____.

5. ¿Tomas agua todos los días? _____.

6. ¿Isabel compra la comida en el supermercado [supermarket]? _____.

7. ¿Andrea Bocelli a veces canta en español? _____.

8. ¿Cocinas pizza con amigos? _____.

9. ¿Las chicas miran el fútbol [soccer]? _____.

10. ¿Escuchan ustedes música en el carro [car]? _____.

d. Cecilia Ruiz Ramírez está en un simposio esta semana. Ella está impresionada por la organización del simposio. / Cecilia Ruiz Ramírez is at a symposium this week. She is impressed by the organization of the symposium.

Escoge el adjetivo de cantidad correcto. / Choose the correct adjective of quantity.

1. En la mesa hay _____ (mucho, mucha, muchos, muchas) comida [food].

2. En la recepción [reception desk] hay _____ (mucho, mucha, muchos, muchas) programas [programs] del simposio.

3. En el salón [meeting room] norte hay _____ (poco, poca, pocos, pocas) café.

4. En el salón oeste hay _____ (poco, poca, pocos, pocas) personas.

5. En el salón sur hay _____ (mucho, mucha, muchos, muchas) personas.

6. En la recepción hay _____ (mucho, muchas, muchos, muchas) bebidas [drinks] pero

7. _____ (poco, poca, pocos, pocas) servilletas [napkins].

e. Luis Cortés Navarro es el dueño de una agencia de viajes. El conoce a muchas personas de distintas nacionalidades. Él está mirando un álbum de fotos y está recordando las nacionalidades de sus amigos y amigas. / Luis Cortés Navarro is the owner of a travel agency. He knows many people of different nationalities. He is looking at a photo album and is remembering his friends' nationalities.

Escoge el adjetivo correcto. / Choose the correct adjective.

1. Gerardo Martínez es muy _____ (simpático, simpática, simpáticos, simpáticas). Él es de la ciudad [city] de Guadalajara, México. Él es _____ (mexicano, mexicana, mexicanos, mexicanas).

2. Hagen Hoffmeiter y su esposa [wife] Brigitte son de Núremberg. Ellos son _____ (activo, activa, activos, activas) y son _____ (alemán, alemana, alemanes, alemanas).

3. El Rey [King] Felipe VI es de Madrid y es muy _____ (alto, alta, altos, altas). Su esposa Letizia Ortiz es de Oviedo, Asturias. Ellos son _____ (español, española, españoles, españolas).

4. Pierre Dubois es de Dijon y su familia es de Toulouse. Él es _____ (francés, francesa, franceses, francesa). Él es _____ (estudiante, estudiantes) de medicina [medicine].

5. Juan Manuel Ríos es de Buenos Aires. Él y su hermano son _____ (profesor, profesora, profesores, profesoras). Ellos son _____ (argentino, argentina, argentinos, argentinas).

6. La familia Flores Quispe es de Lima. Ellos son _____ (peruano, peruana, peruanos, peruanas).

7. Graciela Mercedes Ramírez Villalba es _____ (dentista, dentistas). Ella trabaja en Capiatá. Ella es _____ (paraguayo, paraguaya, paraguayos, paraguayas).

IV. Respuestas correctas / Correct Answers

a.
1. tomo
2. llegamos
3. llegan
4. tomamos
5. escucho
6. hablan
7. hablo
8. tomo
9. toma
10. llamamos
11. viajo
12. preparamos
13. llega
14. trabaja
15. llegan
16. cocinan

b.
1. no tomamos
2. no llegan
3. no hablo
4. no llegan

c.
1. Sí, bailo mucho.
2. Sí, Clara y Roberto bailan tango.
3. Sí, estudio en la universidad.
4. Sí, preparamos la cena juntos.
5. Sí, tomo agua todos los días.
6. Sí, Isabel compra la comida en el supermercado.
7. Sí, Andrea Bocelli a veces canta en español.
8. Sí, cocino pizza con amigos. / Sí, mis amigos y yo cocinamos pizza.
9. Sí, las chicas miran el fútbol
10. Sí, escuchamos música en el carro.

d.
1. mucha
2. muchos
3. poco
4. pocas
5. muchas
6. muchas
7. pocas

e.
1. simpático / mexicano
2. activos / alemanes
3. alto / españoles
4. francés / estudiante
5. profesores / argentinos
6. peruanos
7. dentista / paraguaya

Indefinite Articles and Numbers to 100

I. Vocabulario nuevo / New Vocabulary

un – a, an [masculine, singlar]	**unos** – some [masculine]
una – a, an [feminine, singular]	**unas** – some [feminine]
el **estudiante** – male student	el **béisbol** – baseball
la **estudiante** – female student	el **examen** – exam
el **águila** – eagle [feminine]	el **kilómetro** – kilometer
el **zapato** – shoe	el **kilo** – kilo
el **deporte** – sport	la **cerveza** – beer
católico – Catholic	**extra** – extra
enseñar – to teach	**mirar** – to look at
caminar – to walk	**llevar** – to wear, to carry
buscar – to look for	**necesitar** – to need
¿cuánto?, **¿cuánta?** – how much?	**para** – for
¿cuántos?, **¿cuántas?** – how many?	**por favor** – please
cero – zero	**seis** – six
uno – one	**siete** – seven
dos – two	**ocho** – eight
tres – three	**nueve** – nine
cuatro – four	**diez** – ten
cinco – five	
once – eleven	**dieciséis** – sixteen
doce – twelve	**diecisiete** – seventeen
trece – thirteen	**dieciocho** – eighteen
catorce – fourteen	**diecinueve** – nineteen
quince – fifteen	**veinte** – twenty
treinta – thirty	**setenta** – seventy
cuarenta – forty	**ochenta** – eighty
cincuenta – fifty	**noventa** – ninety
sesenta – sixty	**cien** – one hundred

II. Repaso general / General Review

A. Improving Your Ability to Communicate in Spanish

Being proficient in Spanish really means performing it as needed. And proper performance of Spanish—when speaking or writing—happens only as the result of sufficient practice. That's why the most effective way to improve your ability to communicate in Spanish is to practice it as much as possible, whether by engaging with the audio glossary, speaking activities, and workbook or by interacting with other Spanish speakers. Also, try to use Spanish even when you're not studying the language by, for example, counting in Spanish in your daily life. The more contact you have with Spanish—the more you speak it, read it, write it, or hear it—the quicker and more fully you will acquire the language.

B. Indefinite Articles

While "a" and "an" (in the singular) and "some" (in the plural) are the indefinite articles in English, in Spanish there are four forms of the indefinite article: **un** (masculine singular), **una** (feminine singular), **unos** (masculine plural), **unas** (feminine plural). Examples of indefinite articles used with nouns include **un zapato** [a shoe], **una cerveza** [a beer], **unos kilómetros** [some kilometers], and **unas águilas** [some eagles].

In general, the indefinite article in Spanish is used much as it is in English. For example, "Carlos is taking an exam" is **Carlos toma un examen**. Unlike English, indefinite articles are typically not used when talking about one's profession, religion, or nationality (e.g., "María is a doctor" is **María es doctora**; "Pedro is a Catholic" is **Pedro es católico**; "Teresa is a Spaniard" is **Teresa es española**). When, however, the profession, religion, or nationality is modified by an adjective, then an indefinite article is used (e.g., **María es una doctora excelente**; **Pedro es un buen católico**; **Teresa es una española famosa**).

Feminine nouns beginning with the sound **a** in a stressed syllable use **un** rather than **una** as their indefinite article. **Un águila** [an eagle], for example, is indeed a feminine noun, but it uses **un** rather than **una** as its indefinite article. [Note: If **una** were used as the definite article for águila, then the two **a** sounds would run together when pronounced and sound like **unaaaáguila**; using **un** instead of **una** avoids this problem.] Feminine nouns beginning with the sound **a** in a syllable that is not stressed keep the usual definite article of **una** (e.g., **una actitud** [an attitude]).

C. Numbers 1 to 100

Once you learn the numbers one to ten, you can use those numbers to help you learn ten to twenty and then the multiples of ten from ten to one hundred. Notice the similarities and differences in the following numbers.

uno	once	diez
dos	**do**ce	veinte
tres	**tre**ce	**tre**inta
cuatro	**c**atorce	**cua**renta
cinco	quince	**cinc**uenta
seis	dieci**séis**	**se**senta
siete	dieci**siete**	setenta
ocho	dieci**ocho**	**och**enta
nueve	dieci**nueve**	noventa
diez	veinte	cien

Usually, a number doesn't change its form when modifying a noun. For example, **siete** stays the same in **Hay siete chicos** and **Hay siete chicas**. Numbers that do change are those ending in **-un** or **-una**. For example, "twenty-one men" uses the masculine form **veintiún hombres**, while "forty-one women" uses the feminine form **cuarenta y una mujeres**.

D. Pronunciation

The Spanish letters **b** and **v** are associated with the same sound: the sound made when a **b** is pronounced in English. Like the sound associated with the letter **t**, the sounds associated with the letters **p**, **b**, **v**, and **k** in Spanish are not aspirated, meaning that you produce no puff of air when you pronounce words with these letters in them. When you say, for example, **Bolivia** or **El taco es para Teresa**, your mouth should produce no puffs of air. You can test this by putting your hand in front of your mouth when speaking; your hand should not feel any puffs of air when you pronounce the sounds associated with **t**, **p**, **b**, **v**, and **k**.

The letters **k** and **w** are hardly used in Spanish because they only appear in words that come from other languages (e.g., **el kilo**, **el whisky**). The sound associated with the letter **w** in Spanish is the same as it is in English.

The sounds made when pronouncing the letters **c** and **g** are as follows: The **k** sound is made when **c** appears before **a**, **o**, or **u** (e.g., **la casa**, **el taco**, **Cuba**); in Latin America, the **s** sound is made when **c** appears before **e** or **i**, while in Spain, the sound made is **th**, as in the English word "this." So, Latin Americans would pronounce **cero** and **cinco** by saying these words with an **s** sound, while someone from Madrid would say these words with a **th** sound. The sound associated with **z** is always the same as the sound associated with **ce** and **ci**: Latin Americans would say **zapato** [shoe] by pronouncing an **s** sound, while someone from Madrid would pronounce the word with a **th** sound.

The letter **g** is like **c** because the way it's pronounced depends on the letter that follows it: The hard **g** sound is made when **g** is followed by **a**, **o**, or **u** (e.g., **la galleta** [cookie], **Gonzalo**, **Gustavo**); the Spanish **j** sound is made when the letter following **g** is **e** or **i** (e.g., **Argentina**, **el gigante** [giant]).

The letter **x** in Spanish is usually associated with the same sound produced by the **x** in English (e.g., **el taxi**). With certain Mexican place names, the **x** is pronounced with the sound made by **jota** (e.g., **México**), at other times, the **x** is pronounced as an **s**, as in **el xilófono** [xylophone]. The letter **ñ** is associated with the sound made in the English word "onion" (e.g., **España**).

III. Actividades / Activities

a. Marisol asiste ahora a una nueva escuela secundaria: la escuela Miguel de Cervantes. Marisol habla con su madre Alejandra sobre las cosas que se encuentran en su aula de biología. / Marisol is now attending a new high school: Miguel de Cervantes High School. Marisol talks to her mother Alejandra about the things that can be found in her biology classroom.

Agrega el artículo indefinido apropiado. / Add the correct indefinite article.

En el aula [classroom] hay:

1. _____ lápices

2. _____ mesa

3. _____ exámenes

4. _____ reloj

5. _____ libros

6. _____ computadoras [computers]

7. _____ cuadernos

8. _____ diccionarios [dictionaries]

9. _____ esqueleto [skeleton]

10. _____ sillas

11. _____ televisor

12. _____ mapas

13. _____ teléfono

14. _____ maestra [teacher]

15. _____ chicos

16. _____ estudiantes altas

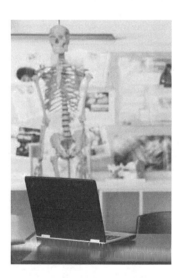

b. El padre de Marisol, Carlos González, quiere aprender a hacer algo nuevo en su tiempo libre. / Marisol's father, Carlos González, wants to learn how to do something new in his free time.

Completa las frases con el artículo indefinido correcto. / Complete the sentences with the correct indefinite article.

Carlos quiere aprender a hacer algo nuevo. Él mira 1. _____ sitios web [websites] interesantes.

2. _____ amigo le recomendó [recommended to him] tomar 3. _____ curso en casa. Ahora él

busca 4. _____ curso de fotografía [photography] de The Great Courses. Él necesita 5. _____

cámara [camera], 6. _____ ideas [ideas] y 7. _____ buena actitud.

c. La familia González Fallas está conociendo a los vecinos de Villa Celeste. Ellos hablan sobre las profesiones que todos tienen. / The González Fallas family is getting to know their neighbors in Villa Celeste. They talk about the professions that everyone has.

Completa las frases con el artículo indefinido correcto. Si la frase no necesita un artículo, escribe "X". / Complete the sentences with the correct indefinite article. If the sentence does not need an article, write an "X."

Luis Cortés es 1. _____ dueño [owner] de una agencia de viajes. Su [His] esposa [wife] Cecilia es

2. _____ secretaria ejecutiva. Cecilia es 3. _____ secretaria excelente. Su hijo [son] Alberto

es 4. _____ dentista fantástico. Su hijo Diego es 5. _____ estudiante. Su hijo Javier es

6. _____ ingeniero [engineer] muy responsable. El otro [other] vecino, Esteban Quirós, no solo es

7. _____ doctor, él es 8. _____ doctor muy famoso en el hospital. Luisa, la esposa de Esteban,

es 9. _____ nutricionista [nutritionist]. Ella es 10. _____ nutricionista muy trabajadora.

d. Escribe los números correctos. / Write the correct numbers.

1. ¿Cuántos estados [states] hay en los Estados Unidos? _____.

2. ¿Cuántos días hay en enero [January]? _____.

3. ¿Cuántos días hay en un febrero [February] normal? _____.

4. ¿Cuántas dedos [fingers] hay en dos manos? _____.

5. ¿Cuántas semanas [weeks] hay en un año [year]? _____.

6. En la canción [song] "The Twelve Days of Christmas" [Los doce días de la Navidad], ¿cuántas mujeres bailan?

_____.

7. ¿En cuántas naciones de América Central se habla [is spoken] español como lengua oficial?

_____.

IV. Lectura cultural / Cultural Reading

Lee el texto siguiente sobre la comida latinoamericana y contesta las preguntas de forma cierto ("C") o falso ("F"). / Read the following text about Latin American food and answer the questions as either true ("C") or false ("F").

La comida latinoamericana es más que burritos, quesadillas y tacos. Aunque en los Estados Unidos una de las comidas más conocida es la comida mexicana, esta también está compuesta de una gran variedad de ingredientes, colores y sabores. En la comida latinoamericana hay una mezcla de cultura con influencia indígena y europea, por ejemplo, de España, Italia, e incluso de África.

Es importante notar que la comida varía según la región geográfica y el país. Estas variaciones gastronómicas dependen de los productos de cada región, de la cercanía con el mar, de la geografía particular de cada zona y de las tradiciones y orígenes culturales de cada pueblo. Por ejemplo, en el norte de México los tamales se envuelven con las hojas de maíz y en el sur con las hojas del plátano. Pero en general, en todo México se utilizan distintos tipos de chiles para sazonar las comidas y por eso es común que la comida mexicana sea muy picante. Los elementos básicos en el país son las tortillas, el arroz, los frijoles, el ajo y los chiles picantes.

En Centroamérica, las comidas son similares a México, pero cada país tiene sus propios platos típicos. También, en las costas se utilizan muchos mariscos que pueden prepararse en estofados, a la parrilla, crudos, o encurtidos como el ceviche. Aunque el ceviche se come en Centroamérica y América del Sur, es especialmente famoso el de Perú. El ceviche básico consiste en pescado crudo marinado en cítricos como el limón. Se le agregan condimentos como cebolla, chile, pimienta y sal.

En el caso de la carne de res, los argentinos y uruguayos son los más conocidos en consumo y preparación de carnes, seguidos de los colombianos, venezolanos y brasileños. El plátano es muy común en platos de comida colombiana y centroamericana. Los patacones (plátanos verdes fritos) de Colombia son famosos e indispensables en la comida colombiana. Son tradicionales también en los platos venezolanos y puertorriqueños, pero estos últimos les llaman tostones.

1. La comida latinoamericana consiste solo en burritos, tacos y quesadillas. _____

2. La comida latinoamericana tiene una influencia indígena y europea. _____

3. Los tamales en el norte y el sur de México son diferentes. _____

4. Dos elementos básicos de la comida de México son los chiles picantes y los tostones. _____

5. Los argentinos y uruguayos son famosos por la preparación de la carne de res. _____

V. Respuestas correctas / Correct Answers

a.
1. unos
2. una
3. unos
4. un
5. unos
6. unas
7. unos
8. unos
9. un
10. unas
11. un
12. unos
13. un
14. una
15. unos
16 unas

b.
1. unos
2. Un
3. un
4. un
5. una
6. unas
7. una

c.
1. X
2. X
3. una
4. un
5. X
6. un
7. X
8. un
9. X
10. una

d.
1. cincuenta
2. treinta y uno
3. veintiocho
4. diez
5. cincuenta y dos
6. nueve
7. seis

Lectura cultural

1. F   2. C   3. C   4. F   5. C

Latin American food is more than burritos, quesadillas, and tacos. Even though in the United States Mexican food is one of the most well-known kinds, Mexican food is also composed of a great variety of ingredients, colors, and flavors. In Latin American food, there is a mixture of culture with indigenous and European influence from, for example, Spain, Italy, and even Africa.

It's important to note that food varies according to geographical region and country. These gastronomic variations depend on the products of each region, proximity to the sea, the particular geography of each zone, and the traditions and cultural origins of each nation. For example, in the north of Mexico tamales are wrapped in corn husks and in the south in banana leaves. But in general, in all of Mexico, different types of chili peppers are used to season food, and for that reason it's common for Mexican food to be spicy. The basic elements in the country are tortillas, rice, beans, garlic, and hot chilis.

In Central America, the food is similar to Mexican food, but each country has its own typical dishes. Also, on the coasts many shellfish are used that can be prepared in stews, on the grill, raw, or pickled as in ceviche. Although ceviche is eaten in Central America and South America, it is especially famous in Peru. Basic ceviche consists of raw fish marinated in citrus fruit like lemon. Condiments like onion, chili peppers, pepper, and salt are added to it.

The Argentines and the Uruguayans are the most known for consuming and cooking beef, followed by the Colombians, Venezuelans, and Brazilians. Bananas are very common in dishes of Colombian and Central American food. **Patacones** (fried green bananas) from Colombia are famous and indispensable in Colombian food. They are also traditional in Venezuelan and Puerto Rican dishes, but people there call them **tostones**.

The Verb *Estar* and Numbers over 100

I. Vocabulario nuevo / New Vocabulary

caliente – hot	**aburrido** – bored
frío – cold	**cansado** – tired
nervioso – nervous	**enfermo** – sick
preocupado – worried	**ocupado** – busy
frustrado – frustrated	**preparado** – prepared
confundido – confused	**ordenado** – organized, tidy
tranquilo – calm	**desordenado** – disorganized, messy
triste – sad	**roto** – broken
alegre – happy	**abierto** – open
enojado – angry	**cerrado** – closed
feliz – happy	

estar – to be	**¡Repitan!** – Repeat! [formal command]
¡Empecemos! – Let's get started!	

el **parque** – park	la **iglesia** – church
el **hospital** – hospital	el **aeropuerto** – airport
la **biblioteca** – library	el **mercado** – market
la **tienda** – store	el **carro** – car
la **oficina** – office	el **dólar** – dollar

antes de Cristo – B.C.	**después de Cristo** – A.D.

cien – one hundred	**setecientos** – seven hundred
doscientos – two hundred	**ochocientos** – eight hundred
trescientos – three hundred	**novecientos** – nine hundred
cuatrocientos – four hundred	**mil** – thousand
quinientos – five hundred	**millón** – million
seiscientos – six hundred	

II. Repaso general / General Review

A. Approach to Learning New Verbs

The three questions you should ask when learning any new verb are as follows.

1. What does it mean?
2. How do you use it?
3. How do you conjugate it?

B. The Verb **estar**

Using these three questions with our new verb produces the following answers.

1. The verb **estar** means "to be."
2. **Estar** has three main uses, and the two you'll examine now are a) **estar** used to express the state or condition of someone or something (e.g., "I'm well" is **Estoy bien**; "The coffee is hot" is **El café está caliente**) and b) **estar** used to express location (e.g., **¿Estás en la tienda?** is "Are you in the store?," except when talking about origin, when **ser** is used: **Soy de Sevilla** is "I am from Sevilla").
3. The conjugation of **estar** is as follows.

estar [to be]

yo	est**oy**	nosotros, nosotras	est**amos**
tú	est**ás**	vosotros, vosotras	est**áis**
él, ella, usted	est**á**	ellos, ellas, ustedes	est**án**

The **yo** form of **estar** has the same **-oy** ending as the **yo** form of **ser**. The other five endings for **estar** are almost the same as the regular **-ar** endings (except that the endings for **estar** have accents in the **tú**, **usted**, and **ustedes** forms).

C. Communicating beyond Words

When speaking, make sure to use tone of voice, facial expressions, and gestures to communicate in addition to the words you're saying. Thinking about the words you want to say requires significant mental energy for a beginning language learner, but focusing only on the words you're saying can produce a robotic speech, devoid of emotion. So, when speaking, do your best to remember to make use of your tone of voice, face, and body as tools to help you convey your message.

D. Numbers over 100

Use the numbers one to ten to help you learn the multiples of one hundred from one hundred to one thousand. Notice the similarities and differences in the following numbers.

uno	cien
dos	**dos**cientos
tres	**tres**cientos
cuatro	**cuatro**cientos
cinco	quinientos
seis	**seis**cientos
siete	setecientos
ocho	**ocho**cientos
nueve	novecientos
diez	mil

"One hundred cars" is **cien carros** and "one thousand churches" is **mil iglesias**, but "one million dollars" is <u>un</u> **millón** <u>de</u> **dólares**. Examples of years in Spanish are the following: 1578 is **mil quinientos setenta y ocho** and 2019 is **dos mil diecinueve**.

In much of the Spanish-speaking world, the use of periods and commas with numbers is the opposite of what it is in the United States. So, what in the United States would be written as 23,400.50 would be written as 23.400,50.

E. Differences in Accents

In all regions where Spanish is spoken, **ce** and **ci** are always pronounced the same as **z**. In Latin America, **z** makes the **s** sound, as seen in the pronunciation of the words **cero**, **cinco**, and **zapato**, which in Latin America are pronounced as "sero," "sinco," and "sapato." This is called the **seseo** variety of Spanish. In northern and central Spain, where **s** is pronounced as an **s** and **z** is pronounced as **th**, these words are pronounced "thero," "thinco," and "thapato." This accent, which shows a distinction between the pronunciation of **s** and **th** sounds, is called the **distinción** variety of Spanish, and it characterizes the Spanish spoken in northern and central Spain. Finally, there are just a few areas in very southern Spain where the letters **s** and **z** are pronounced the same, but the sound made for both letters sounds like **th**. This rare variety of Spanish is called the **ceceo** variety.

In 1492, when Spaniards first went to the Americas, the Spanish spoken in Spain was the **seseo** variety. During the 16th century, **distinción** developed in Spain, but primarily in the northern and central parts of the country. So, by the late 1500s, a Spaniard living in Madrid or in a more northern city would be pronouncing words in a way that distinguished between the **z** of **zapato** and the **s** of **casa**. Many of the Spaniards that emigrated from the Iberian Peninsula came from Andalusia in southern Spain or from the Canary Islands, areas that never developed the **distinción** that characterized more northern speech. That's why speakers in Sevilla even today pronounce the **z** like Latin Americans instead of like people from Madrid. Because speakers in southern areas spoke the **seseo** variety of Spanish and because so many of them went to the Americas, the **seseo** variety of Spanish became the standard in Latin America.

III. Actividades / Activities

a. Juan Manuel Ríos, el amigo argentino de Luis Cortés, está de visita en Villa Celeste. Luis Cortés les está presentando a Juan Manuel a sus vecinos. / Juan Manuel Ríos, the Argentine friend of Luis Cortés, is visiting Villa Celeste. Luis Cortés is introducing Juan Manuel to his neighbors.

Completa el diálogo siguiente con las palabras y las conjugaciones apropiadas del verbo **estar**. / Complete the following dialogue with the appropriate words and verb conjugations of **estar**.

cansado	igualmente	es un placer	argentino	días	feliz (2)	estar (5)

Alejandra: Buenos 1. _____, Luis.

Luis: Hola, Alejandra. ¿Cómo 2. _____? Te presento a Juan Manuel. Él es mi amigo de Argentina.

Alejandra: ¡Hola, Juan Manuel! 3. _____.

Juan Manuel: 4. ¡_____!

Luisa: ¿Eres 5. _____? ¡Qué interesante!

Juan Manuel: Sí, mi familia y yo vivimos en Buenos Aires.

Luisa: ¿Y cómo estás?

Juan Manuel: Bueno [Well], 6. _____ muy 7. _____. Mi vuelo [flight] tardó [took] muchas horas [hours]. Pero 8. _____ 9. _____ porque [because] Luis es mi buen amigo y ahora [now] estoy con [with] él y su familia.

Luis: Y Cecilia y yo 10._____ muy 11. _____ porque Juan Manuel 12. _____ de visita.

b. De acuerdo a las siguientes situaciones, ¿cuál sería la emoción o la condición esperada para estas personas? / According to the following situations, what would be the expected emotion or condition for these people?

Completa las frases con la conjugación apropiada de **estar** y el adjetivo correspondiente a la situación. / Complete the sentences with the appropriate conjugation of **estar** and the adjective corresponding to the situation.

enamorado [in love]	enojado	nervioso	aburrido
frustrado	feliz	cansado	

1. Luis Cortés trabaja muchas horas en su trabajo. Él siempre [always] _____ _____.

2. Cecilia tiene que [has to] preparar un informe financiero [financial report] en quince minutos [minutes].

   Ella _____ muy _____.

3. Juana está divorciada [divorced]. Él y su ex-esposo [ex-husband] no _____ _____.

4. Mariana es muy pequeña y siempre toma los juguetes [toys] de Diana cuando están en el parque. Diana

   _____ _____.

5. Hay un examen en la clase a las 8:00. Los estudiantes _____ _____.

6. Erica está embarazada [pregnant]. Ella y su esposo _____ muy _____.

7. Alberto, un hombre de treinta y cinco años [years], vive en la casa de sus padres y tiene [has] pocos amigos.

   Él _____ _____.

8. Alberto también es egoísta y no ayuda a sus padres a limpiar [to clean] la casa. Sus padres _____

   _____ con él.

9. Generalmente [Generally], ¿cómo estás en una fiesta [party]? _____ _____.

c. Felipe tuvo una fiesta anoche y ahora está revisando su casa después de la fiesta. Toda la casa es un desastre. / Felipe had a party last night and is now looking over his house after the party. The whole house is a disaster.

Completa las frases con la conjugación de **estar** y el adjetivo de condición apropiados. / Complete the sentences with the appropriate conjugation of **estar** and the appropriate adjective of condition.

abierto	roto	ordenado	cerrado	desordenado

Felipe está muy preocupado y nervioso porque después de la fiesta toda la casa 1. _____

2. _____. Todas las puertas [doors] 3. _____ 4. _____, y el televisor 5. _____

6. _____. Las ventanas [windows] de la casa 7. _____ 8. _____, y hay mucho polen

[pollen] en el aire. Solo el baño [bathroom] 9. _____ 10. _____.

d. Escribe en qué lugares se pueden localizar las siguientes personas o cosas. / Write in which places the following people or things can be found.

iglesia	oficina	biblioteca	supermercado
universidad	hospital	parque	[supermarket]

1. Las doctoras trabajan en los _____.

2. Los libros y las revistas [magazines] están en la _____.

3. Una secretaria ejecutiva [executive secretary] generalmente trabaja en una _____.

4. Siempre compro mucha agua en el _____.

5. Los profesores enseñan cursos en las _____.

6. Los domingos [On Sundays] hay muchas personas en las _____.

7. Los chicos corren en los _____.

e. Escribe los siguientes años en español. / Write the following years in Spanish.

1. 1886 _____

2. 2019 _____

3. 1605 _____

4. 319 A.D. _____

5. 711 B.C. _____

6. 1942 _____

7. 2034 _____

IV. Respuestas correctas / Correct Answers

a.
1. días
2. estás
3. Es un placer
4. Igualmente
5. argentino
6. Estoy
7. cansado
8. estoy
9. feliz
10. estamos
11. felices
12. está

b.
1. está cansado
2. está muy nerviosa
3. están enamorados
4. está frustrada / está enojada
5. están nerviosos
6. están muy felices
7. está aburrido / está frustrado
8. están enojados / están frustrados
9. Estoy feliz

c.
1. está
2. desordenada
3. están
4. abiertas / cerradas
5. está
6. roto
7. están
8. abiertas
9. está
10. ordenado

d.
1. hospitales
2. biblioteca
3. oficina
4. supermercado
5. universidades
6. iglesias
7. parques

e.
1. mil ochocientos ochenta y seis
2. dos mil diecinueve
3. mil seiscientos cinco
4. trescientos diecinueve después de Cristo
5. setecientos once antes de Cristo
6. mil novecientos cuarenta y dos
7. dos mil treinta y cuatro

Regular -er and -ir Verbs in the Present

I. Vocabulario nuevo / New Vocabulary

comer – to eat	**vivir** – to live
leer – to read	**abrir** – to open
beber – to drink	**recibir** – to receive
creer – to believe, to think	**descubrir** – to discover
aprender – to learn	**subir** – to go up
correr – to run	**escribir** – to write
vender – to sell	**decidir** – to decide
deber – should	**asistir a** – to attend
mi / mis – my	**nuestro(s) / nuestra(s)** – our
tu / tus – your [informal, singular]	**vuestro(s) / vuestra(s)** – your [informal, plural]
su / sus – his, her, their, your [formal, singular, and plural]	
¿no? – Isn't that so?	**¿cierto?** – right?
¿verdad? – right?	
los **parientes** – relatives	el **abuelo** – grandfather
los **padres** – parents	la **abuela** – grandmother
la **madre** – mother	el **tío** – uncle
la **mamá** – mom	la **tía** – aunt
mami – mommy	el **primo** – male cousin
el **padre** – father	la **prima** – female cousin
el **papá** – dad	el **sobrino** – nephew
papi – daddy	la **sobrina** – niece
el **esposo** – husband	el **nieto** – grandson
la **esposa** – wife	la **nieta** – granddaughter
el **hijo** – son	el **nombre** – name
la **hija** – daughter	el **apellido** – last name
el **hermano** – brother	**materno** – maternal
la **hermana** – sister	**paterno** – paternal
la **computadora** – computer	el **trabajo** – work, job
el **diccionario** – dictionary	la **pluma** – pen

II. Repaso general / General Review

A. Conjugation of Regular Verbs

In a previous lesson, you learned that **-ar** verbs have the following endings in the present.

estudi**ar** [to study]

estudi**o**	estudi**amos**
estudi**as**	estudi**áis**
estudi**a**	estudi**an**

In this lesson, you learned that **-er** verb endings in the present can be formed by making just one change to the above **-ar** endings: Replace any **a** you see in an **-ar** ending with the letter **e**. Making that one change gives us the following **-er** endings in the present.

beb**er** [to drink]

beb**o**	beb**emos**
beb**es**	beb**éis**
beb**e**	beb**en**

Making the following two changes to **-er** endings gives us the **-ir** endings in the present: **emos → imos**, **éis → ís**. Those two changes give us the following **-ir** endings in the present.

dedid**ir** [to decide]

decid**o**	decid**imos**
decid**es**	decid**ís**
decid**e**	decid**en**

When two verbs are used together, you conjugate the first and put the second in the infinitive form. This can be seen with a first verb like **deber** (should) or **necesitar** (to need). "We should run" is **Debemos correr**. "They need to open the book" is **Necesitan abrir el libro**. In both of these cases, the first verb (**debemos, necesitan**) is conjugated, while the second verb (**correr, abrir**) is in the infinitive form.

B. Possessive Adjectives

Possessive adjectives agree in number and gender with the thing possessed. They are as follows.

mi / **mis** [my]	**nuestro** / **nuestra** / **nuestros** / **nuestras** [our]
tu / **tus** [your (informal)]	**vuestro** / **vuestra** / **vuestros** / **vuestras** [your (informal)]
su / **sus** [his, her, your (formal, singular)]	**su** / **sus** [their, your (formal, plural)]

C. Asking a Yes/No Question

There are three ways to ask yes/no questions in Spanish.

1. Raise the pitch of your voice at the end of the sentence.
2. End the sentence with **¿no?** [Isn't that so?], **¿verdad?** [right?], or **¿cierto?** [right?].
3. Put the verb before the subject.

Here are the ways to make the following statement into a question: **Pedro vende su casa**. [Pablo is selling his house.]

1. **¿Pedro vende su casa?** (Say it with a rising pitch at the end of the sentence.)
2. **Pedro vende su casa, ¿no?**; **Pedro vende su casa, ¿verdad?**; **Pedro vende su casa, ¿cierto?**
3. **¿Vende Pedro su casa?**

III. Actividades / Activities

a. Marisol está hablando por Skype con sus amigas Pilar y Carolina sobre su nueva escuela. / Marisol is talking on Skype with her friends Pilar and Carolina about her new school.

Completa el diálogo siguiente con los adjetivos posesivos apropiados. / Complete the following dialogue with the appropriate possessive adjectives.

Marisol: ¡Hola! ¿Cómo están?

Pilar: ¡Nosotras estamos muy bien! ¿Y tú?

Marisol: Estoy un poco triste porque no estoy con ustedes, pero estoy bien.

Carolina: ¿Cómo es 1. _____ nueva escuela?

Marisol: Es muy grande y muy bonita. 2. _____ clase de inglés es excelente y

3. _____ libros para la clase son muy interesantes.

Carolina: Marisol, ¿Hay muchos estudiantes en 4. _____ clase de inglés?

Marisol: En 5. _____ clase hay 35 estudiantes.

Pilar: Carolina y yo estamos en una clase de historia fenomenal y en una clase de matemáticas terrible. En

6. _____ clase de historia también hay 35 estudiantes, pero en 7. _____

clase de matemáticas solo hay 15 estudiantes.

Carolina: ¿Qué tal son los maestros [teachers] en la nueva escuela?

Marisol: 8. Todos _____ maestros son inteligentes, pero no todos son simpáticos.

b. Felipe está limpiando su casa después de una fiesta. Hay muchos objetos, pero Felipe no sabe a quiénes pertenecen. Felipe está hablando con su hermana Elena sobre los objetos encontrados. / Felipe is cleaning his house after a party. There are many objects, but Felipe doesn't know to whom they belong. Felipe is talking with his sister Elena about the found objects.

Completa las frases con los adjetivos posesivos correctos. / Complete the sentences with the correct possessive adjectives.

1. Felipe: Elena, el teléfono celular es de Rogelio, ¿cierto?

   Elena: No, es _____ teléfono celular.

   a) vuestros   b) mi   c) su

2. Felipe: Elena, el libro de Isabel Allende es de mami, ¿cierto?

   Elena: No, es de _____ amiga Maribel.

   a) su   b) vuestras   c) sus

3. Felipe: Elena, los papeles son de Mariana, ¿verdad?

   Elena: No, son de _____ tía.

   a) nuestros   b) mis   c) nuestra

4. Felipe: Elena, las iPads son de Margarita y Lourdes, ¿no?

   Elena: No, son de _____ amigos David y Miguel.

   a) mi   b) tus   c) nuestro

5. Felipe: Elena, las plumas son de Sebastián, ¿no?

   Elena: No, son _____ plumas.

   a) tu   b) nuestros   c) mis

6. Felipe: Elena, los cuadernos son de Sandra y Valentina, ¿verdad?

   Elena: No, son de _____ sobrinas Diana y Mariana.

   a) nuestras   b) nuestra   c) vuestra

c. Contesta las siguientes preguntas. Conjuga el verbo en el presente. / Answer the following questions. Conjugate the verb in the present.

1. Lees libros de ciencia ficción [science fiction], ¿no? _____.

2. Bebes mucha agua, ¿verdad? _____.

3. Tú y tu amigo vendéis carros en vuestro trabajo, ¿cierto? _____.

4. Trabajas 40 horas a la semana [hours per week], ¿verdad? _____.

5. Tú y tu familia comen pizza en casa, ¿verdad? _____.

6. Tú y tu familia viven en los Estados Unidos, ¿cierto? _____.

7. ¿Los estudiantes asisten a una buena escuela? _____.

8. ¿Deben estudiar música tus hermanos? _____.

d. Luis Cortés le está explicando a su amigo Juan Manuel Ríos el parentesco de sus amigos en el vecindario. / Luis Cortés is explaining to his friend Juan Manuel Ríos the kinship of his friends in the neighborhood.

Completa las frases con la información apropiada. Nota: Necesitas consultar la información de las familias del vecindario al inicio del cuaderno. / Complete the sentences with the appropriate information. Note: You need to consult the information about the neighborhood families at the beginning of the workbook.

1. Diana es la _____ de Luis y Cecilia.

    a) hermana   b) hija   c) nieta

2. Javier es el _____ de Luis y Cecilia.

    a) abuelo   b) hijo   c) sobrino

3. Mariana es la _____ de Diana.

    a) nieta   b) abuela   c) hermana

4. Carlos es el _____ de Pablo y Marisol.

    a) padre   c) tío   c) sobrino

5. Erica, Felipe y Elena son los _____ de Esteban y Luisa.

    a) nietos   b) hijos   c) primos

6. Erica es la _____ de Javier.

    a) prima   b) hermana   c) esposa

7. Carlos es el _____ de Alejandra.

    a) tío   b) esposo   c) nieto

8. Mariana es la _____ de Diego.

    a) hija   b) hermana   c) sobrina

9. Luis y Cecilia son los _____ de Diana.

    a) tíos   b) primos   c) abuelos

10. Alberto y Diego son los _____ de Mariana.

    a) primos   b) tíos   c) hijos

e. ¡Ahora es tu turno! Contesta las siguientes preguntas. / Now it's your turn! Answer the following questions.

1. ¿Quiénes son tus padres? _____.

2. ¿Quiénes son tus hermanos? _____.

3. ¿Quiénes son tus abuelos? _____.

4. El hijo de tu hija es tu _____.

5. Los padres de tu padre son tus _____.

6. Las hijas de tu hermano son tus _____.

7. La hija de tus tíos es tu _____.

8. Los hermanos de tu madre son tus _____.

f. ¿Puedes adivinar los apellidos de las siguientes personas? / Can you guess the last names of the following people?

1. Padres: Luis Cortés Navarro y Cecilia Ruiz Ramírez.

Hijo: Alberto _____.

2. Padres: Esteban Quirós Sánchez y Luisa García Vega.

Hija: Elena _____.

3. Padres: Carlos González Pérez y Alejandra Fallas Ureña.

Hijo: Pablo _____.

IV. Respuestas correctas / Correct Answers

a. 1. tu
2. Mi / Nuestra
3. mis / nuestros
4. tu

5. mi / nuestra
6. nuestra
7. nuestra
8. mis / nuestros

b. 1. b) mi
2. a) su
3. c) nuestra

4. b) tus
5. c) mis
6. a) nuestras

c.   1. Sí, leo libros de ciencia ficción. / No, no leo libros de ciencia ficción.

2. Sí, bebo mucha agua. / No, no bebo mucha agua.

3. Sí, vendemos carros en nuestro trabajo. / No, no vendemos carros en nuestro trabajo.

4. Sí, trabajo 40 horas a la semana. / No, no trabajo 40 horas a la semana.

5. Sí, comemos pizza en casa. / No, no comemos pizza en casa.

6. Sí, vivimos en los Estados Unidos. / No, no vivimos en los Estados Unidos.

7. Sí, los estudiantes asisten a una buena escuela. / No, los estudiantes asisten a una mala escuela.

8. Sí, mis hermanos deben estudiar música. / No, mis hermanos no deben estudiar música.

d.   1. c) nieta   6. c) esposa

2. b) hijo   7. b) esposo

3. c) hermana   8. c) sobrina

4. a) padre   9. c) abuelos

5. b) hijos   10. b) tíos

e.   1. Mis padres son….   5. abuelos

2. Mis hermanos son…. / Soy hijo/hija único/única.   6. sobrinas

3. Mis abuelos son….   7. prima

4. nieto   8. tíos

f.   1. Alberto Cortés Ruiz

2. Elena Quirós García

3. Pablo González Fallas

The Verb *Ir* in the Present

I. Vocabulario nuevo / New Vocabulary

nuevo – new	**interrogativo** – interrogative
la **manera** – way	el **adjetivo** – adjective
la **palabra** – word	el **adverbio** – adverb
el **vocabulario** – vocabulary	la **preposición** – preposition
el **verbo** – verb	la **tarea** – homework, chore
el **sustantivo** – noun	

ir – to go	**terminar** – to finish
pasar – to happen	

¿cómo? – how?	**¿quién?** – who? [singular]
¿qué? – what?	**¿quiénes?** – who? [plural]
¿dónde? – where?	**¿por qué?** – why?
¿adónde? – to where?	**¿cuándo?** – when?

la **escuela** – school	el **cine** – movie theater
el **restaurante** – restaurant	el **club** – club
la **plaza** – city square, town square	el **café** – café
el **museo** – museum	la **estación de trenes** – train station
el **banco** – bank	la **estación de autobuses** – bus station
la **farmacia** – pharmacy	los **servicios sanitarios** – restrooms
el **supermercado** – supermarket	el **baño** – bathroom
el **teatro** – theater	

mañana – tomorrow	**porque** – because
a – to	**ahora mismo** – right now
más – more	**¿Qué pasa?** – What's happening?
posiblemente – possibly	

II. Repaso general / General Review

A. Spelling Changes for **y** and **o**

In a previous lesson, you learned that **y** means "and" and **o** means "or." In this lesson, you learned the following spelling changes: **y** becomes **e** before a word beginning with an **i** sound; **o** becomes **u** before a word beginning with an **o** sound. Examples of these changes include **Roberto e Isabel** [Robert and Isabel] and **minuto u hora** [minute or hour].

B. Ir in the Present

The verb **ir**, meaning "to go," has the following conjugation in the present.

ir [to go]

voy	vamos
vas	vais
va	van

The **yo** form of **voy** is similar to the **yo** form of **ser** [to be], which is **soy** [I am]. The other five endings [**-as**, **-a**, **-amos**, **-ais**, **-an**] are the same as the endings for regular **-ar** verbs, with only one difference: There is no accent over the **a** in the vosotros form v**ais**.

The preposition **a**, meaning "to," is often used after **ir**. For example, **Elena va a la farmacia** means "Elena goes / is going / does go to the pharmacy." When used before the masculine definite article **el** [the], **a** + **el** contracts to **al** [to the], so "I am going to the bank" is **Voy al banco**. In a previous lesson, you learned that **de** + **el** contracts to **del** [to the] (e.g., **Es el día del examen** is "It's the day of the exam"). The only two contractions in Spanish are **al** and **del**.

C. Ir Used to Talk about a Future Event

The construction **ir** + **a** + **infinitivo** [infinitive] is used to talk about a future event by expressing something that is going to occur, so **Vamos a caminar al supermercado** is "We are going to walk to the supermarket," and **Voy a comer** is "I am going to eat."

D. Palabras interrogativas / Interrogative Words

Interrogative words are used when asking questions. These words, which all have an accent mark, include **¿cuánto?** [how much?], **¿cuántos?** [how many?], **¿cómo?** [how?], **¿qué?** [what?], **¿dónde?** [where?], **¿adónde?** [to where?], **¿cuándo?** [when?], **¿quién?** [who? (singular)], **¿quiénes?** [who? (plural)], and **¿por qué?** [why?].

E. Uses of **estar** and **ser**

In general, **estar** is used to talk about location (e.g., **¿Dónde están los estudiantes?** is "Where are the students?"; **Caracas está en Venezuela** is "Caracas is in Venezuela"). Remember, though, that **estar** is not always used when talking about location, because **ser** is used to tell where someone is from (e.g., **Leo y Sofía son de Panamá, pero Ana es de Chile** is "Leo and Sofía are from Panama, but Ana is from Chile"). To identify someone or something, the verb **ser** is used (e.g., **¿Quién es?** is "Who is it?"; **¿Quiénes son las mujeres en el teatro?** is "Who are the women in the theater?").

F. Ways to Learn New Vocabulary

Being able to acquire and use new vocabulary is one of the major challenges when learning a language. For that reason, you should try different techniques to learn new words in order to determine which approach works best for you.

Some learners will find that listening to the audio glossary a number of times for each lesson will best help them remember new vocabulary. At first, you should simply repeat the Spanish word for the given English word. With time and practice, you should be able to say the Spanish word for the given English word before hearing it.

Making and using flashcards is another approach to learning new vocabulary that works for many learners. The physical act of writing English on one side of the card and Spanish on the other can help you remember new words, and writing words in Spanish helps you remember proper spelling. Including a connector, or bridge word, on the Spanish side of the card can help make it easier to remember new words in Spanish. Consider the case of the verb

correr, which means "to run." As you think about "to run," you might imagine a student running down a corridor in school. So, on one side of the card you write, "to run," and on the other you write **correr** in the middle of the card and "corridor" in the upper-left corner. As you practice with the word, you start with the English "to run," which makes you think of "corridor," which reminds you of **correr**. The connector can be a word, an image, or anything else that helps you make a connection between the English and Spanish words. One additional advantage of making flashcards is that they allow others to help you learn vocabulary. If you have friends or family members interested in helping you improve your Spanish, ask them to quiz you on your flashcards.

III. Actividades / Activities

a. Responde de manera afirmativa a las siguientes preguntas utilizando la construcción **ir** + **a** + **infinitivo**. / Answer the following questions affirmatively using the construction **ir** + **a** + infinitive.

1. ¿Vas a leer los libros mañana? _____.

2. ¿Vais a llamar por teléfono a vuestro hermano? _____.

3. ¿Va a ir al cine Fernando con sus amigos? _____.

4. ¿Va a tomar café Elena a las tres de la tarde?_____.

5. ¿Tus amigos y tú van a bailar en el club? _____.

6. ¿Tus vecinos van a ir al teatro mañana? _____.

b. Esteban y Luisa quieren ir de vacaciones con sus hijos Felipe y Elena, pero no saben adónde ir. / Esteban and Luisa want to go on vacation with their children Felipe and Elena, but they don't know where to go.

Lee el siguiente diálogo y contesta las preguntas. / Read the following dialogue and answer the questions.

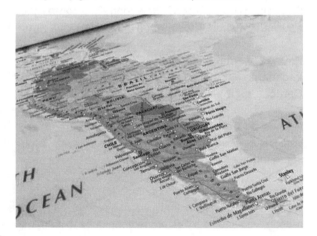

Esteban:	¡Vamos de vacaciones a Puerto Rico!
Luisa:	No quiero [I don't want] ir a Puerto Rico. ¿Por qué no vamos a Ecuador?
Felipe:	No, mami, Ecuador está muy lejos [far]. Vamos a México.
Elena:	Prefiero [I prefer] ir a la República Dominicana.
Luisa:	Yo creo que [that] México es una buena idea.
Felipe:	¡Sí, mami, México es una buena idea!
Esteban:	¡Está bien! Vamos a México.
Elena:	OK, en un año [year], vamos a la República Dominicana. ¿Está bien?
Esteban:	No, Elena, es mucho dinero [money]. Solo vamos a ir a México para nuestras vacaciones. En dos años, vamos a la República Dominicana, ¿OK?
Elena:	Papi y mami, ¿pueden [can they] ir con nosotros mis amigas Rebeca y Alicia?
Luisa:	No, Elena, este es un viaje [trip] de familia, no de amigos.
Esteban:	¿Y cuándo debemos ir a México? ¿La próxima semana [next week] o en cuatro semanas?
Felipe:	Yo quiero ir la próxima semana.
Elena:	Yo quiero ir en cuatro semanas porque voy a tener [to have] las vacaciones de la universidad.
Esteban:	OK, ¡vamos a México en cuatro semanas!

1. ¿Adónde va de vacaciones la familia Quirós Sánchez?

   _____.

2. ¿Qué cree Luisa de la posibilidad de ir a México?

   _____.

3. ¿Por qué Esteban no quiere [doesn't want] ir a la República Dominicana en un año?

   _____.

4. ¿Cuándo va la familia a México?

   _____.

5. ¿Van a ir de vacaciones las amigas de Elena con la familia Quirós Sánchez?

   _____.

6. ¿Cuándo va la familia a la República Dominicana?

   _____.

c. ¡Ahora es tu turno! Completa las siguientes preguntas. / Now it's your turn! Complete the following answers.

1. ¿Cuándo van de vacaciones tú y tu familia?

   _____ en cinco días.

2. ¿Adónde van ustedes?

   _____ Chile.

3. ¿Quién es tu futbolista favorito?

   _____ Lionel Messi de Argentina.

4. ¿Dónde estudia español Ana?

   _____ en su casa.

5. ¿Con quiénes vas al cine y al teatro? _____ mis amigos.

6. ¿Por qué viaja Roberto mucho a Panamá? _____ sus abuelos viven en Panamá.

d. De las siguientes frases, escoge la opción más apropiada. / From the following sentences, choose the most appropriate option.

1. Javier y Erica _____ salsa y merengue en el club.

   a) bailar   b) bailamos   c) bailan

2. La familia Quirós García va a _____ México el próximo mes.

   a) visitar   b) visitan   c) visitáis

3. Cecilia _____ con su madre todos [every] los días.

   a) hablan   b) habla   c) hablar

4. Alejandra _____ el café todas las mañanas.

   a) preparan   b) preparáis   c) prepara

5. Yo _____ la radio en mi carro.

   a) escucho   b) escuchas   c) escuchamos

6. Guillermo _____ diez horas al día.

   a) trabajar   b) trabaja   c) trabajas

7. Manuel, Sandra y yo _____ español a las cuatro de la tarde.

   a) estudiáis   b) estudian   c) estudiamos

8. Leonor _____ a casa a las seis de la tarde.

   a) llegas   b) llega   c) llegar

9. Yo _____ a _____ al supermercado.

   a) voy…ir   b) ir…voy   c) ir…vas

10. Vosotros _____ a _____ karaoke en el bar.

    a) van…cantar   b) vais…cantar   c) vamos…cantar

IV. Respuestas correctas / Correct Answers

a.
1. Sí, voy a leer los libros mañana.
2. Sí, vamos a llamar por teléfono a nuestro hermano.
3. Sí, Fernando va a ir al cine con sus amigos.
4. Sí, Elena va a tomar café a las tres de la tarde.
5. Sí, mis amigos y yo vamos a bailar en el club.
6. Sí, mis vecinos van a ir al teatro mañana.

b.
1. La familia Quirós Sánchez va de vacaciones a México.
2. Luisa cree que México es una buena idea.
3. Esteban no quiere ir a la República Dominicana en un año porque es mucho dinero.
4. La familia va a México en cuatro semanas.
5. No, las amigas de Elena no van a ir de vacaciones con la familia Quirós Sánchez.
6. La familia va a la República Dominicana en dos años.

c.
1. Vamos de vacaciones en cinco días.
2. Vamos a Chile.
3. Mi futbolista favorito es Lionel Messi de Argentina.
4. Ana estudia español en su casa.
5. Voy al cine y al teatro con mis amigos.
6. Roberto viaja mucho a Panamá porque sus abuelos viven en Panamá.

d.
1. c) bailan
2. a) visitar
3. b) habla
4. c) prepara
5. a) escucho
6. b) trabaja
7. c) estudiamos
8. b) llega
9. a) voy…ir
10. b) vais…cantar

Expressing Time in Spanish

I. Vocabulario nuevo / New Vocabulary

el **presente** – present	la **semana** – week
el **tiempo** – time, weather	el **fin de semana** – weekend
el **segundo** – second	el **mes** – month
el **minuto** – minute	el **año** – year
la **hora** – hour, time	**antes de** – before
hoy – today	**después de** – after
¿Qué hora es? – What time is it?	la **tarde** – afternoon
el **cuarto** – quarter	**por la tarde** – in the afternoon
la **media** (**hora**) – half an hour	la **noche** – night
en punto – on the dot, exactly	**por la noche** – at night
Son las tres. – It's three o'clock.	la **fecha** – date
a las cinco – at five o'clock	**¿Cuál es la fecha de hoy?** – What is today's date?
el **mediodía** – noon	la **celebración** – celebration
la **medianoche** – midnight	el **cumpleaños** – birthday
la **mañana** – morning	el **Año Nuevo** – New Year's Day
por la mañana – in the morning	la **Navidad** – Christmas
No entiendo. – I don't understand.	**¿Qué quiere decir?** – What does it mean?
¿Entiendes? – Do you understand? [informal, singular]	
lunes – Monday	**viernes** – Friday
martes – Tuesday	**sábado** – Saturday
miércoles – Wednesday	**domingo** – Sunday
jueves – Thursday	
enero – January	**julio** – July
febrero – February	**agosto** – August
marzo – March	**septiembre** – September
abril – April	**octubre** – October
mayo – May	**noviembre** – November
junio – June	**diciembre** – December

la **estación** – season	el **otoño** – autumn
la **primavera** – spring	el **Invierno** – winter
el **verano** – summer	

II. Repaso general / General Review

A. Telling Time

The verb **ser** is always used to talk about time. "What time is it?" is **¿Qué hora es?**, and the answer to this question almost always begins with **son las** (e.g., **Son las dos** is "It's two o'clock"). To express minutes after an hour, **y** is used; to express minutes before an hour, **menos** is used (e.g., **Son las tres y diez** is "It's ten minutes after three"; **Son las ocho menos veinte** is "It's twenty minutes before eight"). **Cuarto** means "quarter" and **media** means "half," so "It's quarter to eleven" is **Son las once menos cuarto**, and "It's five thirty" is **Son las cinco y media**. **Es** is used instead of **son** when it's one o'clock, noon, or midnight (e.g., **Es la una**; **Es mediodía**; **Es medianoche**). To say "at" a certain time, use **a las** or **a la** (e.g., **La clase termina a las cuatro** is "The class ends at four o'clock").

When talking about time of day in general, **por** is used, but when talking about a specific time, **de** is used (e.g., "We study in the afternoon" is **Estudiamos por la tarde**; "They eat at eight thirty in the morning" is **Comen a las ocho y media de la mañana**).

B. Days, Months, and the Date

Monday, which is **lunes**, is the first day of the week in the Spanish-speaking world. The definite article is used to express the idea of "on a certain day or days" (e.g., **El viernes hay clase** is "There is class on Friday"; **Los domingos no trabajo** is "On Sundays I don't work"). "January" in Spanish is **enero**; the other 11 months in Spanish are cognates with the months in English. Although names of people and places are capitalized in Spanish (e.g., **Carmen González**, **Paraguay**), days of the week, months of the year, nationalities, names of languages, and names of religions are not capitalized in Spanish (e.g., **lunes**, **febrero**, **cubano**, **inglés**, **católicas**).

"What is today's date?" is **¿Cuál es la fecha de hoy?**. The answer to this question is, for example, **Es el veintidós de marzo**, which is "It's March twenty-second." Spanish typically uses cardinal numbers for the date (e.g., **Es el tres de noviembre**; **Es el once de agosto**), except when it's the first, for which Spanish speakers often use **primero** (e.g., "It's the first of June" is **Es el primero de junio**). When saying today's date, the definite article **el** is not needed (e.g., "Today is the seventeenth of May" is **Hoy es diecisiete de mayo**).

C. Improving Your Spoken Spanish

One way to improve your ability to speak Spanish is to listen and repeat what is being said by a newscaster either on the radio or on television. Newscasters tend to speak slowly and clearly, offering beginning language learners the chance to repeat what they hear. This exercise is really about getting used to saying things in Spanish and much less about understanding it, because beginning language learners will understand only some of what is said in the news. Still, this repetition of Spanish is a valuable exercise to help you get used to making the sounds of spoken Spanish. And this activity will be helpful in improving your ability to pronounce words in Spanish, because if you limit yourself to saying only things you understand perfectly well, you won't actually be speaking much Spanish.

D. Understanding Spoken Spanish Better

If you don't understand what someone is saying, you might say **No entiendo**, which is "I don't understand." To say "Do you understand?," you would say **¿Entiendes?** (which is the informal, singular form) or **¿Entiende?** (which is the formal, singular form). **¿Qué quiere decir…?** means "What does…mean? (e.g., **¿Qué quiere decir fecha?** is "What does **fecha** mean?"). Using these expressions when speaking Spanish will help you understand more of what is being said to you.

III. Actividades / Activities

a. Contesta las siguientes preguntas. / Answer the following questions.

1. ¿Cuál es la fecha del día de San Valentín? _____.

2. ¿Cuál es la fecha del día de San Patricio? _____.

3. ¿Cuál es la fecha del día de la independencia [independence] de los Estados Unidos?

   _____.

4. ¿Cuál es la fecha del día después del Año Nuevo?_____.

5. La Noche Buena es la noche antes de la Navidad. ¿Cuál es la fecha de la Noche Buena?

   _____.

6. ¿Cuándo es el Día de Acción de Gracias [Thanksgiving]? _____.

b. Javier le está explicando a su nieta Diana los meses del año. ¿Puedes ayudarle a Javier? / Javier is explaining to his granddaughter Diana the months of the year. Can you help Javier?

Los meses del año son: / The months of the year are:

1. e_____   7. j _____

2. f _____   8. a _____

3. m _____   9. s _____

4. a _____   10. o _____

5. m _____   11. n _____

6. j _____   12. d _____

c. Diego es estudiante de maestría en negocios y les está explicando a sus padres Luis y Cecilia su horario para este semestre en la universidad. / Diego is a master's degree student in business, and he is explaining to his parents Luis and Cecilia his schedule for this semester at the university.

Completa el diálogo con la información necesaria. / Complete the dialogue with the necessary information.

Diego: Este semestre tengo [I have] clases los lunes [on Mondays] de (5:30 pm)

1. _____ a (7:45 pm) 2. _____. Los martes tengo

clases al (12:00 pm) 3. _____ y después a (4:15 pm) 4. _____.

Los miércoles no tengo clases, pero siempre [always] hay una reunión a (6:25 pm)

5. _____ en la cafetería [cafeteria]. Los jueves voy a clases a (8:00

am) 6. _____ y a (9:55 am) 7. _____. A (1:00 pm)

8. _____ voy a la biblioteca. Estoy muy contento porque los viernes no voy a la universidad. Bueno [Well], ¿qué hora es?

Cecilia: Son 9. (7:50) _____.

Diego: ¡Oh no, necesito ir a la universidad! ¡Adiós!

d. La abuela de Diana le compró un reloj muy bonito. Diana está aprendiendo a usar el reloj. / Diana's grandmother bought her a very nice watch. Diana is learning how to use it.

¿Puedes ayudarle a Diana? / Can you help Diana?

_____

1. Cecilia: Diana, ¿qué hora es?

_____.

2. Cecilia: Diana, ¿qué hora es?

_____.

3. Cecilia: Diana, ¿qué hora es?

_____.

4. Cecilia: Diana, ¿qué hora es?

_____.

5. Cecilia: Diana, ¿qué hora es?

_____.

e. Pablo es estudiante de la universidad, y Marisol es estudiante de secundaria. Ellos son hermanos, y están hablando sobre sus planes para esta semana. / Pablo is a college student, and Marisol is a high school student. They are siblings, and they are talking about their plans for this week.

Completa la información con las respuestas más lógicas. / Complete the information with the most logical answers.

1. Pablo: Los lunes tengo un examen de español _____ .

    a) a la una de la tarde   b) a media noche   c) a las tres de la mañana

2. Marisol: Los lunes voy al gimnasio [gymnasium] _____ .

    a) justo [just] antes de las dos de la mañana   b) al mediodía   c) a media noche

3. Pablo: Yo también [also] voy al gimnasio, pero _____ .

    a) a las tres y media de la mañana   b) por la mañana   c) a las once y media de la noche

4. Marisol: Los jueves tengo mi laboratorio [laboratory] de biología [biology] _____ .

    a) por la tarde   b) a la una de la mañana   c) a las once de la noche

5. Pablo: Los viernes _____ voy con [with] Guillermo al bar [bar].

    a) a las nueve de la noche   b) a las siete de la mañana   c) antes de nuestras clases

6. Marisol: Los sábados _____ Victoria y yo bailamos y cantamos.

    a) en nuestra clase de biología   b) en un bar popular   c) en el mercado

f. Contesta las preguntas de acuerdo al horario de Marisol para el próximo mes. / Answer the questions according to Marisol's schedule for next month.

mayo

lunes	martes	miércoles	jueves	viernes	sábado	domingo
						1
2	3	4	5	6	7	8
		Examen de español	Laboratorio de biología 10:45 am			Recital de ballet 6:00 pm
9	10	11	12	13	14	15
	Examen de cálculo				Concierto Shakira 9:00 pm	
16	17	18	19	20	21	22
Examen de biología			Cita con Ángela 6:00 pm	Fiesta de cumpleaños de Elena 5:30 pm	Clase de música 1:00 pm	
23	24	25	26	27	28	29
Clase de ballet		Clase de ballet		Clase de ballet		Mirar el partido de fútbol con amigas
30	31					
	Cita con el dentista 10:25 am					

1. ¿Qué fecha y a qué hora es el recital de ballet [ballet recital] de Marisol?

   Es_____.

2. ¿Cuándo es el examen de cálculo [calculus]?

   _____.

3. ¿Qué fecha y a qué hora es la fiesta [party] de cumpleaños de Elena?

   _____.

4. ¿Cuándo es el partido [game] de fútbol?

5. ¿Cuándo es la cita [appointment] con el dentista y a qué hora?

   _____.

6. ¿A qué hora es el concierto [concert] de Shakira?

    _____ .

7. ¿A qué hora es la clase de música?

    _____ .

IV. Respuestas correctas / Correct Answers

a. 1. Es el catorce de febrero.
    2. Es el diecisiete de marzo.
    3. Es el cuatro de julio.

4. Es el dos de enero.
5. Es el veinticuatro de diciembre.
6. Es el cuarto [the fourth] jueves de noviembre.

b. 1. enero
    2. febrero
    3. marzo
    4. abril
    5. mayo
    6. junio

7. julio
8. agosto
9. septiembre
10. octubre
11. noviembre
12. diciembre

c. 1. las cinco y media de la tarde / las cinco y treinta de la tarde
    2. las ocho menos cuarto / las siete y cuarenta y cinco
    3. mediodía
    4. las cuatro y cuarto de la tarde / las cuatro y quince de la tarde
    5. las seis y veinticinco de la tarde
    6. las ocho de la mañana
    7. las diez menos cinco de la mañana / las nueve y cincuenta y cinco de la mañana
    8. la una de la tarde
    9. las ocho menos diez / las siete y cincuenta

d. 1. Son las diez y diez.
    2. Son las cuatro menos trece. / Son las dos y cuarenta y siete.
    3. Es la una y veinticuatro.
    4. Son las doce y treinta y ocho.
    5. Son las once menos dos. / Son las diez y cincuenta y ocho.

e. 1. a) a la una de la tarde
    2. b) al mediodía
    3. b) por la mañana

4. a) por la tarde
5. a) a las nueve de la noche
6. b) en un bar popular

f. 1. Es el ocho de mayo a las seis de la tarde.
    2. Es el diez de mayo.
    3. Es el veinte de mayo a las cinco y media de la tarde.
    4. Es el veintinueve de mayo.
    5. Es el treinta y uno de mayo a las diez y veinticinco de la mañana.
    6. Es a las nueve de la noche.
    7. Es a la una de la tarde.

Expressions Using the Verb *Tener*

I. Vocabulario nuevo / New Vocabulary

el **número** – number	el **estudio** – study
la **característica** – characteristic	la **capital** – capital city
la **expresión** – expression	el **periódico** – newspaper

tener – to have	**tener razón** – to be right
tener frío – to be cold	**tener miedo** – to be afraid
tener calor – to be hot	**tener cuidado** – to be careful
tener hambre – to be hungry	**tener suerte** – to be lucky
tener sed – to be thirsty	**tener treinta años** – to be thirty years old
tener sueño – to be tired	**tener que** – to have to do something
tener prisa – to be in a hurry	**tener ganas de** – to feel like doing something
tener éxito – to be successful	

muerto – dead	**difícil** – difficult
único – only, unique	**finalmente** – finally
fácil – easy	**otro** – other, another

la **suegra** – mother-in-law	la **hijastra** – stepdaughter
el **suegro** – father-in-law	el **hijastro** – stepson
la **cuñada** – sister-in-law	la **hermanastra** – stepsister
el **cuñado** – brother-in-law	el **hermanastro** – stepbrother
la **nuera** – daughter-in-law	el **medio hermano** – half brother
el **yerno** – son-in-law	el **bisabuelo** – great-grandfather
la **madrastra** – stepmother	la **bisnieta** – great-granddaughter
el **padrastro** – stepfather	el **gemelo** – twin

II. Repaso general / General Review

A. The Verb **tener**

One of the most commonly used verbs in Spanish is **tener**, which means "to have." In many cases, **tener** is used as it is in English (e.g., **Tenemos muchas sobrinas** is "We have many nieces"). The present tense endings for **tener** are regular -er endings, but there is a *g* in the *yo* form and an *ie* in the stem of the *tú*, *usted*, and *ustedes* forms. The conjugation of **tener** is as follows.

tener [to have]

ten**go**	tenemos
tienes	tenéis
tiene	**tie**nen

B. Expressions with **tener**

The verb **tener** is used with a number of different expressions in Spanish. Some of these expressions describe physical conditions (e.g., **tener frío** is "to be cold"; **tener hambre** is "to be hungry"), while others describe emotional conditions or situations (e.g., **tener miedo** is "to be afraid"; **tener razón** is "to be right"). Among the most commonly used **tener** expressions are **tener que** + infinitive [to have to do something] and **tener ganas de** + infinitive [to feel like doing something] (e.g., **Tengo que hablar con mi suegro** is "I have to speak with my father-in-law"; **¿Tienes ganas de ir al teatro?** is "Do you feel like going to the theater?").

C. Estar: Showing the Result of an Action

One way **estar** is used is to show the result of a previous action. This use of **estar** can be seen, for example, with the verbs **morir** [to die] and **abrir** [to open] (e.g., **Mi abuelo está muerto** is "My grandfather is dead"; **Las puertas están abiertas** is "The doors are open").

D. Characteristics of Successful Language Learners

Improving skills in a second language results form staying motivated and developing good learning habits. Language learners make the most progress when studying the language becomes important to them—important enough to practice consistently, important enough to be comfortable making mistakes, and important enough to accept that achieving proficiency takes considerable time and effort. In fact, studying a second language shares much in common with playing a sport or a musical instrument. Some of it's about knowing what to do, but much more of it is practicing so that what you do becomes natural, even automatic.

Successful language learners most often have some real-world connection to the language, such as a desire to travel, a job situation, or a relationship that gives them a personal stake in being able to communicate in another language. There are so many Spanish speakers in the United States right now that, if you look for them, you should be able to find opportunities to communicate in the language. It also helps to be interested not only in the language, but also in the culture and history of the Spanish-speaking world. Practice often, make mistakes, and have some fun. Your Spanish proficiency is sure to improve as long as learning Spanish is important to you.

E. When to Use the Dictionary

As a beginning language learner, you will certainly encounter words in Spanish you don't understand, so you should consult a dictionary from time to time. Be careful, however, not to use the dictionary too much. Because there are many words you won't recognize when you read them, you might be tempted to look up any words you don't understand. But using the dictionary too much results in reduced reading comprehension, because going back and forth to the dictionary so often means that you lose the point of the text you're reading.

One way to think about when to use the dictionary is the following: You should only use the dictionary when you're angry. This means that you should use the dictionary when you come across a word that you have seen so much—and you still don't know what it means—that it makes you angry. Using the dictionary only when you're angry means that you'll be looking up the most important words—the ones you come across often in your reading.

F. Improving Your Reading Skills

If you make it a habit to begin each day by reading the news in Spanish on the Internet, you will improve your reading skills while you find out what's happening in the world. Accept that you're not going to understand everything you read, and that's okay. Your purpose with this reading is not to understand every word but, rather, to read in Spanish to get a general sense of what's going on in the world of politics, sports, entertainment, or whatever specific topic interests you. Accepting less-than-perfect reading comprehension is like being willing to make mistakes in conversation. Dive in and do your best; with time and practice, improved reading proficiency will follow.

Two popular websites with news from the United States are CNN en Español and Fox News Latino (as long as you look at the version in Spanish). For news from Mexico, you might consult the website for the newspaper *El Universal*. One good place to get news from Spain is the website for the newspaper *El País*. If you're more interested in what's happening in some other country, do a Google search using the word **periódico** [newspaper] and the name of the country that interests you.

III. Actividades / Activities

a. Contesta las siguientes preguntas usando el verbo **tener**. Nota: Necesitas consultar la información de las familias del vecindario al inicio del cuaderno. / Answer the following questions using the verb **tener**. / Note: You need to consult the information about the neighborhood families at the beginning of the workbook.

1. ¿Cuántos hermanos tiene Elena? _____ .

2. ¿Cuántas hermanos tiene Pablo? _____ .

3. ¿Cuántos hijos tienen Luis y Cecilia? _____ .

4. ¿Cuántos tíos tienen Mariana y Diana? _____ .

5. ¿Cuántos hermanos tiene una hija única? _____ .

6. ¿Cuántos años tiene en 2020 una persona que nació [who was born] en 1995? _____ .

b. Javier y Erica tienen dos hijas: Diana de cuatro años y Mariana de un año. Erica está embarazada otra vez, y todos están muy felices. Erica y Javier están hablando sobre sus hijas y los planes para hoy. / Javier and Erica have two daughters: Diana, who is four years old, and Mariana, who is one. Erica is pregnant again, and everyone is very happy. Erica and Javier are talking about their daughters and the plans for today.

Completa el siguiente diálogo utilizando **tener que** y/o **tener ganas de**. Tienes que conjugar **tener** de manera correcta. / Complete the following dialogue using **tener que** and/or **tener ganas de**. You have to conjugate **tener** correctly.

Erica: Hoy (yo) 1. _____ llevar a las niñas [girls] al

parque. Ellas necesitan estar con [with] otros niños [children].

Javier: Sí, es una buena idea.

Erica: También, 2. _____ ir al supermercado porque no

tenemos pañales [diapers] para Mariana. 3. _____

comprar suficientes [enough] para el fin de semana.

Javier: 4. _____ invitar [to invite] a cenar [to have dinner]

a mis padres el viernes. ¿Está bien?

Erica: ¡Sí, por supuesto [of course]! Pero el viernes Diana 5. _____ ir al dentista a las 4:00.

Nosotras vamos a regresar a casa [go home] a las 5:30.

Javier: 6. _____ hablar con mis padres para pedirles que lleguen [ask them to arrive] a las 7:00.

Erica: 7. _____ comer dos postres [dessert] diferentes. ¿Cuáles?

Erica: Diana solo 8. _____ comer helado [ice cream], pero yo quiero un pastel [cake].

Javier: Podemos [We can] comer un pastel y helado.

Erica: ¡OK! 9. (Yo) _____ hablar con tu madre. En la noche, ella puede cantarle una canción [song] a Diana porque ella tiene miedo de la oscuridad [dark].

c. Completa las siguientes frases utilizando expresiones con **tener**. / Complete the following sentences using expressions with **tener**.

tener sueño	tener hambre	tener miedo	tener éxito
tener suerte	tener ___ años	tener frío	tener prisa

1. Son las 2:45 de la tarde y Alberto no ha comido nada [hasn't eaten anything] hoy.

    Alberto _____ .

2. Alberto tiene muchos pacientes (patients) todos los días. Él _____ como [as] dentista.

3. Son las 7:50 de la mañana, pero Diego tiene clase a las 8:00. El _____ para llegar a la universidad.

4. Donde [Where] yo vivo, hay posibilidad de huracanes [hurricanes] de junio a noviembre.

    Nosotros siempre _____ en esos [those] meses.

5. Generalmente [Generally], Diego no estudia para sus exámenes, pero sus notas [grades] son muy buenas.

    Él _____ .

6. Luis trabaja mucho por la noche y solo duerme [sleeps] cinco horas. Él _____ .

7. Diana, la nieta de Luis y Cecilia, _____ cuatro _____ .

8. Pablo y Marisol están en un bar con aire acondicionado [air conditioning] muy fuerte.

    Ellos _____ .

d. Luis y Cecilia van a cenar en la casa de su hijo. / Luis and Cecilia are going to have dinner at their son's house.

Lee el siguiente diálogo y contesta las preguntas. / Read the following dialogue and answer the questions.

Luis: Vamos a ir a la casa de Javier y Erica a las siete porque Diana

tiene una cita [appointment] con el dentista. ¿Quieres llevar algo

[something] para la cena?

Cecilia: Si, quiero preparar un postre [dessert]. Voy a preparar tres leches,

pero tengo que ir al supermercado por los ingredientes [ingredients].

Luis: Tengo que llamar a un cliente [client] antes de ir al supermercado.

Cecilia: OK. Vamos a las cinco menos cuarto.

Luis: ¡Está bien! Tengo que leer mi correo electrónico [e-mail] y llamar a la

oficina.

Cecilia: Yo también tengo que leer mi correo electrónico, pero no tengo que

llamar a la oficina.

Luis: Tengo ganas de llevar mi guitarra [guitar] para cantarles a las niñas.

Cecilia: ¡Qué bien! Yo también [also] quiero [I want] cantar.

1. ¿Qué prepara Cecilia para la cena? _____.

2. ¿Por qué Cecilia tiene que ir al supermercado? _____.

3. ¿Qué va a llevar Luis a la casa de su hijo? _____.

4. ¿Tiene Cecilia que llamar a la oficina? _____.

IV. Lectura cultural / Cultural Reading

Lee el texto siguiente y contesta las preguntas de forma cierto ("C") o falso ("F"). / Read the following text and answer the questions as either true ("C") or false ("F").

Aunque la lengua española es uno de los aspectos que une al mundo hispano, también existen muchas diferencias entre regiones y países. Ahora sabes que hay países, áreas y regiones que pronuncian consonantes y/o palabras de manera diferente. También, hay palabras que en un país tienen un significado diferente que en otro. Hay palabras que solo tienen un uso o significado particular en una región específica, pero no existen en otras. Por ejemplo, "cake" en Argentina se dice **torta**, en Puerto Rico **bizcocho**, en España **tarta** y en México **pastel**. Otra palabra interesante es "popcorn," que en Colombia se dice **crispetas**, en Argentina **pochoclo** y en España **palomitas**. Además, "bus" en Argentina se dice **colectivo**, en Cuba y Puerto Rico **guagua**, en Costa Rica **bus** y en México **camión**.

Otra de las diferencias importantes es la correspondiente a la localización del país dependiendo del hemisferio. Los países que están al norte del ecuador tienen diferentes estaciones que los países al sur del ecuador. Cuando es el verano para los países en el hemisferio norte, es el invierno para los países del hemisferio sur. Otros países solo tienen una temporada seca y una temporada de lluvia, pero no tienen cuatro estaciones como los Estados Unidos, por ejemplo.

Otro de los contrastes entre los países hispanos son los días feriados. Aunque muchos países tienen los mismos días feriados, no todos hacen las mismas celebraciones. Estas celebraciones van a ser diferentes dependiendo del país y las regiones dentro de cada país. Esto se debe a que cada país tiene su propia cultura y costumbres. Los días feriados pueden ser nacionales o regionales, y muchas veces las celebraciones regionales dependen de creencias religiosas y de los personajes santos asociados a una región.

En cuanto al Día de la Independencia, Guatemala, El Salvador, Costa Rica, Honduras y Nicaragua lo celebran cada año el 15 de septiembre, mientras que México lo celebra el 16 de septiembre y Chile el 18 de ese mes. En agosto esta celebración la tienen Ecuador, Bolivia y Uruguay. En el mes de julio, se celebra el Día de la Independencia para

Venezuela, Argentina, Colombia y Perú. Por supuesto, este día es una celebración muy importante en cada país y tiene sus orígenes en la historia independentista de España.

No se puede negar la influencia de España en Hispanoamérica, y en cuanto a uno de los feriados importantes para las familias se encuentra el Día de los Reyes Magos, que se celebra el seis de enero o la medianoche del cinco de enero. La idea general y tradicional es que los Reyes Magos—Melchor, Gaspar y Baltasar—les llevan regalos a los niños. Esta celebración es común en muchos de los países hispanohablantes.

1. "Cake" en México es **bizcocho**. _____

2. "Bus" se dice [is said] igual [the same] en todos los países de Hispanoamérica. _____

3. Todos los países en Hispanoamérica tienen cuatro estaciones como en los Estados Unidos. _____

4. Algunos países tienen una temporada seca y una temporada lluviosa. _____

5. Cada país en Hispanoamérica tiene su propia cultura y costumbres. _____

6. Todos los días feriados en Hispanoamérica son feriados nacionales. _____

V. Respuestas correctas / Correct Answers

a.
1. Elena tiene dos hermanos: Felipe y Érica.
2. Pablo tiene una hermana: Marisol.
3. Luis y Cecilia tienen tres hijos: Alberto, Diego y Javier.
4. Mariana y Diana tienen tres tíos—Alberto, Diego y Felipe—y una tía: Elena.
5. Una hija única no tiene hermanos.
6. La persona tiene veinticinco años.

b.
1. tengo ganas de
2. tengo que
3. Tengo que
4. Tengo ganas de
5. tiene que
6. Tengo que / Tenemos que
7. Tengo ganas de
8. tiene ganas de
9. Tengo que / Tengo ganas de

c.
1. tiene hambre
2. tiene éxito
3. tiene prisa
4. tenemos miedo
5. tiene suerte
6. tiene sueño
7. tiene cuatro años
8. tienen frío

d.
1. Cecilia prepara un postre: tres leches [a sponge cake soaked in three kinds of milk].
2. Cecilia tiene que comprar ingredientes para el postre.
3. Luis va a llevar una guitarra a la casa de su hijo.
4. No, Cecilia no tiene que llamar a la oficina.

Lectura cultural

1. F	2. F	3. F	4. C	5. C	6. F

Although the Spanish language is one of the aspects that unites the Hispanic world, there are also many differences between regions and countries. You now know that there are countries, areas, and regions that pronounce consonants and/or words in different ways. There are also words that have a different meaning in one country than in another. There are words that only have one use or particular meaning in a specific region but that don't exist in others. For example, "cake" in Argentina is **torta**, in Puerto Rico **bizcocho**, in Spain **tarta**, and in Mexico **pastel**. Another interesting word is "popcorn," which in Colombia is **crispetas**, in Argentina **pochoclo**, and in Spain **palomitas**. Moreover, "bus" is **colectivo** in Argentina, **guagua** in Cuba and Puerto Rico, **bus** in Costa Rica, and **camión** in Mexico.

Another of the important differences relates to the location of the country, depending on its hemisphere. The countries that are north of the equator have different seasons than the countries to the south of the equator. When it's summer for the countries in the northern hemisphere, it's winter for the countries of the southern hemisphere. Other countries only have a dry season and a rainy season, but don't have four seasons, as in, for example, the United States.

Holidays are another of the contrasts among Hispanic countries. Although many countries have the same holidays, not all celebrate them the same way. These celebrations will be different depending on the country and the regions within each country. This is due to each country having its own culture and customs. Holidays can be national or regional, and often the regional celebrations depend on the religious beliefs and the saints associated with a region.

As for Independence Day, Guatemala, El Salvador, Costa Rica, Honduras, and Nicaragua celebrate it each year on September 15th, while Mexico celebrates it on September 16th, and Chile celebrates it on September 18th. It's celebrated in August in Ecuador, Bolivia, and Uruguay. Independence Day is celebrated in July in Venezuela, Argentina, Colombia, and Perú. This day is, of course, a very important celebration in each country and has its origins in the history of independence from Spain.

The influence of Spain on Spanish America cannot be denied, and among the more important holidays for families is Epiphany [The Day of the Wise Men], which is celebrated on January 6th or at midnight on January 5th. The general and traditional idea is that the Wise Men—Melchior, Gaspar, and Balthasar—bring gifts to children. This celebration is common in many of the Spanish-speaking countries.

Verbs like *Hacer* and Interrogative Words

I. Vocabulario nuevo / New Vocabulary

hacer – to make, to do	**ganar** – to win, to earn
poner – to put	**hacer ejercicio** – to exercise
salir – to leave, to go out	**hacer una pregunta** – to ask a question
traer – to bring	**hacer una fiesta** – to throw a party
explicar – to explain	
¿Cómo está Carla? – How is Carla?	**¿Cómo es Carla?** – What is Carla like?
el **ejercicio** – exercise	la **cama** – bed
la **fiesta** – party	la **radio** – radio
la **temperatura** – temperature	el **huracán** – hurricane
los **grados** – degrees	la **precipitación** – precipitation
¿Qué tiempo hace? – What's the weather like?	**Truena.** – It's thundering.
Hace buen tiempo. – It's good weather.	**Está nublado.** – It's cloudy.
Hace mal tiempo. – It's bad weather.	**Está despejado.** – It's clear (cloudless).
Hace sol. – It's sunny.	**Llueve.** – It's raining.
Hace viento. – It's windy.	**Está lloviendo.** – It's raining.
Hace frío. – It's cold.	la **lluvia** – rain
Hace calor. – It's hot.	**Hay niebla.** – It's foggy.
Hace fresco. – It's cool.	**Llovizna.** – It's drizzling.
Está a veinticinco grados. – It's twenty-five degrees.	**Nieva.** – It's snowing.
Hay tormenta. – There's a storm.	**Hay hielo.** – It's icy.
Caen rayos. – It's lightning.	
la **puntuación** – punctuation	el **punto y coma** – semicolon
el **signo de puntuación** – punctuation mark	los **signos de interrogación** – question marks
el **punto** – period, point	los **signos de exclamación** – exclamation marks
dos puntos – colon	**si** – if
la **coma** – comma	

II. Repaso general / General Review

A. **Hacer** and Expressions with **hacer**

The verb **hacer** means "to make" or "to do," and it's one of the most commonly used verbs in Spanish. Beyond its normal use (e.g., "I always do my work" is **Siempre hago mi trabajo**), **hacer** is used in a number of expressions, such as **hacer una pregunta**, which is "to ask a question," and **hacer una fiesta**, which is "to throw a party." **Hacer** is also used with many of the weather expressions (e.g., **¿Qué tiempo hace?** is "What is the weather like?"; **Hace sol** is "It's sunny"; **Hace mal tiempo** is "It's bad weather"). If you consult the website of Spain's Agencia Estatal de Meteorología [State Meteorological Agency], at aemet.es, you can see a meteorologist giving a weather report. All present tense endings for **hacer** are regular; the only unusual form of the verb is the **yo** form (**hago**), which has a **g**.

B. Verbs Conjugated like **hacer**

Verbs conjugated like **hacer** (meaning that they also use regular endings and have a **g** in the **yo** form) include **poner** [to put], **salir** [to leave, to go out], and **traer** [to bring]. The **yo** forms for these verbs are **pongo**, **salgo**, and **traigo**.

C. Interrogatives

The meaning of **cómo** is different when used with **estar** than it is when used with **ser** because **estar** expresses a state or condition, while **ser** expresses an inherent characteristic of someone or something. **¿Cómo están las chicas?** asks "How are the girls?" while **¿Cómo son las chicas?** asks "What are the girls like?"

The interrogative **qué** [what] is used directly before a noun (e.g., **¿Qué clases tomas este semestre?** is "What classes are you taking this semester?"). The interrogatives **cuál** and **cuáles** [which or what] are often used after the preposition **de**, as in **¿Cuáles de las camas es tu cama?**, which is "Which of the beds is your bed?" You use **qué** when asking for a definition or explanation (e.g., **¿Qué pasa aquí?** is "What's happening here?"; **¿Qué significa salir?** is "What does salir mean?"). The interrogatives **cuál** and **cuáles** are used when you want someone to tell you some information, not explain it (e.g., **¿Cuál es la fecha de hoy?** is "What is today's date?"; **¿Cuál es el nombre de la profesora del curso?** is "What is the name of the professor of the course?").

D. Punctuation

In Spanish, it is never correct to put a comma after the second-to-last item in a list (e.g., "I'm going to bring many books, a notebook, and a computer" is **Voy a traer muchos libros, un cuaderno y una computadora**).

Questions in Spanish begin with an inverted question mark, which could be at the start of a sentence or at the start of a clause in the middle of a sentence (e.g., **¿Dónde están las camas?** is "Where are the beds?"; **Si tenemos tiempo, ¿debemos salir después de la clase?** is "If we have time, should we go out after the class?"). An exclamation must begin with an inverted exclamation mark and end with an exclamation mark (e.g., **¡Que día fantástico!** is "What a fantastic day!"; **Después del examen, ¡qué fiesta vamos a hacer!** is "After the exam, what a party we're going to throw!").

III. Actividades / Activities

a. Contesta las siguientes preguntas sobre el pronóstico del tiempo en Buenos Aires y Guadalajara. / Answer the following questions about the weather forecast in Buenos Aires and Guadalajara.

Buenos Aires, Argentina			Guadalajara, México		
hoy	mañana	domingo	hoy	mañana	domingo
31°	31°	32°	41°	41°	33°
Soleado	Parcialmente nublado	Parcialmente nublado	Soleado	Parcialmente nublado	Tormenta
18°	18°	18°	25°	26°	21°
Temperatura mínima	Temperatura mínima	Temperatura mínima	Temperatura mínima	Temperatura mínima	Temperatura mínima
0%	0%	0%	0%	0%	80%
Probabilidad de lluvia	Probabilidad de lluvia	Probabilidad de lluvia	Probabilidad de lluvia	Probablidad de lluvia	Probabilidad de lluvia

1. ¿Cuándo y dónde hay probabilidad de lluvia? _____

2. ¿Cuál es la temperatura mínima en Buenos Aires el domingo? _____ .

3. ¿Cuál es la temperatura máxima el viernes en Buenos Aires? _____ .

4. ¿Cuál es la probabilidad de lluvia en Buenos Aires el sábado? _____ .

5. ¿Cuándo y dónde hay probabilidad de tormenta? _____ .

6. ¿Qué tiempo hace en Buenos Aires hoy? _____ .

7. ¿Qué tiempo va a hacer en Guadalajara el sábado? _____ .

8. ¿Cuál es la temperatura máxima de hoy en Guadalajara? _____ .

9. ¿Cuál es la temperatura mínima el sábado en Guadalajara? _____ .

b. Diana quiere ir a la piscina de Villa Celeste. Erica va a revisar el pronóstico del tiempo. / Diana wants to go to the pool in Villa Celeste. Erica is going to check the weather forecast.

Lee el siguiente diálogo y contesta las preguntas. / Read the following dialogue and answer the questions.

Diana: ¡Mami, quiero [I want] ir a la piscina!

Erica: Sí, está bien, pero tenemos que llevar a tu hermana Mariana con nosotras.

Diana: Está bien, mami, pero ¡vamos a la piscina!

Erica: Muy bien, pero primero [first] voy a mirar el pronóstico del tiempo.

Erica: Diana, ¿puedes [can you] poner la televisión, por favor?

Diana: ¡Sí, mami!

Erica: Diana, hoy no vamos a ir a la piscina porque va a llover.

Diana: No, mami, ¡hace sol!

Erica: Sí, hace sol ahora, pero en una hora va a llover mucho.

Diana: Pero yo quiero ir a la piscina.

Erica: Yo sé [I know], pero no vamos a salir porque va a llover.

Erica: Mañana sí vamos con tu amiga Valeria, ¿está bien?

Diana: ¡Sí, mañana!

1. ¿Por qué Erica y sus hijas no van hoy a la piscina? _____ .

2. ¿Qué tiempo hace ahora? _____ .

3. ¿Cuándo va a llover? _____ .

4. ¿Cómo se llama la amiga de Diana? _____ .

5. ¿Cuándo van a ir a la piscina? _____ .

c. Completa las frases con la opción apropiada. / Complete the sentences with the appropriate option.

1. Hoy quiero _____ ejercicio a las seis y media de la tarde. Mañana

   _____ ejercicio con Victoria a las cinco de la tarde.

   a) hacemos…hacer   b) hacer…vais a hacer   c) hacer…voy a hacer

2. ¿Cuál _____ el nombre de tu nuevo vecino?

   a) está   b) es   c) ser

3. ¿Cómo _____ la personalidad [personality] de tu vecino?

   a) está   b) es   c) ser

4. Yo _____ la radio todos los días, pero no _____ la televisión todos los días.

   a) pongo…poner   b) pongo…ponéis   c) pongo…pongo

5. ¿Cuáles _____ los ingredientes [ingredients] que necesito comprar en el supermercado?

   a) están   b) eres   c) son

6. ¿ _____ vecinos tienes?

   a) Cuántos   b) Cuántas   c) Cuál

7. Marisol y Valeria _____ todos los fines de semana con sus amigos.

   a) salgan   b) salen   c) salimos

8. ¿Y tú? ¿Cuándo _____ con tus amigos?

   a) sale   b) sales   c) salgo

9. ¿Y ustedes? ¿Cuándo _____ los libros para estudiar?

   a) traigo   b) trae   c) traen

d. Escribe la expresión correspondiente a la imagen. / Write the expression corresponding to the image.

Hace frío.	Hace calor.	Hace fresco.	Hace viento.
Está despejado.	Está lloviendo.	Hay niebla.	Nieva.

1. _____

2. _____

3. _____

4. _____

IV. Respuestas correctas / Correct Answers

a.
1. Hay probabilidad de lluvia el domingo en Guadalajara.
2. La temperatura mínima en Buenos Aires el domingo es de 18 grados.
3. La temperatura máxima el viernes en Buenos Aires es de 31 grados.
4. No hay probabilidad de lluvia en Buenos Aires el sábado.
5. Hay probabilidad de tormenta el domingo en Guadalajara.
6. Hoy hace buen tiempo en Buenos Aires. / Hoy en Buenos Aires está soleado. / Hoy en Buenos Aires hace sol.
7. El sábado en Guadalajara va a estar parcialmente nublado.
8. La temperatura máxima de hoy en Guadalajara es de 41 grados.
9. La temperatura mínima el sábado en Guadalajara es de 26 grados.

b.
1. No van a la piscina porque va a llover.
2. Hace sol ahora.
3. Va a llover en una hora.
4. La amiga de Diana se llama Valeria.
5. Van a ir a la piscina mañana.

c.
1. c) hacer…voy a hacer
2. b) es
3. b) es
4. c) pongo…pongo
5. c) son
6. a) Cuántos
7. b) salen
8. b) sales
9. c) traen

d.
1. Hace calor.
2. Hace frío.
3. Está lloviendo.
4. Nieva.

The Verbs *Saber* and *Conocer*

I. Vocabulario nuevo / New Vocabulary

saber – to know facts, to know how to do something	**traducir** – to translate
conocer – to know a person, place, or thing	**conducir** – to drive
producir – to produce	**manejar** – to drive
reducir – to reduce	**visitar** – to visit
ofrecer – to offer	**saludar** – to greet
parecer – to seem	**comunicarse** – to communicate
rápido – fast	**que** – that
la respuesta – answer	
con – with	**hacia** – toward
para – for, to, in order to	**hasta** – until
por – for, by, through	**contra** – against
sin – without	**desde** – from, since
entre – between, among	
encima de – on top of, over	**cerca de** – near to
sobre – on, about	**lejos de** – far from
debajo de – under	**al lado de** – next to
dentro de – inside of	**a la derecha de** – to the right of
detrás de – behind	**a la izquierda de** – to the left of
delante de – in front of	**alrededor de** – around, about
enfrente de – across from	
la **lámpara** – lamp	la **cómoda** – bureau
el **sillón** – armchair	la **alfombra** – rug
la **puerta** – door	el **escritorio** – desk
la **ventana** – window	el **estante** – bookshelf
el **techo** – roof	

II. Repaso general / General Review

A. Saber and conocer

Let's approach these verbs by asking the three questions we ask about any new verbs.

1. What do they mean?
2. How do you use them?
3. How do you conjugate them?

What do they mean? Both **saber** and **conocer** mean "to know."

How do you use them? The verb **saber** expresses "to know" in the sense of knowing information or knowing how to do something (e.g., **Ellos saben que Marta es simpática** is "They know that Marta is nice"; **¿Sabes hablar italiano?** is "Do you know how to speak Italian?"). The verb **conocer** expresses "to know" in the sense of being familiar with someone or with a place or thing (e.g., **No conocemos a Arturo** is "We don't know Arturo"; **Mis amigos conocen una buena biblioteca** is "My friends know a good library").

How do you conjugate them? Both **saber** and **conocer** have irregular **yo** forms: **yo sé** and **yo conozco**. The other five forms for both verbs are regular.

B. The Personal a

When the direct object of a verb is a specific person or group of people, the word **a** must precede the direct object. In the world of grammar, this is called the "personal a," or the **a personal** in Spanish (e.g., **Conozco a Julia, pero no conozco a sus padres** is "I know Julia, but I don't know her parents"; **¿A quién buscas?** is "Whom are you looking for?"). If the person or group is not specific, no **personal a** is needed (e.g., **Necesitamos unos nuevos amigos** is "We need some new friends"). The **personal a** is generally not used with **tener** or **hay** (e.g., **Tengo cuatro tíos** is "I have four uncles"; **Hay un chico al lado de mí** is "There's a boy next to me").

C. Verbs like conocer

The verbs **producir** [to produce], **reducir** [to reduce], **ofrecer** [to offer], **parecer** [to seem], **traducir** [to translate], and **conducir** [to drive] are conjugated like **conocer**, meaning that they all have a **z** before the **c** in the **yo** form while the other five verb forms in the present are regular. The present tense of the **yo** forms for these verbs are **produzco**, **reduzco**, **ofrezco**, **parezco**, **traduzco**, and **conduzco**.

D. Using en and a

The preposition **en** [in, at] is used when there is no motion expressed (e.g., **Estamos en el parque** is "We are in the park"; **Ella estudia en la universidad** is "She studies at the university"). If what you're talking about involves motion, use the preposition **a** [to], which is often used with **ir** [to go] and **llegar** [to arrive] (e.g., **Vamos a la tienda** is "We are going to the store"; **Siempre llegan a la estación de trenes** is "They always arrive at the train station").

E. Understanding Spoken Spanish

When listening to spoken Spanish, make use of context, cognates, and conjecture. You're more likely to understand what you're hearing if, as the other person is speaking, you focus on context while listening for possible cognates. Conjecture is an opinion or conclusion formed on the basis of incomplete information. When you hear something beyond your current level of comprehension, you must work to make sense of what's being said on the basis of incomplete information because there are gaps in your understanding. Conjecture simply means that at times you should guess what's being said. In fact, what beginning language learners often consider a wild guess is often an informed guess. Making use of context, cognates, and conjecture will help maximize your understanding of what you hear.

III. Actividades / Activities

a. Un cliente de Luis Cortés quiere viajar a El Salvador. El cliente le está pidiendo información sobre la ciudad. / A customer of Luis Cortés wants to travel to El Salvador. The customer is asking him for information about the city.

Escoge la respuesta correcta. / Choose the correct answer.

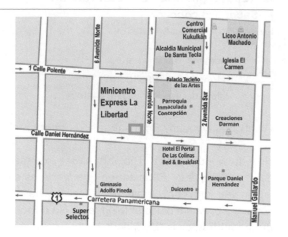

1. ¿Dónde está el Gimnasio [gymnasium] Adolfo Pineda?

   a) El gimnasio está en la carretera Panamericana.

   b) El gimnasio está entre la 4 Avenida Norte y la carretera Panamericana.

   c) El gimnasio está entre la carretera Panamericana y la 2 Avenida Sur.

2. ¿Dónde está la Parroquia Inmaculada Concepción?

   a) La parroquia está en el Parque Daniel Hernández.

   b) La parroquia está entre la 4 Avenida Norte y la 2 Avenida Sur.

   c) La parroquia está en la carretera Panamericana.

3. ¿Dónde está el Hotel El Portal?

   a) El hotel está en la 8 Avenida Norte.

   b) El hotel está lejos de la Parroquia Inmaculada Concepción.

   c) El hotel está cerca del Parque Daniel Hernández.

4. ¿Dónde está el Liceo Antonio Machado?

   a) El liceo está detrás de la Iglesia El Carmen.

   b) El liceo está al lado del Gimnasio Adolfo Pineda.

   c) El liceo está entre la 2 Avenida Sur y la 4 Avenida Norte.

5. ¿Dónde está el Centro Comercial Kukulkán?

   a) El centro comercial está lejos del Gimnasio Adolfo Pineda.

   b) El centro comercial está en la calle Daniel Hernández.

   c) El centro comercial está delante del Minicentro Express La Libertad.

---

b. El cliente de Luis no sabe exactamente dónde están los países en América Central o América del Sur. / Luis's customer doesn't know exactly where the countries of Central America or South America are located.

Escoge la respuesta correcta. / Choose the correct answer.

1. ¿Dónde está El Salvador?

   a) El Salvador está al oeste de México.

   b) El Salvador está en América del Norte.

   c) El Salvador está al sur de Guatemala.

2. ¿Dónde está Ecuador?

   a) Ecuador está cerca de Argentina.

   b) Ecuador está entre Bolivia y Paraguay.

   c) Ecuador está cerca de Colombia.

3. ¿Dónde está Bolivia?

   a) Bolivia está entre Brasil y Chile.

   b) Bolivia está cerca de Guatemala.

   c) Bolivia está al sur de Paraguay.

4. ¿Dónde está Uruguay?

   a) Uruguay está cerca de Perú.

   b) Uruguay está al este de Argentina.

   c) Uruguay está entre Brasil y Bolivia.

5. ¿Dónde está la República Dominicana?

   a) La República Dominicana está oeste de Puerto Rico.

   b) La República Dominicana está al oeste de Cuba.

   c) La República Dominicana está entre Venezuela y Colombia.

AMÉRICA LATINA

c. Rogelio está buscando trabajo. Hoy tiene una entrevista de trabajo en la agencia de viajes de Luis Cortés. / Rogelio is looking for a job. Today he has a job interview in Luis Cortés's travel agency.

Completa el siguiente diálogo entre Rogelio y Luis. / Complete the following dialogue between Rogelio and Luis Cortés.

Luis: ¡Buenos días, Rogelio! Yo 1. _____ (ser) Luis Cortés.

Rogelio: ¡Mucho gusto, señor Cortés!

Luis: Bueno [Well], Rogelio, ¿usted 2. _____ (tener) experiencia [experience] en otros trabajos?

Rogelio: No, señor. No 3. _____ (tener) experiencia.

Luis: ¿Por qué está buscando trabajo en una agencia de viajes?

Rogelio: 4. _____ (estudiar) administración de turismo y recreación [Tourism and Recreation Management] y 5. _____ (necesitar) dinero para la universidad.

Luis: ¡Muy bien! 6. ¿_____ (saber) mucho sobre tecnología [technology]?

Rogelio: Sí, señor. 7. _____ (saber) trabajar con Photoshop, y eso [that] es importante

para la publicidad [advertising] en una agencia de viajes.

Luis: Sí, 8. _____ (tener) razón. 9. ¿_____ (saber) organizar

[organize] eventos [events]?

Rogelio: Sí, señor. Yo 10. _____ (saber) organizar eventos. Por ejemplo, yo

11. _____ (organizar) todos los eventos en mi familia. También, yo

12. _____ (ofrecer) muchas fiestas en mi casa.

Luis: 13. ¿_____ (saber) hablar otras lenguas?

Rogelio: Sí, señor. Yo 14. _____ (saber) hablar alemán y francés. Yo

15. _____ (traducir) muchos documentos [documents] para mis amigos.

Luis: 16. ¿_____ (conocer) otros países?

Rogelio: Sí, señor. 17. _____ (conocer) otros países—por ejemplo, España, Francia,

Chile y Panamá.

Luis: ¡Muy bien, Rogelio! ¡Gracias por hablar conmigo [with me]!

d. Escoge la respuesta correcta. No olvides conjugar el verbo. / Choose the correct answer. Don't forget to conjugate the verb.

conocer	conocer a	saber

1. Esteban y Luisa _____ sus vecinos.

2. Diana no _____ manejar su bicicleta [bicycle].

3. Luis _____ la cuñada de Ana.

4. Luis _____ muchos países de Europa y Asia.

5. Elena no _____ cocinar.

6. Alberto, Diego y Javier _____ jugar [to play] ajedrez [chess].

7. ¿ (Tú) _____ un buen restaurante para ir a comer con tu familia?

8. ¿ (Usted) _____ dónde está la estación de trenes?

9. Yo no _____ una buena universidad para estudiar administración en turismo.

e. Contesta las siguientes preguntas. / Answer the following questions.

entre	a la izquierda	encima	enfrente	a la derecha	debajo

1. La lámpara está _____ del sillón.

2. El periódico está _____ de la mesa.

3. El televisor está _____ del sillón.

4. El teléfono está _____ la puerta y la ventana.

5. La alfombra está _____ de la mesa.

IV. Respuestas correctas / Correct Answers

a.
1. a)
2. b)
3. c)

4. a)
5. a)

b.
1. c)
2. c)
3. a)

4. b)
5. a)

c.
1. soy
2. tiene
3. tengo
4. Estudio
5. necesito
6. Sabe
7. Sé
8. tiene
9. Sabe

10. sé
11. organizo
12. ofrezco
13. Sabe
14. sé
15. traduzco
16. Conoce
17. Conozco

d.
1. conocen a
2. sabe
3. conoce a
4. conoce
5. sabe

6. saben
7. Conoces
8. Sabe
9. conozco

e.
1. a la izquierda
2. encima
3. a la derecha

4. entre
5. debajo

Stem-Changing Verbs

I. Vocabulario nuevo / New Vocabulary

el **cambio** – change	el **piano** – piano
la **raíz** – root, stem of a verb	el **énfasis** – emphasis
la **conjugación** – conjugation	

sin mí – without me	**contigo** – with you [informal, singular]
hacia ti – toward you	**próximo** – next
conmigo – with me	

comprender – to understand	**poder** – to be able to
tocar – to play an instrument, to touch	**almorzar** – to have lunch
pensar – to think	**recordar** – to remember
cerrar – to close	**mostrar** – to show
comenzar – to begin	**volver** – to return
empezar – to begin	**devolver** – to return something
entender – to understand	**dormir** – to sleep
perder – to lose	**morir** – to die
querer – to want, to love	**jugar** – to play
mentir – to lie	**servir** – to serve
preferir – to prefer	**pedir** – to ask for
encontrar – to find	**repetir** – to repeat
costar – to cost	

¡Qué elegante! – How elegant!	

II. Repaso general / General Review

A. Stem-Changing Verbs in the Present

Stem-changing verbs in the present tense have regular endings but change stem in all the singular forms and in the third-person plural form (there is no stem change for the **nosotros** or **vosotros** forms). The four possible stem changes are **e → ie**, **o → ue**, **e → i**, and **u → ue** (**jugar** is the only verb with a **u → ue** stem change). Conjugations of stem-changing verbs in the present include the following.

querer [to want, to love]		**encontrar** [to find]	
e → ie		**o → ue**	
qu**ie**ro	queremos	enc**ue**ntro	encontramos
qu**ie**res	queréis	enc**ue**ntras	encontráis
qu**ie**re	qu**ie**ren	enc**ue**ntra	enc**ue**ntran

servir [to serve]		jugar [to play]	
e → i		u → ue	
sirvo	servimos	juego	jugamos
sirves	servís	juegas	jugáis
sirve	sirven	juega	juegan

What's easy about stem-changing verbs is remembering that all endings are regular and that the stem change happens only in the boot (in all forms except the **nosotros** and **vosotros** forms). What's difficult about stem-changing verbs is remembering which verbs change stem and what the stem change is for each verb.

A commonly used stem-changing verb is **costar**, meaning "to cost" (e.g., **¿Cuánto cuesta la computadora?** is "How much does the computer cost?"; **¿Cuánto cuestan los zapatos?** is "How much do the shoes cost?").

B. Prepositional Pronouns
Pronouns used after a preposition (also known as prepositional pronouns) are the same as the subject pronouns, with two exceptions: The first-person singular form is **mí** and the second-person singular, informal form is **ti**. The prepositional pronouns are as follows.

mí	**nosotros, nosotras**
ti	**vosotros, vosotras**
usted	**ustedes**
él	**ellos**
ella	**ellas**

Two forms that are irregular are **conmigo**, which means "with me," and **contigo**, which means "with you" (using the informal, singular form of "you").

C. Knowing Where to Place Spoken Stress
Spanish has three rules that determine where to place the stress in a word when speaking.

1. When a word ends with a vowel or with the letter **n** or **s**, you stress the second-to-last syllable (e.g., **comen**, **cervezas**, **trabajadora**).
2. When a word ends with a consonant that is not the letter **n** or **s**, you stress the last syllable (e.g., **entender**, **pared**, **accidental**).
3. When a word does not follow the first two rules, an accent mark is used to show which syllable should be stressed (e.g., **francés**, **Ángela**, **república**).

III. Actividades / Activities
a. Pronuncia cada una de las palabras en esta lista. Para cada palabra, subraya la sílaba acentuada—es decir, la sílaba que lleva énfasis a la hora de hablar. / Pronounce each one of the words on this list. For each word, underline the accented syllable—in other words, the syllable that is emphasized when speaking.

1. chocolate	6. Honduras	11. contigo
2. hospital	7. instrumento	12. lecciones
3. café	8. ciudad	13. dormir
4. universidad	9. veintidós	14. actividad
5. palabra	10. almorzar	15. Málaga

b. Pablo y sus amigos Sebastián y Guillermo están hablando con Felipe. Ellos quieren convencer a Felipe de ir a la universidad. / Pablo and his friends Sebastián and Guillermo are talking with Felipe. They want to convince Felipe to go to college.

Completa el diálogo con la conjugación correcta del verbo indicado. / Complete the dialogue with the correct conjugation of the indicated verb.

Pablo: Debes tomar clases el próximo semestre [semester].

Felipe: 1. _____ (preferir) tener solo mi trabajo. No 2 _____ (querer) estresarme [stress out] por las clases y las notas [grades].

Sebastián: Sí, nosotros 3. _____ (saber) que no quieres estresarte, pero la universidad no es mala idea.

Guillermo: Nosotros 4. _____ (estudiar) juntos [together] en la biblioteca. Si nosotros no 5. _____ (entender) algo, 6. _____ (poder) estudiar más. Los lunes, miércoles y viernes 7. _____ (almorzar) juntos en la cafetería. Los martes y jueves yo 8. _____ (almorzar) con mi novia.

Felipe: Yo 9. _____ (trabajar) todos los días, entonces [so] 10._____ (preferir) tomar clases por la noche.

Pablo: Yo 11. _____ (creer) que es una buena idea tomar clases por la noche.

Felipe: La universidad 12. _____ (costar) mucho dinero, y no sé si ahora mismo 13. _____ (poder) pagar tanto dinero [so much money].

Sebastián: Sí, es mucho dinero, pero vale la pena [it's worth it].

Felipe: Yo 14. _____ (jugar) al fútbol con mis amigos los sábados y domingos.

Sebastián: En la universidad también [also] 15. _____ (poder) jugar al fútbol.

Felipe: Voy a 16. _____ (pensar) en mis opciones [options], gracias. ¡Nos vemos!

Pablo, Guillermo, Sebastián: ¡Nos vemos!

c. Escoge la preposición o el pronombre preposicional correcto para las oraciones siguientes. / Choose the correct preposition or prepositional pronoun for the following sentences.

ti	mí	para	conmigo	contigo	de
detrás de	entre	hasta	sobre	con	

1. Los lunes tengo clases _____ las nueve de la mañana y las cinco menos diez de la tarde.

2. En la clase hablamos _____ la situación política _____ Cuba.

3. Hablo _____ mis amigos todos los días.

4. ¿Quieres ir al seminario [seminar] de esta noche _____?

5. Esta tarea [homework] es _____ la clase de inglés.

6. Quiero ir a la fiesta, pero sin _____ no voy a ir.

7. Todos los días duermo _____ las ocho de la mañana.

8. Shhhh, la profesora está _____ nosotros.

d. Completa las respuestas de las siguientes preguntas. No olvides conjugar el verbo. / Complete the answers to the following questions. Don't forget to conjugate the verb.

1. ¿Juegas mucho al fútbol los fines de semana? No, _____ .

2. ¿Generalmente mientes a tus amigos? No, _____ .

3. ¿Pierdes las llaves [keys] de tu carro frecuentemente [frequently]? Sí, _____ .

4. ¿Cuánto cuesta un buen diccionario? _____ por lo menos [at least] veinte dólares.

5. ¿A qué hora almuerzas? _____ al mediodía.

6. ¿Entiendes los verbos con cambio de raíz en el presente? Sí, _____ .

IV. Respuestas correctas / Correct Answers

a.
1. choco<u>la</u>te
2. hosp<u>it</u>al
3. ca<u>fé</u>
4. universi<u>dad</u>
5. pal<u>a</u>bra
6. Hon<u>du</u>ras
7. instru<u>men</u>to
8. ciu<u>dad</u>

9. veinti<u>dós</u>
10. almor<u>zar</u>
11. con<u>ti</u>go
12. lec<u>cio</u>nes
13. dor<u>mir</u>
14. activi<u>dad</u>
15. <u>Má</u>laga

b.
1. Prefiero
2. quiero
3. sabemos
4. estudiamos
5. entendemos
6. podemos
7. almorzamos
8. almuerzo

9. trabajo
10. prefiero
11. creo
12. cuesta
13. puedo
14. juego
15. puedes
16. pensar

c.
1. entre
2. sobre / de
3. con
4. conmigo

5. para
6. ti
7. hasta
8. detrás de

d.
1. No, no juego mucho al fútbol los fines de semana.
2. No, no miento a mis amigos.
3. Sí, pierdo las llaves de mi carro frecuentemente.
4. Un buen diccionario cuesta por lo menos veinte dólares.
5. Almuerzo al mediodía.
6. Sí, entiendo los verbos con cambio de raíz en el presente.

Lesson 14 — *Ver, Dar*, and Other Irregular Verbs

I. Vocabulario nuevo / New Vocabulary

maravilloso – marvelous	la **Pascua** – Easter
juntos – together	la **zona** – zone
exactamente – exactly	la **verdad** – truth
enhorabuena – congratulations	**nevada** – snow-covered
felicidades – congratulations	**colorado** – red-colored
la **sierra** – mountain range, saw	**florida** – covered with flowers
la **montaña** – mountain	**árido** – arid

siempre – always	**todos los días** – every day
a veces – at times	**tarde** – late
de vez en cuando – from time to time	**temprano** – early
a menudo – often	el **domingo** – on Sunday
frecuentemente – frequently	los **martes** – on Tuesdays

responder – to answer	**corregir** – to correct
ver – to see	**decir** – to say, to tell
dar – to give	**venir** – to come
escoger – to choose	**oír** – to hear
proteger – to protect	

la **telenovela** – soap opera	el **país** – country
el **presidente** – president	la **conversación** – conversation
la **situación** – situation	la **inmigración** – immigration
el **líder** – leader	**legal** – legal
la **reunión** – meeting	**ilegal** – illegal

II. Repaso general / General Review

A. U.S. State Names from Spanish

The five U.S. states with names that come directly from Spanish are Nevada, from **nevada** [snow-covered]; Colorado, from **colorado** [red-colored]; Montana, from **montaña** [mountain]; Florida, from **florida** [covered with flowers]; and California, from the fictional island of California that appears in the 16th-century Spanish book of chivalry entitled *Las sergas de Esplandián* [*The Great Deeds of Esplandián*].

B. Ver and **dar**

The verbs **ver** [to see] and **dar** [to give] both are irregular in the present. **Ver** has an extra **e** in the **yo** form and no accent in the **vosotros** form. The **yo** form of **dar** ends in **-oy**; the other five endings are the same as the regular **-ar** endings in the present, except there is no accent in the **vosotros** form. In the present, the six forms of **dar** rhyme with the six forms of **ir**. The conjugations of these two verbs in the present are as follows.

<table>
<tr><td colspan="2" align="center">ver [to see]</td><td colspan="2" align="center">dar [to give]</td></tr>
<tr><td>veo</td><td>vemos</td><td>doy</td><td>damos</td></tr>
<tr><td>ves</td><td>veis</td><td>das</td><td>dais</td></tr>
<tr><td>ve</td><td>ven</td><td>da</td><td>dan</td></tr>
</table>

C. Verbs like **escoger**

The verb **escoger** [to choose] has all regular endings in the present, but the **yo** form has a **j** instead of a **g**. If the **yo** form included a **g**, it would make a hard **g** sound, as found in **tengo**. To maintain the **j** sound present in **escoger** (and, for example, **Argentina**), the form instead is **yo escojo**. Other verbs conjugated like **escoger** include **proteger** [to protect] and the **e → i** stem-changing verb **corregir** [to correct]. The **yo** forms of these verbs in the present are **yo protejo** and **yo corrijo**.

D. Decir, **venir**, and **oír**

The present tense conjugations of **decir** [to say] and **venir** [to come] (which are both clearly **-ir** verbs) have two things in common: Both have a **g** in the **yo** form, and both are stem changing. **Decir** changes **e → i**, and **venir** changes **e → ie**, except in the **yo** form. The conjugations of these verbs in the present are as follows.

<table>
<tr><td colspan="2" align="center">decir [to say]
e → i</td><td colspan="2" align="center">venir [to come]
e → ie</td></tr>
<tr><td>digo</td><td>decimos</td><td>vengo</td><td>venimos</td></tr>
<tr><td>dices</td><td>decís</td><td>vienes</td><td>venís</td></tr>
<tr><td>dice</td><td>dicen</td><td>viene</td><td>vienen</td></tr>
</table>

Because **venir** is a verb of motion (like **ir** and **llegar**), it is often used with the preposition **a** (e.g., **Siempre vengo a clase temprano** is "I always come to class early").

When conjugated in the present, **oír** [to hear] has a **g** in the **yo** form; a **y** in the **tú**, **usted**, and **ustedes** forms; and an accent in the **nosotros** form. Its present tense conjugation is as follows.

<table>
<tr><td colspan="2" align="center">oír [to hear]</td></tr>
<tr><td>oigo</td><td>oímos</td></tr>
<tr><td>oyes</td><td>oís</td></tr>
<tr><td>oye</td><td>oyen</td></tr>
</table>

E. Improving Your Listening and Speaking Skills

Watching television in Spanish is one way to improve your listening and speaking skills. Specific networks that you might have access to where you live are Univisión, Telemundo, or Azteca. Although any program you watch can be useful, news programs are ideal for beginning language learners because newscasters tend to speak slowly and clearly. For someone new to the language, this is exactly the kind of spoken Spanish that you are most likely to understand. Moreover, when watching the news, you will see clips or scenes of what the newscaster is talking about. These images, accompanying what you hear, will help provide context for what you're hearing. When watching television, as always when hearing Spanish, use cognates, context, and conjecture to help you make sense of what you're hearing.

As has been mentioned in an earlier lesson, from time to time you should repeat what the newscaster is saying to work on developing your speaking skills. This will help you get accustomed to the intonation used in Spanish—meaning the way the voice rises and falls when speaking. And if you'd like to read subtitles while watching television, have them be in Spanish if possible. This entire all-Spanish experience—meaning that both the words you're hearing and the words you're reading are in Spanish—will help get you more accustomed to the language in its various aspects.

III. Actividades / Activities

a. Resuelve el siguiente crucigrama. / Solve the following crossword puzzle.

oír (2)	escoger	proteger	dar
venir	corregir	decir	ver

Horizontal / Across

2. Tú _____ a las reuniones generalmente diez minutos tarde.

5. La profesora _____ los exámenes de sus estudiantes cada mes.

7. Ustedes _____ música cuando manejan su automóvil.

8. Yo siempre _____ la verdad (truth).

Vertical / Down

1. Los domingos vosotros _____ películas [movies] con vuestros amigos.

3. Mi hermano y yo siempre _____ lo mismo [the same thing] de la carta [menu] cuando vamos a un restaurante.

4. Yo _____ mi piel [skin] contra el sol todos los días.

6. Yo _____música cuando trabajo en la computadora.

8. Todos los años él le [to her] _____ un regalo [gift] a su mejor [best] amiga por su cumpleaños.

b. Erica y sus hijas Diana y Mariana están en el zoológico [zoo]. / Erica and her daughters Diana and Mariana are at the zoo.

Completa el diálogo con la conjugación correcta del verbo indicado. / Complete the dialogue with the correct conjugation of the indicated verb.

Erica: Diana y Mariana, 1. ¿ _____ (oír) ese [that]

sonido (sound)?

Diana: ¡Sí, mami!

Erica: Son las guacamayas [macaws]. ¡Están cantando!

[They are singing]

Diana: ¿Por qué 2. _____ (cantar)?

Erica: Porque 3. _____ (estar) felices.

Erica: Diana, 4. _____ (ver) todos los colores [colors]

de sus plumas [feathers]?

Diana: ¡Sí! ¿Por qué 5. _____ (tener) tantos [so

many] colores?

Erica: Mmmm, porque 6. _____ (representar)

[represent] los colores de la naturaleza [nature].

Erica: ¡Vamos a 7. _____ (ver) los monos [monkeys]!

Diana: No, mami! No 8. _____ (querer) ir.

Erica: ¿Por qué no 9. _____ (querer) ir? Tú

siempre les [to them] 10. _____ (dar) comida

[food] a los monos.

Diana: Hoy no quiero ver los monos.

Erica: Bueno, tú 11. _____ (deber) escoger qué

animal quieres ver ahora.

Diana: Yo 12. _____ (querer) ver los elefantes

[elephants].

Erica: Pero tú siempre 13. _____ (venir) a ver los

elefantes. 14. _____ (ir) a ver otros animales

ahora.

Diana: ¡No, mami! Es la primera vez que Mariana visita el

zoológico y quiero 15. _____ (ver) los elefantes

con ella.

Erica: ¿Los elefantes son tu animal favorito [favorite]?

Diana: No, mami. Yo no 16._____ (tener) un animal

favorito. Todos 17. _____ (ser) muy bonitos.

c. Lee el siguiente párrafo y contesta las preguntas. / Read the following paragraph and answer the questions.

Hoy, en la capital de los Estados Unidos, el presidente Obama se reunió con el presidente de México, Enrique Peña Nieto, para hablar de la situación económica de los dos países. Durante las conversaciones, los dos presidentes hablaron del Tratado de Libre Comercio de América del Norte y del asunto de la inmigración, tanto legal como ilegal, entre México y los Estados Unidos. Los dos líderes van a verse de nuevo en una semana cuando el presidente mexicano y el presidente estadounidense viajen a Río de Janeiro para una reunión de todos los jefes de Estado de las Américas.

1. ¿Cuándo van a verse [meet, see each other] de nuevo [again] los presidentes de los Estados Unidos y México?

_____

2. ¿Adónde van a viajar los presidentes? _____ .

3. ¿Por qué van a hacer el viaje [trip]? _____ .

4. ¿Quiénes más van a estar con los presidentes Peña Nieto y Obama? _____ .

d. Lee el siguiente párrafo. Encuentra al menos cinco cognados y contesta las preguntas. / Read the following paragraph. Find at least five cognates and answer the questions.

El náhuatl
El náhuatl es una lengua que se habla principalmente en los pueblos indígenas nahuas en México. Aunque el náhuatl, con un millón y medio de hablantes en el país, es la lengua indígena hablada por el mayor número de grupos étnicos en México, también existe una gran cantidad de dialectos entre estos grupos. El náhuatl es la lengua indígena más importante en México, pero en ese país existen más de sesenta "lenguas vivas." Además de México, hay otros países que aún emplean lenguas prehispánicas como parte de su comunicación básica—por ejemplo, Guatemala, Ecuador, Perú y otros. El náhuatl y el español se han influenciado entre sí e incluso la Real Academia Española ha reconocido varios préstamos lingüísticos del náhuatl al español. Palabras como, por ejemplo, "chocolate," "tomate," "aguacate," "guacamole" y "tamal" son palabras en español que vienen de náhuatl.

Cognados: _____, _____, _____,

_____, _____ .

Cierto ("C") o Falso ("F") / True ("C") or False ("F")

1. Un millón y medio de personas hablan náhuatl en México. _____

2. El español es la lengua indígena más importante de México. _____

3. México es el único país que utiliza [uses] lenguas prehispánicas. _____

4. La Real Academia Española no ha reconocido [has not recognized] los préstamos lingüísticos

   [loanwords] del náhuatl. _____

IV. Respuestas correctas / Correct Answers

a.
1. veis
2. vienes
3. escogemos
4. protejo
5. corrige

6. oigo
7. oyen
8. (horizontal) digo
8. (vertical) da

b.
1. oyen / oís
2. cantan
3. están
4. ves
5. tienen
6. representan
7. ver
8. quiero
9. quieres

10. das
11. debes
12. quiero
13. vienes
14. Vamos
15. ver
16. tengo
17. son

c.
1. Van a verse de nuevo en una semana.
2. Van a viajar a Río de Janeiro.
3. Van a hacer el viaje porque hay una reunión de todos los jefes de Estado de las América.
4. Todos los jefes de Estado de las Américas van a estar con ellos.

Today, in the capital of the United States, President Obama met with the president of Mexico, Enrique Peña Nieto, to discuss the economic situation of the two countries. During the conversations, the two presidents discussed the North American Free Trade Agreement and the issue of immigration, both legal and illegal, between Mexico and the United States. The two leaders will meet again in a week when the Mexican president and U.S. president travel to Rio de Janeiro for a meeting of all heads of state of the Americas.

d. Cognados: millón [million], indígena [indigenous], número [number], grupos [groups], étnicos [ethnic], existe [exists], cantidad [quantity], dialectos [dialects], importantes [important], pre-hispánicas [pre-Hispanic], comunicación [communication], básica [basic], ejemplo [example], influenciado [influenced], reconocido [recognized], varios [various], chocolate [chocolate], tomate [tomato], tamal [tamale], guacamole [guacamole]

1. C. 2. F 3. F 4. F

Lesson 15	**The Present Progressive**

I. Vocabulario nuevo / New Vocabulary

en este momento – at this moment	**progresivo** – progressive
posible – possible	
el **tenis** – tennis	la **felicidad** – happiness
la **actividad** – activity	la **superioridad** – superiority
el **tema** – topic	la **cosa** – thing
la **comunidad** – community	
ocurrir – to occur, to happen	**cambiar** – to change
el **comedor** – dining room	el **tenedor** – fork
la **comida** – food	el **cuchillo** – knife
la **bebida** – drink	la **cuchara** – spoon
el **plato** – plate	la **cucharita** – teaspoon
el **tazón** – bowl	
el **platillo** – saucer	la **servilleta** – napkin
la **taza** – cup	el **mantel** – tablecloth
el **vaso** – glass	la **sal** – salt
la **copa** – wineglass, cocktail	la **pimienta** – pepper
el **vino** – wine	el **azúcar** – sugar
el **desayuno** – breakfast	**almorzar** – to eat lunch
desayunar – to eat breakfast	la **cena** – dinner
el **almuerzo** – lunch	**cenar** – to eat dinner
la **cafetería** – cafeteria	la **cocinera** – female cook
la **cocina** – kitchen	el **mesero** – waiter
el **cocinero** – male cook	la **mesera** – waitress

II. Repaso general / General Review

A. The Present Progressive

The present progressive is a construction used to talk about something happening right now—something in progress at the moment the construction is being used. For that reason, it's often used with expressions like **ahora** [now], **ahora mismo** [right now], and **en este momento** [at this moment].

The construction consists of a form of **estar** in the present + present participle. To form the present participle, do the following: For an **-ar** verb, drop the **-ar** ending and add **-ando**; for an **-er** or **-ir** verb, drop the **-er** or **-ir** ending and add **-iendo** (e.g., **bailar → bailando**; **aprender → aprendiendo**; **abrir → abriendo**). An example of the present participle being used is **Estamos comiendo ahora**, which is "We are eating right now." [Note: The English sentence "Tomorrow she is studying all day" is **Mañana ella va a estudiar todo el día**, using the **ir** + **a** + infinitive construction, because what's being described is not happening right now but, rather, will happen in the future.]

B. Verbs with Irregular Present Participles

There are two kinds of verbs with irregular present participles. One group of verbs with irregular present participles is **-er** and **-ir** verbs with stems that end in a vowel. Instead of an ending in **-iendo**, the participle for these verbs is **-yendo** with a **y** (e.g., **leer → leyendo**; **oír → oyendo**; **traer → trayendo**).

The second category of verbs with irregular present participles is the group of stem-changing **-ir** verbs. For **-ir** verbs with a stem-changing **e**, the **e** becomes **i** in the present participle. For **-ir** verbs with a stem-changing **o**, the **o** becomes **u** in the present participle (e.g., **pedir → pidiendo**; **dormir → durmiendo**).

C. Traits Common to Successful Language Learners

Every language learner is different, but quite often, successful language learners share common traits that help them as they progress with their studies. And if you can cultivate these traits as well, they will both help you improve your language skills more quickly and make it more likely that you remain dedicated to your studies. The three specific traits that characterize many successful language learners are urgency, belief, and selflessness.

Urgency doesn't mean that you should be racing through your lessons. It means, rather, both carrying on consistently with new lessons (interacting with the audio glossary, speaking activities, and workbook) and keeping in contact with the language even beyond the course as much as possible. This is particularly important at the stage you're at right now: halfway through the lessons. Quite often, the middle of a first course in Spanish is when language learners tend to become frustrated, give up, and stop studying. This happens because although they've learned a fair amount, learners realize that what they don't know is much greater than what they do know. This can lead some learners to become frustrated with their progress. But a sense of urgency helps fight feelings of frustration. So, move through these lessons as consistently and diligently as you reasonably can, and work to find ways to use Spanish beyond the class as well.

The second trait that characterizes successful beginning language learners is belief—meaning maintaining faith that the language-learning process really works and that it will work for you. Quite often, the learners who progress the most in their language studies are those who truly believe that with time, practice, and consistent contact with the language, their Spanish skills will indeed improve significantly.

The third trait shared by many successful language learners is selflessness. Clearly, you made the decision to study Spanish, and you are the one taking this course. But very often when a learner gains proficiency in Spanish, other people benefit as well. Maybe your language skills will help you do your job better; perhaps there are people in your community you'll be able to help when you're bilingual. Whatever the case, be aware that your continued study of the language has positive effects beyond you. And remembering these benefits to others might serve as a good motivation to continue your studies.

III. Actividades / Activities

a. Todos los días Cecilia ve la nueva telenovela *La oveja negra*, pero hoy tiene que trabajar hasta tarde en un proyecto muy importante. Ella llama a su amiga Alejandra para que ella le cuente lo que está pasando en la historia. / Every day Cecilia watches the new soap opera *The Black Sheep*, but today she has to work late on a very important project. She calls her friend Alejandra so that she can tell her what's happening in the story.

Completa las frases siguientes usando el presente progresivo. / Complete the following sentences using the present progressive.

Cecilia: Hola, Alejandra. ¿Qué estás haciendo ahora?

Alejandra: Hola, Cecilia. 1. _____ 2. _____ (ver) *La oveja negra.*

Alejandra: ¿Y tú? ¿Qué estás haciendo? ¿No 3. _____ 4. _____ (mirar) la novela?

Cecilia: No, no puedo porque 5. _____ 6. _____ (trabajar) en la oficina. Tengo

un proyecto muy importante que hacer. Mi asistente [assistant] y yo 7. _____

8. _____ (escribir) los objetivos [objectives] del proyecto ahora mismo.

Alejandra: ¡Oh, no! ¡Qué terrible!

Cecilia: ¡Lo sé! Por favor, ¿puedes decirme lo que 9. _____ 10. _____

(ocurrir) en la novela?

Alejandra: ¡Claro! La novela 11. _____ 12. _____ (empezar) en este momento.

Ángel Ernesto 13. _____ 14. _____ (hablar) con el cantinero [bartender].

Él está muy confundido porque él quiere a Antonieta María, pero él 15. _____

16. _____ (pensar) que también quiere a Adela Lucero.

Cecilia: Pero Adela Lucero no quiere a Ángel Ernesto, ¿cierto?

Alejandra: No estoy segura [sure]. Ahora, Adela Lucero 17. _____ 18. _____

(leer) y 19. _____ 20. _____ (romper [to rip up]) las cartas [letters]

de Ángel Ernesto.

Cecilia: ¿Qué 21. _____ 22. _____ (ocurrir) con María Esmeralda y Lucero?

Alejandra: Ellas 23. _____ 24. _____ (llorar [to cry]) porque ahora Adela Lucero

25. _____ 26. _____ (empacar [to pack]) para ir a trabajar en

otra ciudad. ¡Oh, noooo!

Cecilia: ¿Qué pasa?

Alejandra: Antonieta María 27. _____ 28. _____ (quemar [to burn]) las cartas de

Ángel Ernesto. Yo 29. _____ 30. _____ (pensar) que ella sabe sobre

Adela. ¡Y ahora, parece que Ángel Ernesto 31. _____ 32. _____

(caminar) hacia la casa de Adela!

Cecilia: ¿Y Enrique Alonso? Él es el novio de Adela, ¿verdad?

Alejandra: Sí, él es su novio. ¡En estos momentos, él 33. _____ 34. _____

(manejar) su carro hacia la casa de Adela!

Cecilia y Alejandra: ¡Ooohhh!

b. Hoy hay un partido de fútbol importante, entonces Erica, Javier y sus hijas están visitando a los padres de Erica para ver juntos el partido. / Today there is an important soccer game, so Erica, Javier, and their daughters are visiting Erica's parents to see the game together.

Completa las frases siguientes usando el presente progresivo. / Complete the following sentences using the present progressive.

Diana: Mami, estoy aburrida. ¿Quieres jugar conmigo?

Erica: No puedo, mi amor [love]. Yo 1. _____ 2. _____ (dormir) a tu hermanita. Puedes jugar con tu abuelito.

Diana: No, mami, abuelito 3. _____ 4. _____ (cocinar) la carne [meat] en la parrilla [grill].

Erica: ¿Y abuelita?

Diana: Ella 5. _____ 6. _____ (servir) la comida.

Erica: ¿Y tu tío Felipe?

Diana: Tío Felipe y tía Elena 7. _____ 8. _____ (mirar) otro partido de fútbol.

Erica: ¿Y tu papá?

Diana: Papi 9. _____ 10. _____ (oír) las noticias [news].

Erica: ¿Y tu amigo Sebastián?

Diana: Él 11. _____ 12. _____ (jugar) al fútbol con su papá. Y yo no quiero jugar porque hace mucho calor.

Erica: Hijita, ¿qué tal si juego contigo en diez minutos?

Diana: ¡Sí! Gracias, mami.

c. Completa las siguientes respuestas con el presente progresivo del verbo indicado. / Complete the following answers with the present progressive of the indicated verb.

1. ¿Qué estás haciendo en este momento? _____ (hacer) los ejercicios en el cuaderno del curso.

2. ¿Qué está haciendo tu mascota [pet] ahora? _____ (dormir) en el suelo [floor].

3. ¿Qué están haciendo tus amigos en este momento? _____ (leer) el periódico.

IV. Lectura cultural / Cultural Reading

Lee el texto siguiente y contesta las preguntas de forma cierto ("C") o falso ("F"). / Read the following text and answer the questions as either true ("C") or false ("F").

El tuk-tuk o mototaxi como medio de transporte

Entre los medios de transporte tradicionales, encontramos alrededor del mundo trenes, autobuses, taxis, bicicletas, carros, barcos o aviones. Otro de estos medios muy populares especialmente en Asia es el tuk-tuk, el cual es una versión del rickshaw, o carro de dos ruedas jalado por una persona. La diferencia entre el rickshaw y el tuk-tuk es que este último es un triciclo con motor que se usa cada vez más en otros países del mundo, incluyendo algunos en América Latina.

Este triciclo es muy popular para el transporte de personas, especialmente en lugares con muchos turistas. Los países que lo utilizan incluyen China, India, Tailandia, Indonesia y algunos países de Europa, como Italia y Holanda. En Centroamérica, hay versiones del tuk-tuk en El Salvador, Guatemala, Honduras y Nicaragua. Actualmente, en Cuba se utiliza como taxi sobre todo en La Habana, en donde les llaman "coco taxi" porque parece ser una fruta del coco sobre un scooter. En América del Sur, también tienen este medio de transporte, por ejemplo, en Ecuador, Perú y Colombia. En Colombia, lo llaman "motocarro," y es utilizado en ciudades pequeñas.

Aunque este vehículo motorizado de tres ruedas no es tan rápido como los carros convencionales, es bastante conveniente por dos razones: usa poca gasolina y produce poca contaminación del medio ambiente. De hecho, actualmente hay compañías en los Estados Unidos interesadas en producir un modelo de tuk-tuk eléctrico.

1. El tuk-tuk es muy popular en Asia. _____

2. El rickshaw es un triciclo con motor. _____

3. El tuk-tuk es un carro de dos ruedas jalado por una persona. _____

4. Todos los países de Centroamérica utilizan [use] el tuk-tuk. _____

5. Una ventaja [advantage] del tuk-tuk es que no usa mucha gasolina. _____

93

V. Respuestas correctas / Correct Answers

a.
1. Estoy
2. viendo
3. estás
4. mirando
5. estoy
6. trabajando
7. estamos
8. escribiendo
9. está
10. ocurriendo
11. está
12. empezando
13. está
14. hablando
15. está
16. pensando
17. está
18. leyendo
19. está
20. rompiendo
21. está
22. ocurriendo
23. están
24. llorando
25. está
26. empacando
27. está
28. quemando
29. estoy
30. pensando
31. está
32. caminando
33. está
34. manejando

b.
1. estoy
2. durmiendo
3. está
4. cocinando
5. está
6. sirviendo
7. están
8. mirando
9. está
10. oyendo
11. está
12. jugando

c.
1. Estoy haciendo
2. Está durmiendo
3. Están leyendo

Lectura cultural

1. C   2. F   3. F   4. F   5. C

The Tuk-Tuk or Motortaxi as a Means of Transportation

Traditional means of transportation we find around the world include trains, buses, taxis, bicycles, cars, boats, and airplanes. Another of these popular means of transportation, especially in Asia, is the tuk-tuk, which is a version of the rickshaw, a two-wheeled car pulled by a person. The difference between the rickshaw and the tuk-tuk is that the tuk-tuk is a motorized tricycle that's used more and more in other countries of the world, including some in Latin America.

This tricycle is very popular for the transport of people, especially in places with many tourists. Countries that use it include China, India, Thailand, Indonesia, and some European countries, such as Italy and Holland. In Central America, there are versions of the tuk-tuk in El Salvador, Guatemala, Honduras, and Nicaragua. Nowadays, in Cuba it's used mostly as a taxi in Havana, where they are called "coco taxi" ["coco" means "coconut"] because it seems to be a coconut on top of a scooter. In South America, they also have this means of transportation in, for example, Ecuador, Peru, and Colombia. In Colombia, it's called "motocarro" and is used in small cities.

Although this three-wheeled motorized vehicle is not as fast as conventional cars, it's rather convenient for two reasons: It doesn't use much gasoline, and it doesn't pollute the environment very much. In fact, there are now companies in the United States that are interested in producing an electric tuk-tuk model.

Direct Object Pronouns and Adverbs

I. Vocabulario nuevo / New Vocabulary

me – me	**nos** – us
te – you [informal, singular]	**os** – you [informal, plural]
lo – him, it [masculine, singular]	**los** – them [masculine]
la – her, it [feminine, singular]	**las** – them [feminine]

el **tipo** – kind, type	el **dinero** – money
el **objeto directo** – direct object	

el **té** – tea	la **mantequilla** – butter
el **jugo de naranja** – orange juice	la **mermelada** – jam
la **leche** – milk	el **cereal** – cereal
el **pan** – bread	los **huevos** – eggs
el **pan tostado** – toast	el **tocino** – bacon

tostar – to toast	**funcionar** – to work, to function
hacer un brindis – to make a toast	

el **refresco** – soft drink	la **pasta** – pasta
la **cerveza** – beer	los **frijoles** – beans
el **sándwich** – sandwich	el **arroz** – rice
la **sopa** – soup	la **papa** – potato
el **jamón** – ham	la **fruta** – fruit
el **pavo** – turkey	el **postre** – dessert
el **queso** – cheese	**salado** – salty

bastante – rather, quite	**cierto** – certain
despacio – slowly	**claro** – clear
probablemente – probably	**todavía** – still
a lo mejor – maybe	**afortunadamente** – fortunately
bien – well	**inmediatamente** – immediately
mal – poorly	**actualmente** – at present
como – like, as	**realmente** – actually
así – so, like this	**cuidadoso** – careful
demasiado – too much	

II. Repaso general / General Review

A. Direct Object Pronouns

The direct object receives the action of the verb and answers the question "what?" or "whom?" with relation to the verb. You have seen direct objects in an earlier lesson when you learned about the **a personal** (e.g., **abuelos** is the direct object in **Vemos a nuestros abuelos**, which is "We see our grandparents"). Direct object pronouns are used to replace direct object nouns to avoid redundancy.

The direct object pronoun always goes before a conjugated verb (e.g., "My brothers look at me" is **Mis hermanos me miran**; "I look at them" is **Los miro**). If there's a **no** in the sentence, the **no** goes before the pronoun (e.g., **No te creo** is "I don't believe you"). When using a direct object pronoun, the **a personal** is never used.

The eight direct object pronouns are as follows.

me	**nos**
te	**os**
lo	**los**
la	**las**

B. Direct Object Pronouns Used with Nonconjugated Verbs

You have already learned that direct object pronouns must go before a conjugated verb. However, in the case of a nonconjugated verb (e.g., an infinitive or a present participle), the direct object pronoun can go either before the conjugated verb, where it usually goes, or after and attached to the infinitive or the present participle (e.g., **Lo voy a hacer** and **Voy a hacerlo** both mean "I'm going to do it"; **Las estamos lavando** and **Estamos lavándolas** both mean "We are washing them"). When adding direct object pronouns to either infinitives or present participles, you might need to add an accent to maintain the original stress (as in **lavándolas**, which maintains the stress on the syllable **van**, which is where the word is stressed in **Las estamos lavando**).

C. Adverbs

Adverbs are used to modify verbs, adjectives, or other adverbs; as a result, adverbs have only one form. Unlike adjectives (which agree in number and gender with the noun modified), adverbs do not change based on the word they are modifying. There are some words that can be used either as an adjective or an adverb. In these cases, the word must agree with the noun modified when it's used as an adjective but is unvariable when it's used as an adverb (e.g., using **poco** as an adjective: **Hay pocas mujeres aquí** is "There are few women here"; using **poco** as an adverb: **Las chicas leen poco** is "The girls don't read much").

One way to form an adverb is to add the suffix **-mente** to the feminine singular form of an adjective (e.g., **activa** + **-mente** → **activamente** [actively]; **general** + **-mente** → **generalmente** [generally]). When two adverbs are used in the same sentence, only the second needs the suffix **-mente** (e.g., **El hombre canta fuerte y terriblemente** is "The man sings loudly and terribly"). A common way to make an adverbial expression is to use the preposition **con** before a noun (e.g., **con frecuencia** is **frequently**; **con cuidado** is **carefully**).

III. Actividades / Activities

a. El Dr. Esteban Quirós tiene una paciente que está muy enojada porque se siente mal todos los días. Ella dice que todos los días está cansada y que nunca tiene energía. / Dr. Esteban Quirós has a patient who is very angry because she feels bad every day. She says that every day she's tired and never has any energy.

En el siguiente diálogo, reemplaza los objetos directos subrayados con los pronombres apropiados. / In the following dialogue, replace the underlined direct objects with the appropriate pronouns.

Dr. Quirós: ¿Usted come <u>comida</u> saludable [healthy]?

Paciente: No, no 1. _____ como.

Dr. Quirós: ¿Usted ve muchos <u>programas</u> de televisión [television programs]?

Paciente: Sí, claro 2. _____ veo hasta muy tarde en la noche.

Dr. Quirós: ¿Usted toma <u>pastillas</u> [pills] para dormir?

Paciente: Sí, 3. _____ tomo todas las noches.

Dr. Quirós: ¿Usted toma otros medicamentos [medicines]?

Paciente: Sí, tomo <u>vitaminas</u> [vitamins] todos los días. Pero 4. _____ tomo en la mañana.

Dr. Quirós: ¿Usted hace <u>ejercicio</u>?

Paciente: No, nunca [never] 5. _____ hago. Tampoco [Neither] veo deportes [sports].

Dr. Quirós: ¿Usted fuma [smoke] <u>cigarrillos</u> [cigarrettes]?

Paciente: Sí, 6. _____ fumo, pero solo cuando estoy estresada [stressed].

Dr. Quirós: ¿Y cuándo está estresada?

Paciente: Todos los días. Pero doctor, yo me siento [I feel] mal y tengo demasiado trabajo. Nunca tengo energía y estoy muy cansada. Pero yo tomo <u>vitaminas</u> todos los días.

Dr. Quirós: Sí, entiendo que 7. _____ toma, pero usted fuma, no come comida saludable, no hace ejercicio, está siempre estresada y duerme pocas horas. ¡Tiene que tener mucho más cuidado con su salud!

b. ¡Hace muy buen tiempo! Elena y sus amigas Rebeca y Alicia van a hacer un picnic en el parque. Ellas necesitan saber si tienen toda la comida que necesitan. / The weather is great! Elena and her friends Rebeca and Alicia are going to have a picnic in the park. They need to know if they have all the food they need.

Reemplaza los objetos directos subrayados con los pronombres apropiados. / Replace the underlined direct objects with the appropriate pronouns.

Elena: Rebeca, ¿tienes el café? Sí, 1. _____ tengo, pero no tengo el pan.

Alicia: Yo 2. _____ tengo.

Rebeca: ¿Elena, tienes la mantequilla y la mermelada?

Elena: Sí, 3. _____ tengo. ¿Tú tienes el jugo de naranja?

Rebeca: Sí, 4. _____ tengo, pero yo no quiero jugo de naranja. Yo quiero café con leche. ¿Tienes leche en el refrigerador [refrigerator], Elena?

Alicia: No, no está en el refrigerador porque yo 5. _____ tengo aquí.

Elena: Muy bien, gracias. ¿Tienes los huevos, Alicia?

Alicia: 6. Sí, _____ estoy preparando ahora mismo.

c. Javier quiere hacer una reunión de amigos de la secundaria en su casa. Él está pidiéndoles ayuda a todos para hacer la reunión. / Javier wants to have a gathering of friends from high school at his home. He is asking everyone to help with the gathering.

Escoge la respuesta correcta con el pronombre de objeto directo apropiado. / Choose the correct answer with the appropriate direct object pronoun.

1. Ingrid: ¿Puedes llamar a Patricia y Virginia?
   a) Sí, puedo llamarnos mañana.
   b) Sí, puedo llamarlas mañana.
   c) Sí, puedo llamarlos mañana.

2. Ingrid: Javier, ¿cuándo vas a limpiar tu casa?
   a) Voy a limpiarlo el sábado.
   b) Voy a limpiarme el sábado.
   c) Voy a limpiarla el sábado.

3. Ingrid: ¿Necesitas ayuda para limpiar tu casa?
   a) No, no la necesito, gracias.
   b) No, no me necesito, gracias.
   c) No, no nos necesito, gracias.

4. Javier: Ingrid, ¿me llamas más tarde? Quiero saber si Patricia y Virginia pueden venir.
   a) ¡Sí, claro! Te voy a llamar en la noche.
   b) ¡Sí, claro! Me voy a llamar en la noche.
   c) ¡Sí, claro! Nos voy a llamar en la noche.

5. Vania: Javier, ¿vas a invitar a Manrique y Antonio?
   a) Sí, posiblemente os voy a invitar ahora.
   b) Sí, posiblemente te voy a invitar ahora.
   c) Sí, posiblemente los voy a invitar ahora.

6. Javier: Vania, ¿quieres tú hacer un brindis en la reunión?

    a) No, yo no quiero hacerme.
    b) No, yo no quiero hacerlo.
    c) No, yo no quiero hacerlos.

7. Néstor: ¿Quién va a comprar las cervezas, Javier?
    a) Yo. Las voy a comprar después.
    b) Yo. Los voy a comprar después.
    c) Yo. Me voy a comprar después.

8. Javier: Vania, ¿puedes preparar el postre? Tú cocinas muy bien.
    a) ¡Sí, por supuesto! Yo me puedo preparar.
    b) ¡Sí, por supuesto! Yo os puedo preparar.
    c) ¡Sí, por supuesto! Yo lo puedo preparar.

d. Elena, Rebeca y Alicia están hablando. / Elena, Rebeca, and Alicia are talking.

Completa las frases con los adverbios apropiados. / Complete the sentences with the appropriate adverbs.

temprano	mucho	también (2)	aquí	claro
ahora	bastante	posiblemente	poco	

Alicia: Creo que hace tiempo perfecto [perfect] hoy.

Rebeca: Yo 1. _____ lo creo.

Alicia: ¡Qué lugar [place] tan [so] bonito! Este parque es 2. _____ tranquilo.

Elena: Sí, por eso [that's why] 3. _____ hay muchos niños. Son las ocho de la mañana, es

        4. _____, pero 5. _____ en la tarde van a venir más niños.

Rebeca: ¿Vamos a estudiar juntas para el examen del lunes?

Alicia: Sí, 6. ¡_____! Pero yo voy a estudiar solo un 7. _____. Estoy

        muy cansada.

Elena: Yo necesito estudiar 8. _____. Tengo miedo de ese examen.

Rebeca: Yo 9. _____ tengo miedo. ¿Podemos empezar a estudiar 10.

        _____, no?

Elena: ¡Buena idea!

Alicia: ¡Es hora de estudiar!

IV. Respuestas correctas / Correct Answers

a.
1. la
2. los
3. las
4. las

5. lo
6. los
7. las

b.
1. lo
2. lo
3. las

4. lo
5. la
6. los

c.
1. b
2. c
3. a
4. a

5. c
6. b
7. a
8. c

d.
1. también
2. bastante
3. aquí
4. temprano
5. posiblemente

6. claro
7. poco
8. mucho
9. también
10. ahora

<table>
<tr><td></td><td></td></tr>
</table>

| Lesson 17 | **Affirmatives, Negatives, and Demonstratives** |

I. Vocabulario nuevo / New Vocabulary

este – this [masculine, singular]	**aquí** – here
ese – that [masculine, singular]	**allí** – there
aquel – that over there [masculine, singular]	**allá** – over there
esto – this	**aquello** – that
eso – that	
demostrativo – demonstrative	**típico** – typical
afirmativo – affirmative	**útil** – useful
negativo – negative	
el **mundo** – world	la **región** – region
el **agua mineral** – mineral water [feminine]	las **espinacas** – spinach
el **vino blanco** – white wine	el **pollo** – chicken
el **vino tinto** – red wine	el **pescado** – fish
el **aperitivo** – appetizer	la **carne** – meat
la **lechuga** – lettuce	el **bistec** – steak
el **tomate** – tomato	el **pastel** – cake
las **verduras** – vegetables	el **helado** – ice cream
la **ensalada** – salad	la **carta** – menu
el **maíz** – corn	el **menú** – menu
los **guisantes** – peas	
algo – something	**también** – also
alguien – someone	**o…o** – either…or
nada – nothing	**tampoco** – neither
nadie – no one	**ni…ni** – neither…nor
nunca – never	

II. Repaso general / General Review

A. Demonstrative Adjectives

English has two demonstrative adjectives: "this" and "that." "This" is used to talk about something near the speaker, while "that" is used to talk about something farther away. As for plurals, the plural of "this" is "these," and the plural of "that" is "those." Spanish has three demonstrative adjectives: **este** [this] is used to talk about something near the speaker and is often used with the adverb **aquí** [here]; **ese** [that] is used to talk about something farther away and is often used with the adverb **allí** [there]; and **aquel** [that over there] is used to talk about something even farther away and is often used with the adverb **allá** [over there].

Each of these demonstrative adjectives has four forms: masculine singular, feminine singular, masculine plural, and feminine plural. These forms are as follows: **este** [this], **esta** [this], **estos** [these], **estas** [these]; **ese** [that], **esa** [that], **esos** [those], **esas** [those]; **aquel** [that over there], **aquella** [that over there], **aquellos** [those over there], **aquellas** [those over there]. Demonstrative adjectives, unlike most adjectives in Spanish, go before the modified noun (e.g., **estas cartas** [these menus]; **esos guisantes** [those peas]; **aquel aperitivo** [that appetizer over there]).

B. Demonstrative Pronouns

All of the demonstrative adjectives, which clearly are used to modify nouns, can also be used as demonstrative pronouns, meaning that they can replace nouns as well (e.g., **De los dos pasteles, ¿prefieres este o ese?** is "Of the two cakes, do you prefer this one or that one?"). There are also three neuter demonstrative pronouns that are not demonstrative adjectives: **esto** [this], **eso** [that], and **aquello** [that]. These three pronouns, which cannot be used as adjectives, are used to talk not about some specific object but, rather, about a situation in general or some idea that has already been mentioned. For example, **¿Qué es esto?** is "What is this?," a question often used by someone who comes upon some odd situation he or she doesn't understand.

C. Affirmative and Negative Expressions

It can be helpful to learn affirmative and negative expressions together so that you're learning a word and its opposite (e.g., **algo** [something] and **nada** [nothing]; **alguien** [someone] and **nadie** [no one]; **siempre** [always] or **a veces** [at times] and **nunca** [never]; **también** [also] and **tampoco** [neither]; **o…o** [either…or] and **ni…ni** [neither…nor]). **También** is used if you agree with something affirmative someone has said, while **tampoco** is used if you agree with something negative someone has said (e.g., **Siempre visito este museo. Yo también** is "I always visit this museum." "Me too"; **No cocinamos mucho. Nosotros tampoco** is "We don't cook much." "We don't either").

Double negatives are grammatically acceptable in Spanish. In fact, it's very common to put **no** before the verb and another negative word after the verb (e.g., **No viajan nunca** is "They never travel"; **No estudia nadie** is "No one studies"; **No veo a nadie** is "I don't see anyone"). Besides putting **no** before the verb and a different negative word after it, you can also simply put the negative word before the verb (e.g., **Nunca viajan**; **Nadie estudia**; **A nadie veo**).

D. Variations in Grammar and Vocabulary in Spanish

You have already learned that the subject pronouns **vosotros** and **vosotras** (the informal, plural forms of **tú**) are used only in Spain. Another regional difference in subject pronoun use deals with the use, or lack of use, of the subject pronoun **tú**. In certain areas of the Spanish-speaking world—in many parts of Argentina, Uruguay, and Paraguay and in a number of Central American countries—speakers use the subject pronoun **vos** instead of **tú**. Someone speaking informally to you using **vos** would not ask **¿De dónde eres tú?** to say "Where are you from?"; instead, the speaker would ask **¿De dónde sos vos?** (**Sos** is the form of the verb **ser** that is used with **vos**). So, if you interact with a Spanish speaker using **vos**, just know that it's a second-person singular subject pronoun.

As for vocabulary, it's not surprising that different words are used in different regions. For example, "a bowl" in Spanish could be **un bol**, **un cuenco**, **un tazón**, **un plato**, or **un plato hondo**, depending on the country. If you talk to someone who uses a different word than you do (e.g., **zumo** instead of **jugo** for "juice" or **camarera** instead of **mesera** for "waitress"), use the encounter as an opportunity to expand your vocabulary.

E. Varieties of Accents in Spoken Spanish

Spanish speakers in different regions of the world pronounce words in the language in different ways. You have learned that in northern and central Spain, a speaker would pronounce the **z** in **zapato** with a **th** sound, rather than the **s** sound common in Latin America. Many speakers in **el cono sur** [the southern cone] region that includes Chile, Argentina, and Uruguay pronounce both the **y** and **ll** as a **sh** sound. And it is common in Spanish-speaking regions of the Caribbean for speakers to drop the sounds associated with **s** and **d**, such that **¿Cómo están ustedes?** might sound more like **¿Cómo etá utee?**.

There are two very interesting and useful academic websites that can help you become familiar with different varieties of spoken Spanish. One website, maintained by The Ohio State University, is called the Digital Catalog of the Sounds of Spanish. If you go to this website, you'll be able to watch short videos of Spanish speakers from Spain, almost all the Spanish-speaking countries in Latin America, and even the United States. Most of the videos you'll find also include a transcript of the Spanish being spoken by the person in the video. So, as you're listening to the words being spoken, you can, if you want, read the words as well. Another academic website is called Spanish Proficiency Exercises, and you can find it at the University of Texas at Austin website. This website also includes video clips of a variety of Spanish speakers in different countries talking about a wide range of topics. And very often you can read the text of what the person is saying as you listen to the Spanish.

Interacting with these two websites will help you get a sense of different ways that Spanish is spoken in different countries. It will allow you to compare a Mexican accent with one from Chile and a Guatemalan accent with one from Spain. Traveling to Spanish-speaking countries is another great way to become accustomed to the variety of ways Spanish is pronounced in different regions of the world.

III. Actividades / Activities

a. En la escuela secundaria donde estudia Marisol, hay una nueva estudiante. Su nombre es Gabriela, y está muy nerviosa porque no conoce a nadie. / In the high school where Marisol studies, there is a new student. Her name is Gabriela, and she is very nervous because she doesn't know anybody.

Completa las frases con las expresiones afirmativas o negativas apropiadas. / Complete the sentences with the appropriate affirmative or negative expressions.

siempre	alguien	tampoco
ni...ni	nadie	también

Marisol: Hola, ¿cómo te llamas?

Gabriela: Hola, soy Gabriela.

Marisol: Mucho gusto. Puedes sentarte [sit down] aquí cerca de mi asiento [seat].

Gabriela: Muchas gracias.

Marisol: ¿Conoces a Victoria?

Gabriela: No, no conozco a 1. _____ en la escuela.

Marisol: Victoria, esta es Gabriela.

Victoria: Encantada. No te preocupes [Don't worry]. Todos aquí son muy simpáticos. ¿Tienes tus libros?

Gabriela: No, no los tengo todavía.

Marisol: Está bien. Puedes usar mis libros. ¿Conoces a algún [any] profesor?

Victoria: No, no conozco 2. _____ a los profesores 3. _____ a la consejera

[counselor] 4 _____ conozco la ciudad [city].

Victoria: Marisol 5. _____ es nueva en esta ciudad. Yo puedo llevarlas a conocerla.

Marisol: Sí, Victoria 6. _____ me ayuda con las clases, con la ciudad y con otras personas.

Gabriela: Muchas gracias. Es muy bueno finalmente conocer a 7. _____.

b. Es la hora de almuerzo y Marisol y Victoria están hablando con Gabriela. / It's lunchtime and Marisol and Victoria are talking to Gabriela.

Escoge la expresión afirmativa o negativa correcta. / Choose the correct affirmative o negative expression.

1. Yo generalmente no como mucha comida en el almuerzo, pero _____ tomo un refresco con mi almuerzo. (siempre / también)

2. No como _____ guisantes _____ espinacas. (tampoco…también / ni… ni…)

3. No sé _____ de la comida italiana, pero como pizza con mis amigos. (nada / algo)

4. Tomo mucha agua mineral, pero _____ tomo café. (tampoco / nunca)

5. Mis padres toman _____ vino blanco _____ vino tinto en la cena. (o…o… / ni…ni…)

6. Generalmente como helado los sábados. Yo _____ como helado los sábados. (también / tampoco)

7. En mi familia, no comemos cena después de las 8:00 de la noche. Nosotros _____ comemos cena después de las 8:00 de la noche. (tampoco / también)

c. Gabriela, Marisol y Victoria están escogiendo la comida que van a comer en la cafetería. / Gabriela, Marisol, and Victoria are choosing the food they are going to eat in the cafeteria.

Completa las frases con el adjetivo o pronombre demostrativo correcto. / Complete the sentences with the correct demonstrative adjective or pronoun.

este, esta, estos, estas (aquí)

ese, esa, esos, esas (allí)

aquel, aquella, aquellos, aquellas (allá)

Gabriela: Quiero ensalada con 1. _____ tomates de aquí, pero no con 2. _____ de allá.

Victoria: No me gustan [I don't like] los tomates, pero sí quiero comer espinacas, 3. _____ que están aquí.

Marisol: Yo no quiero ensalada, gracias. Yo quiero sopa, pero 4. _____ de allá está muy caliente. Prefiero 5. _____ sopa de allí.

Marisol: Yo quiero arroz blanco y pollo.

Victoria: Yo también quiero arroz, pero no 6. _____ de aquí; quiero

7. _____ arroz con maíz que está allí.

Gabriela: Yo quiero pescado y 8. _____ verduras de allá.

Victoria: ¿Quieren ver 9. _____ postres de allá?

Marisol, Gabriela: ¡Sí, claro!

IV. Respuestas correctas / Correct Answers

a.
1. nadie
2. ni
3. ni
4. Tampoco

5. también
6. siempre
7. alguien

b.
1. siempre
2. ni…ni…
3. nada
4. nunca

5. o…o…
6. también
7. tampoco

c.
1. estos
2. aquellos
3. estas
4. aquella
5. esa

6. este
7. ese
8. aquellas
9. aquellos

More Affirmative and Negative Expressions

I. Vocabulario nuevo / New Vocabulary

A trabajar. – Let's work.	**otra vez** – again
de nuevo – again	

mejor – better	**alguno** – any, one
favorito – favorite	**algunos** – some
diferente – different	**ninguno** – none, not any

el **interés** – interest	el **elefante** – elephant
el **deseo** – desire	el **sol** – sun
la **bandera** – flag	el **cielo** – sky
la **región** – region	el **color** – color
el **perro** – dog	

rojo – red	**rosado** – pink
anaranjado – orange	**negro** – black
amarillo – yellow	**marrón** – brown
verde – green	**blanco** – white
azul – blue	**gris** – gray
morado – purple	

la **ropa** – clothing	el **suéter** – sweater
la **camisa** – shirt	la **chaqueta** – jacket
el **saco** – suit jacket	el **abrigo** – coat
la **corbata** – tie	la **blusa** – blouse
el **cinturón** – belt	la **falda** – skirt
los **pantalones** – pants	el **vestido** – dress
el **traje** – suit	la **ropa interior** – underwear
los **calcetines** – socks	las **medias** – stockings
los **zapatos** – shoes	los **zapatos de tenis** – sneakers
el **sombrero** – hat	las **botas** – boots
la **gorra** – cap	las **sandalias** – sandals
la **camiseta** – T-shirt	

II. Repaso general / General Review

A. Useful Expressions

In Spanish, the expression **¡A + infinitive!** means "Let's + verb!" (e.g., **¡A comer!** is "Let's eat!"; **¡A viajar!** is "Let's travel!"). Both **de nuevo** and **otra vez** mean again (e.g., **Vamos a estudiar las nuevas palabras otra vez** is "We're going to study the new words again").

B. Affirmative and Negative Expressions

The affirmative adjective **alguno** means "some" or "any," and its opposite is **ninguno**, meaning "none" or "not any." The four forms of the affirmative adjective are **alguno**, **alguna**, **algunos**, and **algunas**; the forms of the negative adjective are **ninguno**, **ninguna**, **ningunos**, and **ningunas** (although the plural forms of **ninguno** are rarely used). In general, these affirmative and negative adjectives are used to talk about whether there are or are not any of a certain thing (e.g., **¿Tenéis algunos de vuestros suéteres?** is "Do you have some of your sweaters?"; **No vamos a tomar ninguna clase** is "We're not going to take any classes"). Both **alguno** and **ninguno** drop the **-o** before masculine singular nouns, forming the adjectives **algún** and **ningún** (e.g., **Pili siempre lee algún libro** is "Pili is always reading some book"; **Las doctoras no tienen ningún problema** is "The doctors don't have any problems").

All of the above affirmative and negative adjectives can also function as pronouns (e.g., **De las clases del verano, siempre hay algunas muy buenas** is "Of the summer classes, there are always some very good ones"; **No veo a ninguno de los trabajadores** is "I don't see any of the workers").

C. Pronouncing Strong and Weak Vowels

Vowels in Spanish are divided between strong vowels and weak vowels. The strong vowels are **a**, **e**, and **o**, while the weak vowels are **i** and **u**. When pronounced, each strong vowel makes a sound that counts as its own syllable. So, for example, when two strong vowels are next to each other, each counts as its own syllable (e.g., **feo** is a two-syllable word [**fe / o**]; **canoa** is a three-syllable word [**ca / no / a**]).

A diphthong is the combination of two vowels that together make up just one syllable. A diphthong is formed when a strong vowel is next to a weak vowel (e.g., **cua**ndo is a two-syllable word [**cuan / do**] because **ua** counts as just one syllable) or when two weak vowels are next to each other (e.g., **Luis** is a one-syllable word). A triphthong is the combination of two weak vowels with one strong vowel (e.g., **Paraguay** contains a triphthong, with the **y** pronounced the same as the vowel **i**).

When a diphthong has a weak vowel with an accent mark, it's no longer a diphthong pronounced as just one syllable. Instead, the vowel combination is pronounced as two syllables (e.g., **cafetería** has a total of five syllables [**ca / fe / te / rí / a**] because the accent over the **i** makes that letter its own syllable; **farmacia** only has three syllables [**far / ma / cia**] because the **ia** diphthong counts as just one syllable).

D. The Letters ü and ç

You have learned that the letter combinations **ge** and **gi** are pronounced in a way that sounds like **je** and **ji** (e.g., **Argentina** and **Gerardo**). However, when **ü** follows the letter **g**, the **gü** is pronounced as you would pronounce the letter combination **gw** (e.g., **bilingüe** is "bilingual"; **el pingüino** is "the penguin"). You pronounce letter **ç** as you would pronounce an **s**. So, for example, the shortened form of the name of the soccer team from Barcelona is **Barça**, pronounced **barsa**.

III. Actividades / Activities

A. Marisol, Victoria y Gabriela están conversando sobre sus planes de ir de compras. / Marisol, Victoria, and Gabriela are talking about their plans to go shopping.

Completa las frases con la forma correcta de los adjetivos/pronombres afirmativos o negativos. / Complete the sentences with the correct form of the affirmative or negative adjectives/pronouns.

| algún | alguno, alguna, algunos, algunas |
| ningún | ninguno, ninguna, ningunos, ningunas |

Gabriela: ¿Hay 1. _____ centro comercial [mall] en la ciudad [city]?

Victoria: Sí, hay tres centros comerciales aquí cerca.

Gabriela: Quiero comprar 2. _____ zapatos y 3. _____ camisetas [T-shirts].

Marisol: Yo también quiero comprar zapatos, pero no necesito 4. _____ camiseta.

Victoria: Marisol, ¿tienes 5. _____ vestido para la fiesta de la próxima semana?

Marisol: No, todavía no tengo 6. _____ vestido para esa fiesta. Podemos ir al centro comercial con Gabriela, ¿no?

Victoria: ¡Claro! Gabriela, vas a necesitar un vestido bonito para la fiesta del próximo sábado.

Gabriela: Tengo un vestido negro muy elegante.

Marisol: La fiesta empieza a las cuatro de la tarde. El negro no es el mejor [best] color para esa hora. ¿Tienes 7. _____ vestido azul, rojo o verde?

Gabriela: No, no tengo 8._____ vestido de esos colores.

Victoria: No importa [It doesn't matter]. Vamos a ir juntas de compras.

b. Marisol, Victoria y Gabriela están en el centro comercial. / Marisol, Victoria, and Gabriela are at the mall.

Escoge la opción correcta. / Choose the correct option.

1. Este vestido _____ está en venta [on sale]. (amarillo, amarilla, amarillos, amarillas)

2. Aquella camiseta _____ (azul, azules) es más [more] grande que [than] las otras.

3. Los abrigos _____ (rojo, roja, rojos, rojas) son demasiado grandes.

4. Los zapatos _____ (negro, negra, negros, negras) son muy elegantes.

5. Generalmente, no llevo blusas, pero esta _____ (verde, verdes) es bonita.

6. Estos pantalones _____ (blanco, blanca, blancos, blancas) están sucios.

7. Esta falda _____ (gris, grises) cuesta cincuenta dólares.

8. No me gustan [I don't like] los calcetines _____ (morado, morada, morados, moradas).

c. Gabriela está hablando con la dependiente. / Gabriela is talking with the store clerk.

Completa las frases con la forma correcta de los adjetivos/pronombres afirmativos o negativos. / Complete the sentences with the correct form of the affirmative or negative adjectives/pronouns.

algún	alguno, alguna, algunos, algunas
ningún	ninguno, ninguna, ningunos, ningunas

Dependiente: ¡Hola! ¿Puedo ayudarla [help you]?

Gabriela: ¡Sí, gracias! Necesito un vestido para una fiesta.

Dependiente: ¿Prefiere 1. _____ estilo [style] en particular [particular]?

Gabriela: No, 2. _____ en particular. ¿Puede usted recomendarme [recommend to me]

3. _____ vestidos?

Dependiente: !Por supuesto [Of course]! Este blanco es perfecto para usted.

Gabriela: Voy a ir a una fiesta que empieza en la tarde y termina en la noche. Creo que este blanco no es una buena opción [option].

Dependiente: ¡Lo lamento [I'm sorry]! Pero en esta tienda, no tenemos 4. _____ vestido para esas horas. Solamente tenemos 5. _____ vestidos para el día.

Gabriela: Bueno, muchas gracias.

d. Responde a las siguientes preguntas. / Answer the following questions.

1. ¿Generalmente, qué ropa formal lleva un hombre a una entrevista [interview] de trabajo? _____ .

2. ¿De qué color puede ser una manzana [apple]? _____ .

3. ¿Qué ropa lleva alguien en el invierno cuando hace mucho frío? _____ .

4. ¿Qué colores tiene la bandera de Canadá? _____ .

IV. Respuestas correctas / Correct Answers

a.
1. algún
2. algunos
3. algunas
4. ninguna
5. algún
6. ningún
7. algún
8. ningún

b.
1. amarillo
2. azul
3. rojos
4. negros
5. verde
6. blancos
7. gris
8. morados

c.
1. algún
2. ninguno
3. algunos
4. ningún
5. algunos

d.
1. Lleva un saco o un traje con una corbata.
2. Una manzana puede ser verde, roja o amarilla.
3. Lleva un suéter, un abrigo, botas y un sombrero de invierno.
4. La bandera de Canadá es roja y blanca.

Lesson 19 — Indirect Object Pronouns

I. Vocabulario nuevo / New Vocabulary

me – to me	**nos** – to us
te – to you [informal, singular]	**os** – to you [informal, plural]
le – to him, to her, to **usted**	**les** – to them, to **ustedes**
la **prenda** – item of clothing	el **impermeable** – raincoat
los **pantalones cortos** – shorts	la **bufanda** – scarf
el **traje de baño** – bathing suit	los **guantes** – gloves
el **pijama** – pajamas	el **pañuelo** – handkerchief
los **jeans** – jeans	los **zapatos de tacón alto** – high-heel shoes
la **cartera** – wallet	la **pulsera** – bracelet
la **bolsa** – purse	los **aretes** – earrings
los **lentes** – glasses	el **collar** – necklace
los **lentes de sol** – sunglasses	la **joyería** – jewelry
el **anillo** – ring	el **asiento** – seat
el **algodón** – cotton	el **oro** – gold
la **seda** – silk	la **plata** – silver
la **lana** – wool	la **tela** – fabric
el **cuero** – leather	el **material** – material
la **talla** – size	**chico** – small
ir de compras – to go shopping	**mediano** – medium
caro – expensive	**grande** – large
barato – inexpensive	
expandir – to expand	**expresar** – to express
gustar – to be pleasing	**interesar** – to interest
encantar – to be very pleasing	**molestar** – to bother

II. Repaso general / General Review

A. Indirect Object Pronouns

With relation to the verb, the indirect object answers the questions "to whom?" or "for whom?". Consider the sentence "She gives him the wallet." In that sentence, the direct object, answering the question "What does she give?," is "the wallet." The indirect object, answering the question "to whom?" or "for whom?," is "to him," which is the indirect object. English also permits dropping the preposition "to," resulting in the sentence "She gives him the wallet." And in this sentence, "him" is still the indirect object.

Like direct object pronouns, indirect object pronouns always go before a conjugated verb (e.g., **Ella le da la cartera** is "She gives him the wallet"; **Nos hacen muchas preguntas** is "They ask us many questions"). If there's a **no** in the sentence, the **no** goes before the indirect object pronoun (e.g., **No les decimos la verdad** is "We don't tell them the truth"). The six indirect object pronouns are as follows.

me	nos
te	os
le	les

When the indirect object is a specific person or people in the third person, the **le** or **les** must still be included in the sentence (e.g., **Le doy los platos al mesero** is "I give the plates to the waiter"). The pronoun **os** (meaning **a vosotros** or **a vosotras**) is only used in Spain.

B. Direct Object Pronouns Used with Nonconjugated Verbs

In the case of a nonconjugated verb (e.g., an infinitive or a present participle), indirect object pronouns, like direct object pronouns, can go either before the conjugated verb or after and attached to the infinitive or the present participle (e.g., **Te vamos a dar el impermeable** and **Vamos a darte el impermeable** both mean "We're going to give you the raincoat"; **Nos están enseñado los verbos** and **Están eneñándonos los verbos** both mean "They are teaching us the verbs"). When adding indirect object pronouns to either infinitives or present participles, you might need to add an accent to maintain the original stress (as in **enseñándonos**, which maintains the stress on the syllable **ñan**, which is where the word is stressed in **Nos están enseñando los verbos**).

C. Verbs like **gustar**

Verbs that use indirect object pronouns include **gustar** [to be pleasing], **encantar** [to be very pleasing], **interesar** [to interest], and **molestar** [to bother]. **Me gusta el libro** means "The book is pleasing to me" and can also be translated as "I like the book." The subject of that sentence is **el libro**. With verbs like **gustar**, the singular form of the verb is used when it is followed by a singular subject or by a verb (e.g., **Nos encanta la música** is "We love the music"; **¿Os interesa estudiar?** is "Are you interested in studying?"). The plural form of a verb like **gustar** is used when it is followed by a plural subject (e.g., **No me molestan los exámenes** is "The exams don't bother me").

D. Ways to Learn New Vocabulary

The single best way to learn new words is to use them, because once you use them, they start becoming yours. One way to use the vocabulary you're being exposed to is to interact with the audio glossary, speaking activities, and workbook that are part of this course. If you're using flashcards, you might start to define new words using Spanish words you already know (e.g., you might define **caro** [expensive] as **cuesta mucho** [it costs a lot]). Reading a lot is the best way to come into contact with new words. As has been discussed previously, you don't need to understand every word you read to benefit from the activity of reading.

Three other ideas that will help you learn new words are as follows: Don't overuse words you've already acquired; establish a personal connection to words; and involve your senses when learning vocabulary. If you're always using the same words (it's common for beginning language learners to overuse, for example, **bueno** and **malo**), you'll be communicating in a limited way and preventing yourself from using new vocabulary. So, approach each **Vocabulario nuevo** [New Vocabulary] section of the workbook with the intent of finding ways to use those new words when speaking or writing. If you describe yourself with certain words, you'll probably be using vocabulary that you'll retain. Work to make personal connections to words so that they'll be easier for you to remember. Finally, involve your senses in the learning experience. If you're reading Spanish, don't just read silently. Read aloud at times, to get your hearing in play and to feel what your mouth does as it's pronouncing new words. All of this will help you more easily remember and use new vocabulary.

III. Actividades / Activities

a. Alejandra está llamando a Cecilia. Hoy no pueden mirar la telonovela juntas porque Alejandra tiene muchas cosas que hacer. / Alejandra is calling Cecilia. Today they won't be able to watch the soap opera together because Alejandra has a lot of things to do.

Completa las frases con el pronombre de objeto indirecto correcto. / Complete the sentences with the correct indirect object pronoun.

me	te	le	nos	os	les

Alejandra: ¡Hola, Cecilia! ¡Qué lástima [What a shame]!, pero hoy no voy a ver la telenovela contigo porque tengo muchas cosas que hacer. Vamos a ir a una boda [wedding] de un primo de Carlos y necesito comprar muchas cosas. Tengo que comprar_____ (1) a Marisol un vestido elegante. _____ (2) voy a comprar a Pablo un traje negro, y voy a comprar_____ (3) a Pablo y Marisol zapatos nuevos. A los novios [couple] _____ (4) vamos a regalar una máquina [machine] de hacer café. Yo voy a comprar_____ (5) un saco azul para mí, y sé que tengo una falda perfecta para la boda. También para mí, _____ (6) voy a comprar unos jeans. No son para la boda, pero son muy bonitos. A Carlos no _____ (7) gustan las corbatas ni los trajes. Cuando hablamos, él siempre _____(8) dice que no le gusta la ropa formal. No sé que comprar_____ (9) a él.

Cecilia: Quizás [Maybe] puedes llevar_____ (10) una camisa de su tienda de ropa favorita. ¿Tienes joyería para la boda?

Alejandra: Más o menos, mis joyas son muy viejas.

Cecilia: No te preocupes [Don't worry]. Yo voy a prestar [lend]_____ (11) mis joyas. Y no te preocupes por la telenovela; _____ (12) la voy a contar [tell] mañana.

b. Usando el contexto del diálogo previo, completa las frases siguientes utilizando el verbo **gustar** o **molestar**. / Using the context of the previous dialogue, complete the following sentences using the verb **gustar** or **molestar**.

1. Carlos: No me _____ las corbatas.

2. Carlos: Me _____ la ropa formal.

3. Marisol: No me _____ estos zapatos porque el color me parece feo.

4. Alejandra: Me _____ este saco porque es muy chico, y necesito una talla mediana.

5. Marisol: No me _____ este suéter para nada [at all], porque me _____ la lana.

6. Alejandra: A Marisol y a mi nos _____ mucho estas joyas porque son preciosas [beautiful].

7. Pablo: A mí sí me _____ mis zapatos.

8. Pablo: Me _____ mis cosas. ¡Gracias, mami!

c. Pablo le está pidiendo dinero a su padre. / Pablo is asking his father for money.

Completa las frases usando pronombres de objeto indirecto. / Complete the sentences using indirect object pronouns.

Pablo: Papi, ¿puedes dar_____ (1) dinero?

Carlos: ¿Para qué, Pablo?

Pablo: Quiero comprar_____ (2) un regalo [gift] a mami.

Carlos: ¿Por qué, Pablo? No es su cumpleaños, ¿verdad?

Pablo: No, no es su cumpleaños. Pero _____ (3) quiero dar una sorpresa [surprise]. Ella

siempre (4) _____ compra cosas a nosotros.

Carlos: ¿Qué _____ (5) quieres comprar?

Pablo: ¡No sé! Creo que tú _____ (6) puedes ayudar con algunas ideas.

Carlos: Yo nunca sé qué dar_____ (7) a tu madre.

Pablo: Pero, ¿_____ (8) vas a dar dinero?

Carlos: Sí, Pablo. Estoy escribíendo_____ (9) un cheque [check].

d. Completa las siguientes respuestas. / Complete the following answers.

1. ¿Te gusta más la ropa de algodón o la ropa de lana? _____la ropa de algodón.

2. ¿A tu amigo le molestan las conversaciones sobre política [politics]? No, a _____ .

3. ¿Te interesan los deportes? Sí, _____ .

4. ¿A tus padres les encanta la primavera? Sí, a _____ .

5. ¿Te gusta más la ropa formal o la ropa informal? _____ ropa informal.

6. ¿Te molestan las personas que siempre llegan tarde? Sí, _____ .

7. ¿Te interesa hacer amigos de otros países? Si, _____ .

8. ¿A tí te gusta ir de compras1? Sí, _____ .

IV. Respuestas correctas / Correct Answers

a.
1. comprarle
2. Le
3. comprarles
4. les
5. comprarme
6. me
7. le
8. me
9. comprarle
10. llevarle
11. prestarte
12. te

b.
1. gustan
2. molesta
3. gustan
4. molesta
5. gusta...molesta
6. gustan
7. gustan
8. gustan

c.
1. darme
2. comparle
3. le
4. nos
5. le
6. me
7. darle
8. me
9. escribiéndote

d.
1. Me gusta más la ropa de algodón.
2. No, a mi amigo no le molestan las conversaciones sobre política. / No, a mi amigo le gustan las conversaciones sobre política.
3. Sí, me interesan los deportes.
4. Sí, a mis padres les encanta la primavera.
5. Me gusta más la ropa informal.
6. Sí, me molestan las personas que siempre llegan tarde.
7. Sí, me interesa hacer amigos de otros países.
8. Sí, a mí me gusta ir de compras.

Double Object Pronouns

I. Vocabulario nuevo / New Vocabulary

el **garaje** – garage	el **horno** – oven
la **sala** – living room	el **microondas** – microwave oven
la **habitación** – bedroom	el **lavaplatos** – dishwasher
el **dormitorio** – bedroom	el **fregadero** – kitchen sink
el **pasillo** – hall	el **espejo** – mirror
el **techo** – roof	la **ducha** – shower
el **suelo** – floor	la **bañera** – bathtub
la **almohada** – pillow	el **inodoro** – toilet
el **armario** – closet	el **lavabo** – bathroom sink
el **refrigerador** – refrigerator	la **residencia estudiantil** – dormitory
la **estufa** – stove	el **regalo** – gift

primero – first	**sexto** – sixth
segundo – second	**séptimo** – seventh
tercero – third	**octavo** – eighth
cuarto – fourth	**noveno** – ninth
quinto – fifth	**décimo** – tenth

pensar en – to think about	**Pienso leer.** – I plan to read.

II. Repaso general / General Review

A. Ordinal Numbers

Unlike most adjectives, ordinal numbers—such as **primero** [first], **segundo** [second], **tercero** [third], etc.…—precede the noun they modify (e.g., **La casa de los Sánchez es la cuarta casa** is "The Sánchez's house is the fourth house"). As is the case with the adjectives **bueno** [good], **malo** [bad], **ninguno** [none, not any], and **alguno** [any, one] (which you have already learned about), the ordinal numbers **primero** and **tercero** drop the **-o** before masculine singular nouns (e.g., **el primer dormitorio** is "the first bedroom"; **el tercer pasillo** is "the third hall").

B. Double Object Pronouns

You have learned that the indirect object pronouns are **me**, **te**, **le**, **nos**, **os**, and **les** and that the direct object pronouns are **me**, **te**, **lo**, **la**, **nos**, **os**, **los**, and **las**. When an indirect object pronoun and a direct object pronoun are used together in a sentence (called a double object pronoun), the indirect object pronoun always precedes the direct object pronoun. As is the case when either a direct or an indirect object pronoun is used alone, if the sentence has only a conjugated verb, the double object pronoun must go before the verb. And in sentences with a conjugated verb and an infinitive or a present participle, the double object pronoun can go either before the conjugated verb or after and attached to the infinitive or present participle.

Examples of double object pronouns include the following: "They give it (**el dinero**) to us" is **Nos lo dan**; "Raquel says it (**la verdad**) to me" is **Raquel me la dice**; "I read them (**los libros**) to you [singular, informal]" is **Te los leo**; We're going to give them (**las pizzas**) to you [plural, informal]" is **Os las vamos a dar** or **Vamos a dároslas**.

When the indirect object pronoun **le** or **les** precedes the direct object pronoun **lo**, **la**, **los**, or **las**, the le or les becomes **se**. Examples of double object pronouns showing this change include the following: "I give them (**los papeles**) to her" is **Se los doy**; "We tell it (**el problema**) to them" is **Se lo decimos**; "You [**Tú**] write it (**el libro**) for them" is **Se lo escribes**; "She is explaining it (**la situación**) to him right now" is **Se la está explicando ahora mismo** or **Está explicándosela ahora mismo**.

Because **se** in a double object pronoun can mean **to him**, **to her**, **to usted**, **to them**, or **to ustedes**, it is common to state specifically to whom or for whom something is done (e.g., **Se lo digo a Juan** is "I'm telling it to Juan"; **Vas a decírselo a Sara y a Laura** is "You are going to say it to Sara and Laura").

C. Uses of **pensar**
Pensar [to think] can be used to offer an opinion (e.g., **Pienso que el examen es difícil** is "I think that the exam is difficult"), but quite often Spanish speakers prefer to use **creer** [to think, to believe] to offer an opinion (e.g., **Creo que el examen es difícil**).

Pensar en means "to think about something" (e.g., **Pienso mucho en mi familia** is "I think a lot about my family"). **Pensar de** is used "to ask for an opinion of something" (e.g., **¿Qué piensas de la profesora?** is "What do you think about the professor?"). **Pensar** + infinitive means "to plan to do something" (e.g., **Pensamos comer después de las ocho** is "We are planning to eat after eight o'clock").

D. Another Use of **se**
In this lesson, you have seen **se** used in double object pronouns. **Se** is also used in expressions like **Se habla inglés aquí**, which is "English is spoken here." At times, **se** carries the idea of what in English would be expressed by "one," "you," or "they" (e.g., **Se vive bien en México** is "One lives well in Mexico" or "You live well in Mexico"; **Se dice que el garaje es enorme** is "They say that the garage is enormous").

Verbs used with **se** in contexts like these are conjugated in the third person (e.g., **Se oyen francés e italiano en la clase** is "French and Italian are heard in the class").

III. Actividades / Activities
a. Pablo y su hermana Marisol están en el centro comercial. Pablo quiere comprarle un regalo a su madre. / Pablo and his sister Marisol are at the mall. Pablo wants to buy a present for his mother.

Escoge la respuesta apropiada. / Choose the appropriate answer.

1. Me gustan esas pulseras. ¿Puede _____ por favor?
   a) mostrártele
   b) mostrármela
   c) mostrármelas

2. Me gustan esos aretes. ¿Puede _____ por favor?
   a) dármelos
   b) dármeles
   c) dármelas

3. Esas flores [flowers] son muy bonitas. Voy a _____ a mami.
   a) comprárteles
   b) comprárselas
   c) comprárlelas

4. ¿Vas a darle las flores a mami hoy?
   a) Sí, voy a dármelas en la cena.
   b) Sí, voy a dársete en la cena.
   c) Sí, voy a dárselas en la cena.

5. ¿Vas a preparar la cena para mami?
   a) Sí, se la voy a preparar.
   b) Sí, la se voy a preparar.
   c) Sí, le la voy a preparar.

6. ¿Vas a cocinarle su postre favorito?
   a) No, no voy a cocinársele.
   b) No, no voy a cocinármele.
   c) No, no voy a cocinárselo.

7. ¿Vas a prepararme mi comida favorita? No, no voy a _____.
   a) prerarártese
   b) preparártela
   c) preparármela

8. ¿Vas a darle los aretes a mami durante la cena?
   a) No, les voy a dar mañana.
   b) No, se los voy a dar mañana.
   c) No, voy a dármeles mañana.

b. Marisol está haciéndole una pequeña entrevista a su hermano para un proyecto en la escuela. / Marisol is doing a little interview with her brother for a school project.

Contesta las siguientes preguntas utilizando los pronombres de objeto directo e indirecto. / Answer the following questions using double object pronouns.

1. ¿Les compras regalos a tus amigos para sus cumpleaños? No, no _____ .

2. ¿Preparas fiestas de cumpleaños para tus amigos? No, no _____ .

3. Escribes correos electrónicos [e-mails] a tus amigos con frecuencia? No, no _____ .

4. ¿Te pones lentes de sol cuando vas a la playa? Sí, _____ .

c. Alberto está divorciado, y por problemas económicos, vive con sus padres Luis y Cecilia. Ahora está un poco mejor y está buscando una casa. Él está llamando a su madre para contarle sobre la quinta casa que vio. / Alberto is divorced, and because of his financial problems, he lives with his parents Luis and Cecilia. He is doing a little better now and is looking for a house. He is calling his mother to tell her about the fifth house he saw.

Lee el siguiente párrafo y contesta las preguntas. / Read the following paragraph and answer the questions.

Alberto: ¡Hola, mami! Estoy cansado de ver casas. Parece que no tengo mucha suerte hoy. ¡La quinta casa que vi [I saw] es terrible! La sala es muy pequeña y tiene una alfombra muy vieja. Sabes que soy alérgico [allergic], y no me gustan las alfombras. La primera habitación es muy grande, y la segunda es muy pequeña. El baño solo tiene una ducha, pero no hay una bañera. La casa no tiene lavaplatos, y la estufa no sirve [doesn't work]. La primera habitación tiene un armario, y la segunda solo tiene una cómoda. En general, la casa tiene pocas ventanas y está cerca de una residencia estudiantil. Creo que esta casa no es una buena opción [option] para mí. Voy a vivir con ustedes un poco más.

1. ¿Cómo es la segunda habitación? _____ .

2. ¿Qué no le gusta a Alberto de la sala? _____ .

3. ¿Qué no tiene el baño? _____ .

4. ¿Cuántas ventanas tiene la casa? _____ .

5. ¿Va a vivir Alberto en esta casa que acaba de ver [he has just seen]? _____ .

d. Completa las siguientes respuestas. / Complete the following answers.

1. ¿Cuál es tu parte favorita de tu casa? Como [since] me gusta cocinar, _____ .

2. ¿Tienes una alfombra en la sala de tu casa? No, _____ .

3. ¿Piensas salir de vacaciones dentro de poco [soon]? _____ porque tengo demasiado trabajo.

4. ¿En qué piensas frecuentemente? _____ mejorar mi español.

IV. Lectura cultural / Cultural reading

Lee la lectura siguiente sobre la industria textil y contesta las preguntas de forma cierto ("C") o falso ("F"). / Read the following text about the textile industry and answer the questions as either true ("C") or false ("F").

La industria textil

Los constantes cambios en la economía global han hecho que los países busquen distintos medios para mejorar sus propias economías y mantenerse en el mercado financiero global. Es común que se piense en América Latina como una economía con base en la agricultura. Sin embargo, otra de las industrias muy importantes para la región en cuanto a exportaciones es la industria textil. Las compañías dedicadas a estas actividades confeccionan todo tipo de ropa y algunas veces también zapatos.

Colombia, Panamá, Honduras, El Salvador y Perú son algunos de los países con altos niveles de exportación, en especial hacia los Estados Unidos. No solamente los diseños sino también la alta calidad de las prendas de vestir han hecho que muchas compañías extranjeras inviertan y se interesen en la producción textil que se realiza en estos países. En el pasado, se asociaban las maquiladoras con empleados del género femenino. Hoy en día en las maquiladoras, hay tantos empleados masculinos como femeninos.

Otro tipo de ropa que es característico de la cultura en América Latina es la elaborada por mujeres indígenas. Estas prendas tienen muchos colores y diferentes diseños que representan la cultura indígena. Muchas de estas mujeres y sus familias han encontrado en la confección y venta de su ropa una manera de mejorar su situación económica. En la región de Altos de Chiapas, en México, varias mujeres indígenas se han organizado para vender su ropa. Aunque mantienen la tradición del bordado multicolor a mano, ellas han empezado a utilizar la máquina de coser también. Este grupo tiene ahora un nombre para su ropa: Taj Kotoltik, que significa "Entre Todas," y tienen una exhibición de las prendas que confeccionan en el Museo de la Ciudad de México. Dentro de las innovaciones para la comercialización de sus productos, ahora tienen su propio sitio web en Internet: tajkotoltik.com.mx.

1. La economía en Hispanoamérica solo tiene una base en la agricultura. _____

2. En la industria textil, se confecciona ropa y algunas veces zapatos. _____

3. Hoy en día, hay hombres y mujeres que trabajan en las maquiladoras. _____

4. La ropa elaborada por mujeres indígenas tiene dos colores. _____

5. Mujeres indígenas de Colombia y Perú tienen su propia marca de ropa. _____

V. Respuestas correctas / Correct Answers

a.
1. c) mostrármelas
2. a) dármelos
3. b) comprárselas
4. c) Sí, voy a dárselas en la cena.

5. a) Sí, se la voy a preparar.
6. c) No, no voy a cocinárselo.
7. b) preparártela
8. b) No, se los voy a dar mañana.

b.
1. No, no se los compro.
2. No, no se las preparo.

3. No, no se los escribo con frecuencia.
4. Sí, me los pongo cuando voy a la playa.

c.
1. La segunda habitación es muy pequeña.
2. A Alberto no le gusta la alfombra en la sala. / La sala es muy pequeña.
3. El baño no tiene una bañera.
4. La casa tiene pocas ventanas.
5. No, Alberto no va a vivir en la casa porque no le gusta. / No, Alberto prefiere vivir un poco más con sus padres.

d.
1. Como me gusta cocinar, mi parte favorita de mi casa es la cocina.
2. No, no tengo ninguna alfombra en la sala de mi casa.
3. No, no pienso salir de vacaciones dentro de poco porque tengo demasiado trabajo. / No, no puedo salir de vacaciones dentro de poco porque tengo demasiado trabajo.
4. Pienso frecuentemente en mejorar mi español.

Lectura cultural

1. F   2. C   3. C   4. F   5. F

The Textile Industry

The constant changes in the global economy have resulted in countries looking for different ways to improve their own economies and maintain themselves in the global financial market. It's common to think of Latin America as an economy based in agriculture. Nevertheless, another of the very important industries for the region in terms of exports is the textile industry. The companies dedicated to these activities make all sorts of clothing and sometimes shoes as well.

Colombia, Panamá, Honduras, El Salvador, and Perú are some of the countries with high levels of exportation, especially to the United States. Not only the designs but also the high quality of the garments have made many foreign countries invest and become interested in the textile production that is done in these countries. In the past, the textile factories were associated with women. Nowadays in the textile factories, there are as many male as female workers.

Another kind of clothing that is characteristic of Latin American culture is the clothing made by indigenous women. These garments have many colors and different designs that represent the indigenous culture. Many of these women and their families have found in the making and selling of their clothing a way to improve their economic situation. In the region of Altos de Chiapas, in Mexico, various indigenous women have organized themselves to sell their clothing. Although they maintain the tradition of multicolored hand embroidery, they have begun to use the sewing machine as well. This group now has a name for its clothing: Taj Kotoltik, which means "Among All the Women," and they have a display of the garments that they make in the Museum of the City of Mexico. Among their innovations for the commercialization of their products, they now have their own website on the Internet: tajkotoltik.com.mx.

Reflexive Verbs

I. Vocabulario nuevo / New Vocabulary

me – myself	**nos** – ourselves
te – yourself [informal, singular]	**os** – yourselves [informal]
se – himself, herself, yourself [formal]	**se** – themselves, yourselves [formal]

tener que ver con – to have to do with

la **parte** – part	la **categoría** – category
el **miembro** – member	**varios** – various
el **momento** – moment	la **ciudad** – city
en un momento – in a moment	

el **verbo reflexivo** – reflexive verb	**delicioso** – delicious
rico – rich, delicious	**casado** – married

explicar – to explain

llamarse – to call oneself	**secarse** – to dry oneself
despertarse – to wake up	**afeitarse** – to shave
levantarse – to get up	**cepillarse los dientes** – to brush your teeth
acostarse – to go to bed	**maquillarse** – to put on makeup
dormirse – to fall asleep	**ponerse la ropa** – to put on clothing
bañarse – to bathe oneself	**quitarse la ropa** – to take off clothing
lavarse – to wash oneself	**vestirse** – to get dressed
ducharse – to shower	

la **fruta** – fruit	el **plátano/la banana/el banano** – banana
la **fresa** – strawberry	la **pera** – pear
la **manzana** – apple	la **uva** – grape
la **naranja** – orange	el **limón** – lemon

el **melón** – melon	la **cebolla** – onion
el **aguacate** – avocado	el **chile** – chili, chili pepper
la **piña** – pineapple	el **chocolate** – chocolate
la **toronja** – grapefruit	el **flan** – custard
el **brócoli** – broccoli	el **arroz con leche** – rice pudding
la **zanahoria** – carrot	los **dulces** – candy

II. Repaso general / General Review

A. Reflexive Verbs

Reflexive verbs are used to describe an action in which the subject and the object of the action are the same. One meaning of the word "reflexive" is "directed or turned back on itself," and that's what happens with reflexive verbs: The subject performs the action back on itself. The reflexive pronouns, which must accompany reflexive verbs, are **me**, **te**, **se**, **nos**, and **os**. An example of these pronouns shown with a reflexive verb conjugated in the present is as follows.

levantarse [to get up]

me levanto	**nos** levantamos
te levantas	**os** levantáis
se levanta	**se** levantan

Like direct and indirect object pronouns, reflexive verbs go before a conjugated verb (e.g., **Me visto a las ocho** is "I get dressed at eight o'clock") and either before the conjugated verb or after and attached to an infinitive or present participle (e.g., **Se van a lavar las manos** and **Van a lavarse las manos** are "They are going to wash their hands"; **Me estoy afeitando** and **Estoy afeitándome** are "I am shaving myself").

B. Ways to Practice Food Vocabulary

One resource that can help you gain familiarity with food vocabulary is the website elgourmet.com. It's a place where you can explore lots of recipes and articles related to food, and it's entirely in Spanish. You can also practice your food vocabulary in, for example, a Mexican restaurant. If there's Spanish on the menu, read the Spanish. And if your waitress or waiter speaks Spanish, speak as much of the language as you can. In fact, you could tell your server something like this: **Estoy tomando un curso de español y mi tarea es hablar solo español aquí. ¿Le parece bien?**, which is "I'm taking a Spanish course and my homework is to speak only Spanish here. Does that seem okay to you?".

C. Uses of **estar**

The four basic uses of **estar** are as follows.

1. With the present participle to talk about something happening right now, a construction known as the present progressive (e.g., **Estamos trabajando ahora mismo** is "We are working right now").
2. To talk about the location of someone or something (e.g., **Las zanahorias están en la mesa** is "The carrots are on the table"). [Note: The exceptions to this use of **estar** are when talking about where someone or something is from and about where an event is taking place. In those two cases, **ser** is used (e.g., **Somos de Nicaragua** is "We are from Nicaragua"; **La fiesta es en mi casa** is "The party is in my house").]
3. To talk about a physical or emotional state or condition, including how drinks or food taste (e.g., **Las meseras están ocupadas** is "The waitresses are busy"; **El flan está rico** is "The custard is delicious").
4. To talk about something that's the result of a change, meaning the result of a previous action, such as the action of dying or getting married (e.g., **Nuestro tío está muerto** is "Our uncle is dead"; **Estamos casados** is "We are married").

To summarize, **estar** is used with the present progressive and to express location, mental, or physical condition or the result of an action. It might help you to remember the uses of **estar** as the following words ending in **-tion**.

1. Ongoing ac**tion**
2. Loca**tion**
3. Condition and diges**tion**
4. Result of a previous ac**tion**

D. Uses of **ser**

The seven basic uses of **ser** are as follows.

1. To talk about time (e.g., **Mañana es el nueve de noviembre** is "Tomorrow is November ninth").
2. To identify someone or something (e.g., **Soy Paco** is "I am Paco").
3. To describe inherent characteristics of someone or something (e.g., **Nuestra madre es simpática y muy inteligente** is "Our mother is nice and very intelligent").
4. With **de** to talk about possession, composition, or origination (e.g., **¿Son tus libros?** is "Are they your books?"; **La camisa es de algodón** is "It's a cotton shirt"; **Marta es de España** is "Marta is from Spain"). [Note: You might remember these three uses of **ser** with **de** by thinking about these three questions: **¿De quién es?** [Whose is it?] (possession); **¿De qué es?** [What's it made of?] (composition); **¿De dónde es?** [Where is he or she from?] (origination).]
5. To talk about a generalization (e.g., **Es fácil preparar esta sopa** is "It's easy to make this soup").
6. To describe the location of an event (e.g., **Las reuniones son en la biblioteca** is "The meetings are in the library").
7. With **para** to say for whom or for what something is intended (e.g., **Los postres son para todos** is "The desserts are for everyone").

III. Actividades / Activities

a. Diana tiene cuatro años y su hermana Mariana tiene un año. Ellas pueden hacer algunas cosas solas, pero necesitan ayuda en otras. / Diana is four years old and her sister Mariana is one. They can do some things on their own, but they need help with others.

Escribe "VR" si la frase usa un verbo reflexivo o "NR" si la frase no usa un verbo reflexivo. / Write "VR" if the sentence uses a reflexive verb or "NR" if the sentence doesn't use a reflexive verb.

1. Mariana se despierta a las 6:00 de la mañana. _____

2. Diana se levanta a las 7:00 de la mañana. _____

3. Erica baña a Mariana a las 6:45 de la mañana. _____

4. Erica se baña a las 7:15 de la mañana. _____

5. Diana generalmente se baña a las 7:30 de la mañana. _____

6. Diana y Erica se lavan los dientes tres veces al día. _____

7. Erica lava la ropa de sus hijas. _____

8. Erica cepilla el pelo de Mariana. _____

9. Erica se maquilla frecuentemente. _____

10. Algunas veces, Diana maquilla a Mariana. _____

b. Javier tiene un viaje de negocios mañana y no sabe exactamente cómo debe organizar su horario. / Javier has a business trip tomorrow and doesn't know exactly how he should organize his schedule.

Completa el siguiente diálogo utilizando verbos reflexivos. / Complete the following dialogue using reflexive verbs.

Javier: Erica, ¿puedes llevarme al aeropuerto mañana? Tengo que estar en el aeropuerto a las 6:00 de la mañana. El vuelo [flight] sale a las 7:00.

Erica: ¡Javier, es muy temprano! Las niñas [girls] no 1. _____ (levantarse) hasta más tarde. ¿No puedes dejar [leave] el carro en el aeropuerto?

Javier: Bueno, puedo hacer eso. ¿Pero a qué hora tengo que 2. _____ (despertarse)? ¿A las 4:00?

Erica: ¡Sí!, yo puedo 3. _____ (despertarse) también a las 4:00 para prepararte café.

Javier: ¡Bueno, gracias! Si nosotros dos 4. _____ (levantarse) tan temprano vamos a estar muy cansados.

Erica: No importa [It doesn't matter]. Yo puedo 5. _____ (dormirse) un momento más tarde en la mañana. ¿A qué hora vas a 6. _____ (afeitarse)?

Javier: No sé—quizás [maybe] a las 4:30. Voy a 7. _____ (bañarse) a las 4:15, y voy a 8. _____ (vestirse) a las 4:30.

c. Escoge el verbo correcto para las siguientes frases. / Choose the correct verb for the following sentences.

1. Javier _____ (está / es) preocupado por el viaje.

2. Erica _____ (está / es) ocupada con las niñas.

3. Javier y Erica _____ (están / son) casados.

4. Javier y Erica _____ (están / son) esposos.

5. Diana y Mariana _____ (están / son) hijas de Javier y Erica.

6. Javier se _____ (está / es) bañando en este momento.

7. Erica _____ (está / es) despertándose.

8. El vuelo (flight) de Javier _____ (es / está) a las 7:00.

9. ¿Qué hora _____ (está / es)? _____ (Están / Son) las 4:00.

10. Javier _____(es / está) ingeniero [engineer].

11. Javier y Erica _____ (están / son) en la casa ahora.

12. Javier _____ (es / está) alto y amable.

13. Diana y Mariana_____ (están / son) durmiendo.

14. El mejor amigo de Javier _____ (es / está) costarricense.

15. Nosotros _____ (somos / estamos) una familia.

16. Yo _____ (estoy / soy) estresado [stressed] porque tengo mucho trabajo.

17. Yo _____ (estoy / soy) hija de Esteban y Luisa.

18. Tú _____ (estás / eres) una persona muy simpática.

d. Escoge la respuesta correcta. / Choose the correct answer.

frijoles	brócoli	aguacate	postres	naranja

1. Me gusta comer ensalada con _____.

2. En Centroamérica, comen muchos _____.

3. Me gustan todos los _____.

4. En las mañanas, nos gusta tomar jugo de _____.

5. A Diana y a Mariana no les gusta el _____.

e. Completa las siguientes respuestas. / Complete the following answers.

1. ¿A qué hora te levantas? _____ a las siete de la mañana.

2. ¿A qué hora te acuestas? _____ a las once de la noche.

3. ¿Sabes cocinar arroz con leche? No, _____.

4. ¿Comes postres frecuentemente? Sí, _____ con frecuencia.

IV. Respuestas correctas / Correct Answers

a.
1. VR
2. VR
3. NR
4. VR
5. VR

6. VR
7. NR
8. NR
9. VR
10. NR

b.
1. se levantan
2. despertarme
3. despertarme
4. nos levantamos

5. dormirme
6. afeitarte
7. bañarme
8. vestirme

c.
1. está
2. está
3. están
4. son
5. son
6. está
7. está
8. es
9. es…Son

10. es
11. están
12. es
13. están
14. es
15. somos
16. estoy
17. soy
18. eres

d. 1. aguacate
      2. frijoles
      3. postres

4. naranja
5. brócoli

e. 1. Me levanto a las siete de la mañana.
      2. Me acuesto a las once de la noche.
      3. No, no sé cocinar arroz con leche. / No, no sé cocinarlo.
      4. Sí, como postres con frecuencia. / Sí, los como con frecuencia.

Talking about the Past: *Acabar* and *Hace*

I. Vocabulario nuevo / New Vocabulary

la **gramática** – grammar	**no solo** – not only
el **pasado** – past	**sino también** – but also
la **televisión** – television	

permitir – to allow, to permit	**acabar** – to finish
montar – to ride	**acabo de comer** – I just ate
volar – to fly	**esperar** – to wait for, to hope

último – last	**todo** – all, every
cada – each	**todo el día** – all day

el **dilema** – dilemma	el **programa** – program
el **drama** – drama	el **tópico** – cliché

a pie – by foot	el **barco** – boat
la **bicicleta** – bicycle	el **avión** – airplane
el **autobús** – bus	el **coche** – car
el **metro** – subway	el **automóvil** – car
el **tren** – train	

olvidarse de – to forget	**divertirse** – to enjoy oneself
acordarse de – to remember	**enamorarse de** – to fall in love
alegrarse de – to become happy	

II. Repaso general / General Review

A. Pero, sino, and sino que

The conjunction **pero**, which is used to show contrast, can be used with sentences that start out affirmatively or negatively (e.g., **Hace buen tiempo, pero no quiero ir al parque** is "It's nice weather, but I don't want to go to the park"; **No hay muchos trenes hoy, pero todos van a la ciudad** is "There aren't many trains today, but they all go to the city").

The conjunction **sino** can be used only if the sentence starts with a negation. The purpose of **sino** is to negate, contradict, or show a direct contrast with what comes earlier in the sentence; for this reason, **sino** typically expresses the idea of "but rather" (e.g., **No vamos en barco sino en avión** is "We're not going by boat but rather by plane"; **Carlos no quiere comprar guantes, sino simplemente ver qué tipos hay en la tienda** is "Carlos doesn't want to buy gloves, but rather simply see what kinds there are in the store").

When following a conjugated verb, **sino que** is needed (e.g., **Ella no maneja su coche a la oficina sino que monta en bicicleta** is "She doesn't drive her car to the office but rather rides a bicycle").

B. Reflexive and Nonreflexive Verbs

While an infinitive form ending in **-se** indicates that the verb is a reflexive verb (e.g., **lavarse** is "to wash oneself"), an infinitive that doesn't end in **-se** indicates that the verb is nonreflexive (e.g., **lavar** is "to wash"). In a previous lesson, you learned that in the case of reflexive verbs, the subject and object of the verb are the same (e.g., **Siempre nos levantamos temprano** is "We always get up early"). For nonreflexive verbs, the subject and object of the verb are different (e.g., **Ana levanta a su hijo a las siete** is "Ana gets her son up at seven").

C. Talking about the Recent Past

The verb **acabar** [to finish] is used in a construction that allows you to talk about something that just happened. The construction—present tense of **acabar** + **de** + infinitive—is used to express a recent past event (e.g., **La profesora acaba de explicar la gramática** is "The professor just explained the grammar"; **Acaban de enamorarse** is "They just fell in love").

D. Expressing How Long Something Has Been Going On

The construction that allows you to talk about how long something has been going on is as follows: **hace** + time period + **que** + present tense of verb (e.g., **Hace dos meses que vivo aquí** is "I have been living here for two months"; **Hace media hora que esperamos el autobús** is "We have been waiting for the bus for half an hour"). Although this construction might look complicated, remember that **hace** is always **hace** and **que** is always **que**. The only two elements of this construction that vary are the time period and the verb (which is always conjugated in the present tense). The idea of "how long" is expressed by **cuánto tiempo** (e.g., **¿Hace cuánto tiempo que estudias español? Hace tres meses que estudio español** is "How long have you been studying Spanish? I have been studying Spanish for three months").

III. Actividades / Activities

a. Las amigas de Marisol, Pilar y Carolina, van a ir a un concierto de su grupo favorito. Ahora ellas están esperando al grupo en el aeropuerto. Marisol no puede ir con ellas porque tiene que estudiar para un examen muy difícil. Pilar y Carolina están enviándole mensajes de texto a Marisol. / Marisol's friends, Pilar and Carolina, are going to a concert of their favorite group. They are now waiting for them in the airport. Marisol can't go with them because she has to study for a very difficult exam. Pilar and Carolina are texting Marisol.

Completa estas frases utilizando **acabar** + **de** + **infinitivo**. / Complete these sentences using **acabar** + **de** + infinitive.

Pilar: Hay muchas chicas en el aeropuerto. Nosotras

1. _____ (llegar).

Carolina: Los guardaespaldas [bodyguards] también

2. _____ (llegar).

Pilar: El avión con los muchachos 3. _____ (aterrizar [to land]).

Carolina: ¿Que estás haciendo, Marisol?

Marisol: 4. _____ (leer) un capítulo [chapter] de mi libro.

Marisol: ¿Ustedes van a desayunar más tarde?

Pilar: No, nosotras 5. _____ (desayunar) en el carro.

Marisol: Yo también 6. _____ (desayunar)—pero en la cocina.

Carolina: ¡Aquí están! ¡Aquí están! ¡Aquí están! ¡Aquí están! ¡Aquí están!

Carolina: ¡Yo 7. _____ (tomar) muchas fotos [photos] de ellos!

Pilar: Te vamos a escribir después. Vamos a tomar más fotos.

b. Lee los apuntes de una entrevista que le hizo Marisol a su hermano Pablo para un proyecto de la secundaria. Luego contesta las preguntas. / Read the notes of an interview that Marisol conducted with her brother Pablo for a high school project. Then answer the questions.

Nunca les compro regalos de cumpleaños a mis amigos porque no me gusta ir de compras. Tampoco me gusta hacer fiestas sorpresa [surprise] para mis amigos. No es que no me guste [It's not that I don't like] hacer fiestas, sino que las fiestas sorpresa necesitan más planificación [planning] y cuidado. Además [Moreover], mis amigos y yo somos más espontáneos [spontaneous] y tomamos decisiones en el momento. No escribo correos electrónicos [e-mails] a mis amigos sino que les envío mensajes de texto. Es más fácil, y recibo una respuesta inmediatamente. Pero a mis profesores les escribo correos electrónicos. Creo que no solo tengo buenos amigos, sino también buenos profesores. Hace dos años que no voy a la playa, pero sí uso lentes de sol cuando voy a la playa. No solo llevo mis lentes sino también una gorra. Si hago deportes, generalmente llevo una gorra también. Me gusta el sol, pero no me gusta quemarme [get a sunburn]. Hace quince años que practico [I play] deportes, y no puedo imaginar [imagine] mi vida sin deportes. Hace dos años que soy co-entrenador [co-coach] de fútbol en mi ex-secundaria, y me encanta. Hace tres semanas que no monto en bicicleta porque tengo problemas en una rodilla [knee], pero me encanta montar en bicicleta.

1. ¿Por qué a Pablo no le gustan las fiestas sorpresa? _____ .

2. ¿Cómo se comunica Pablo con sus profesores? _____ .

3. ¿Hace cuanto tiempo que Pablo no va a la playa? _____ .

4. ¿Qué lleva Pablo a la playa? _____ .

5. ¿Hace cuánto (tiempo) que Pablo practica deportes? _____ .

6. ¿Hace cuánto que Pablo es co-entrenador de fútbol? _____ .

7. ¿Por qué hace tres semanas que Pablo no monta en bicicleta?_____ .

c. Escoge la respuesta correcta. / Choose the correct answer.

1. Pilar y Carolina no toman fotos con una cámara _____ con su teléfono celular.

    a) pero   b) sino   c) sino que

2. Pilar y Carolina no llaman por teléfono a Marisol _____ le envían textos.

    a) pero   b) sino   c) sino que

3. A Pablo le gustan las fiestas _____ no le gusta organizar fiestas sorpresa.

   a) pero   b) sino   c) sino que

4. Marisol quiere ir al concierto _____ tiene que estudiar.

   a) pero   b) sino   c) sino que

5. Pilar y Carolina están en el aeropuerto _____ también van a ir al concierto.

   a) pero   b) sino   c) sino que

6. No acaba de llegar la policía [police] _____ los guardaespaldas acaban de llegar.

   a) pero   b) sino   c) sino que

7. A Pilar, Carolina y Marisol no solo les gustan los chicos del grupo musical _____ también su música y sus canciones [songs].

   a) pero   b) sino   c) sino que

d. Completa las siguientes respuestas. / Complete the following answers.

1. ¿Qué acabas de hacer? _____ leer las instrucciones [instructions] del ejercicio **d**.

2. ¿Qué acaban de hacer los chicos? _____ mirar algunos programas en la televisión.

3. ¿A qué hora te levantas normalmente? _____ a las seis de la mañana.

4. ¿Hace cuanto tiempo que tú y tus amigos estudiáis español? _____ dos meses _____ .

5. ¿Hace cuanto tiempo que Pedro tiene un teléfono celular [cell]? _____ cuatro años _____ .

IV. Respuestas correctas / Correct Answers

a.
1. acabamos de llegar
2. acaban de llegar
3. acaba de aterrizar
4. Acabo de leer
5. acabamos de desayunar
6. acabo de desayunar
7. acabo de tomar

b.
1. A Pablo no le gustan las fiestas sorpresa porque necesitan más planificación y cuidado.
2. Pablo los envía correos electrónicos a sus profesores. / Pablo les escribe correos electrónicos a sus profesores.
3. Hace dos años que Pablo no va a la playa.
4. Pablo lleva lentes de sol y una gorra a la playa.
5. Hace quince años que Pablo practica deportes.
6. Hace dos años que Pablo es co-entrenador de fútbol.
7. Porque Pablo tiene problemas en una rodilla.

c. 1. b) sino
2. c) sino que
3. a) pero
4. a) pero

5. a) pero
6. c) sino que
7. b) sino

d. 1. Acabo de leer las instrucciones del ejercicio **d**.
2. Los chicos acaban de mirar algunos programas en la televisión.
3. Normalmente me levanto a las seis de la mañana.
4. Hace dos meses que mis amigos y yo esudiamos español.
5. Hace cuatro años que Pedro tiene un teléfono celular.

Talking about the Past: *¿Desde Cuándo...?*

I. Vocabulario nuevo / New Vocabulary

el **intercambio** – exchange	**mejorar** – to improve
sumo – extreme	**entrar** – to enter
sumamente – extremely	**¿Desde cuándo...?** – Since when...?
el **ocio** – leisure	el **tiempo libre** – free time
los **quehaceres** – chores	**Hay que estudiar.** – It's necessary to study.
libre – free	
el **concierto** – concert	la **película** – movie
la **orquesta** – orchestra	el **film** – film
la **función** – show	el **filme** – film
el **espectáculo** – show	el **partido** – game
la **entrada** – admission ticket	**acampar** – to camp
el **boleto** – ticket	la **playa** – beach
pasear – to take a walk	las **vacaciones** – vacation
limpiar – to clean	**recoger la ropa** – to pick up clothing
ordenar la casa – to straighten up the house	**sacar la basura** – to take out the trash
pasar la aspiradora – to vacuum	**quitar el polvo** – to dust
barrer – to sweep	**planchar** – to iron
recoger – to pick up	
la **pareja** – partner, couple	el **alma** – soul [feminine]
la **media naranja** – soul mate	el **alma gemela** – soul mate
ya – now, already	**Ya voy.** – I'm coming.

II. Repaso general / General Review

A. Expressing How Long Something Has Been Going On

You've already learned that one way to talk about how long something has been going on is with the expression **hace** + time period + **que** + present tense of verb (e.g., **Hace dos semanas que no plancho** is "I haven't ironed in two weeks").

Another way to express how long something has been going on is with the question **¿Desde cuándo** + subject + present tense of verb? (e.g., **¿Desde cuándo vives en la ciudad?** is "How long have you been living in the city?"). There are three ways that a question like this could be answered. One way is with the construction **Desde que** + subject + present tense of verb (e.g., **Desde que trabajo en la universidad** is "Since I've been working at the university"). A second way to answer the question is with the construction **Desde** + specific point in time (e.g., **Desde el mes pasado** is "Since last month"). A third way to answer the question is with the construction **Desde hace** + time period (e.g., **Desde hace tres años** is "For three years").

B. Hay que + Infinitive

The expression **Hay que** + infinitive is used to refer to something that must be done (e.g., **Hay que leer mucho en la clase** is "It's necessary to read a lot in the class"; **Hay que recoger la ropa antes de pasar la aspiradora** is "It's necessary to pick up the clothes before vacuuming").

C. Ir, **venir**, **llevar**, and **traer**

The verbs **ir** [to go], **venir** [to come], **llevar** [to carry/to take], and **traer** [to bring] are all verbs of motion. [Note: The verb **llevar** can also mean "to wear."] Both **ir** and **llevar** express that the speaker is moving from where he or she is right now and going somewhere else (e.g., **Voy a la biblioteca ahora** is "I'm going to the library now"; **Siempre llevo mis libros a la oficina** is "I always take my books to the office"). The expression **Ya voy** means "I'm on my way" or "I'll be right there."

Venir and **traer** express motion in the opposite direction, meaning that someone else is moving toward the speaker (e.g., **Mi hijo viene ahora para ayudarme** is "My son is coming now to help me"; **Cuando visitan, siempre me traen dulces** is "When they visit, they always bring me candy").

D. The Value of an **intercambio**

In addition to all the work you're doing as part of this course, another great way to improve your Spanish is to set up an **intercambio** [exchange] with a Spanish speaker. **Intercambios** are conversation exchanges designed to allow both speakers to practice their speaking and listening skills. The ideal person to set up a conversation exchange with would be a Spanish speaker interested in improving his or her English.

There are different ways **intercambios** can work, but typically the two of you might meet for an hour, spending the first half hour speaking English and the second half hour speaking Spanish. These are not classes, and you are not your partner's teacher. The goal of an **intercambio** is simply to talk about any subject that interests the two of you. Occasionally, you'll probably want to help your partner with issues related to pronunciation, vocabulary, or grammar, and he or she will help you as well. But in general, the purpose on an **intercambio** is increased communication in the two languages. The more contact you have with the language, the better your Spanish skills will be. **Intercambios** will also allow you to help others improve their English skills.

III. Actividades / Activities

a. Javier siempre está hablando de Ignacio, su mejor amigo costarricense, pero sus suegros Esteban y Luisa no lo conocen muy bien. Ellos están haciéndole preguntas a Javier para saber más sobre Ignacio. / Javier is always talking about Ignacio, his Costa Rican best friend, but his parents-in-law Esteban and Luisa don't know him very well. They are asking Javier questions in order to know more about Ignacio.

Lee el diálogo y contesta las preguntas. / Read the dialogue and answer the questions.

Esteban: ¿De dónde es tu mejor amigo, Javier?

Javier: Él es de Costa Rica.

Luisa: ¿Hace cuánto tiempo que lo conoces?

Javier: Hace diez años que lo conozco.

Luisa: ¿Cuánto tiempo hace que no lo ves?

Javier: Hace más o menos seis meses que no lo veo.

Luisa: ¿Cuántos años tiene?

Javier: Tiene veintiocho años, igual [the same] que yo.

Esteban: ¿Vas a invitarlo a tu casa muy pronto?

Javier: Sí, quiero invitarlo, pero siempre está muy ocupado. No estoy seguro [sure] si va a tener tiempo.

Luisa: A nosotros nos gustaría [we would like] conocerlo. Podemos tomar un café todos juntos, ¿no?

Javier: Claro. ¡Qué buena idea! ¡Él va a traerme café de Costa Rica! Hace mucho tiempo que no tomo café de Costa Rica.

Esteban: Mi café favorito es el de Puerto Rico, pero no sé nada del café de Costa Rica. Bueno, podemos probar [try] los dos cafés.

Javier: Voy a llamar a Ignacio para decirle el plan [plan].

1. ¿Por qué Javier no está seguro si Ignacio va a poder visitarlo? _____ .

2. ¿Cuántos años tienen Javier e Ignacio? _____ .

3. ¿Hace cuánto (tiempo) que Javier e Ignacio se conocen? _____ .

4. ¿Cuál es el café favorito de Esteban? _____ .

b. Erica está muy enojada con Javier porque él quiere invitar a su amigo y la casa no está lista para visitas. / Erica is very upset with Javier because he wants to invite his friend and the house is not ready for visits.

Lee el diálogo y contesta las preguntas. / Read the dialogue and answer the questions.

Luisa: Erica, ¿por qué estás tan enojada?

Erica: Mami, Javier quiere invitar a Ignacio y la casa es un desastre [disaster].

Luisa: Pero Erica, creo que eso no es un problema. Además, no sabes si Ignacio va a venir a no.

Erica: Yo sé, mami, pero ¿sabes hace cuánto tiempo que no limpio la casa?

Luisa: No, no lo sé.

Erica: ¡Desde hace dos meses! Además [Moreover], hace un mes que no ordeno la casa, hace dos meses que no paso la aspiradora, y Javier está más ocupado que yo con su trabajo.

Luisa: Bueno, pero quizás [maybe] no hay mucho polvo.

Erica: Mami, todo tiene polvo. ¡Hace dos meses y medio que no quito el polvo de la casa!

Luisa: ¿Desde cuándo no recoges los juguetes [toys] de las niñas [girls]?

Erica: Desde hace dos días. Ellas me ayudan porque siempre recogen los juguetes.

Luisa: Bueno, si los juguetes no están por toda la casa, la casa va a parecer limpia.

1. ¿Por qué Erica está enojada? _____ .

2. ¿Desde cuándo Erica no ordena la casa? _____ .

3. ¿Desde cuándo Erica no pasa la aspiradora? _____ .

4. ¿Por qué Javier no puede ayudarle a Erica? _____ .

5. ¿Cómo le ayudan las niñas a Erica? _____ .

Ir, venir, llevar y traer → Verbos de movimiento / Verbs of Motion

c. Erica está tratando de limpiar la casa. / Erica is trying to clean the house.

Escoge la respuesta correcta. / Choose the correct answer.

1._____ a ir al supermercado mañana. Hoy necesito limpiar la casa.

a) Voy   b) Llevo   c) Vengo   d) Traigo

2. Erica: Javier, ¿puedes _____ más bolsas [bags] para la aspiradora?

a) ir   b) llevarme   c) venir   d) traerme

3. Erica: Mami, ¿puedes _____ a las niñas al parque mientras [while] limpio un poco?

a) ir   b) llevar   c) venir   d) traer

4. Erica: Javier, ¿ va a _____ a nuestra casa Ignacio el próximo fin de semana?

a) ir   b) llevar   c) venir   d) traer

5. Cuando Ignacio _____, siempre _____ café de Costa Rica.

a) va…lleva   b) lleva…va   c) viene…trae   d) trae…viene

6) Diana y Mariana _____ sus juguetes de la sala a su cuarto.

a) van   b) llevan   c) vienen   d) traen

d. Hay + que + infinitivo: Escoge la respuesta correcta. / **Hay + que** + infinitive: Choose the correct answer.

limpiarla	estudiar	pasar	organizarla	comprar

1. Si quieres hacer una fiesta sorpresa [surprise], hay que _____.

2. Si tienes un examen, hay que _____.

3. Si tú casa está sucia, hay que _____.

4. Si quieres ir a un concierto, hay que _____ las entradas.

5. Si tu alfombra está sucia, hay que _____ la aspiradora.

IV. Respuestas correctas / Correct Answers

a. 1. Porque Ignacio siempre está muy ocupado.

2. Ellos tienen veintiocho años.

3. Hace diez años que se conocen [they've know each other]. / Ellos se conocen desde hace diez años.

4. El café de Puerto Rico es su favorito.

b. 1. Porque Javier quiere invitar a Ignacio a la casa y la casa es un desastre. / Porque la casa es un desastre. / Porque la casa no está limpia.

2. Desde hace un mes.

3. Desde hace dos meses.

4. Porque Javier está más ocupado que Erica.

5. Ellas recogen sus juguetes. / Ellas recogen los juguetes.

c.

1. a) Voy	4. c) venir
2. d) traerme	5. c) viene...trae
3. b) llevar	6. b) llevan

d.

1. organizarla	4. comprar
2. estudiar	5. pasar
3. limpiarla	

Formal Commands and Unequal Comparisons

I. Vocabulario nuevo / New Vocabulary

escuche – listen [usted command]	**abra el libro** – open the book [usted command]
barra el suelo – sweep the floor [usted command]	

tanto como – as well as	la **frase** – sentence
la **variedad** – variety	la **gente** – people
el **mandato** – command	el **perfume** – perfume

la **atención** – attention	**depositar** – to deposit
prestar atención – to pay attention	

la **librería** – bookstore	la **zapatería** – shoe store
la **pizzería** – pizzeria	la **panadería** – bakery
la **frutería** – fruit store	la **perfumería** – perfume store

el **gimnasio** – gymnasium	el **correo** – post office
el **estadio** – stadium	la **calle** – street
el **bar** – bar	la **autopista** – highway
el **zoológico** – zoo	el **edificio** – building
la **catedral** – cathedral	

Es pan comido. – It's a piece of cake.	**mayor** – older
mejor – better	**menor** – younger
peor – worse	

II. Repaso general / General Review

A. Forming the **usted** Command

The way to form a command addressed to someone you refer to as **usted** is as follows: First, drop the **-o** ending from the **yo** form of the verb in the present tense; then, for **-ar** verbs you add an **-e**, and for **-er** and **-ir** verbs you add an **-a**. Examples of **usted** commands include the following: **caminar → camine; aprender → aprenda; abrir → abra**.

Stem-changing verbs follow this same rule to form the **usted** command (e.g., **pensar → piense; dormir → duerma; servir → sirva**). Many verbs that are irregular in the present tense have regular **usted** command forms, meaning that they follow the same rules as other verbs of dropping the **-o** of the **yo** form of the present tense and adding an **-e** for **-ar** verbs or an **-a** for **-er** or **-ir** verbs (e.g., **conocer → conozca; oír → oiga; venir → venga**).

B. Irregular **usted** Commands

Verbs ending in **-car**, **-gar**, and **-zar** have the following spelling changes in the **usted** command form: For verbs ending in **-car**, the change is c → **qu**; for verbs ending in **-gar**, the change is g → **gu**; for verbs ending in **-zar**, the change is z → **c**. Examples of commands with these spelling changes include the following: **buscar → busque**; **pagar → pague**; **empezar → empiece**. These spelling changes keep the consonant sound near the end of the **usted** command the same as it is in the infinitive. [Note: The **z → c** change occurs to avoid the letter combination **ze**, which is extremely rare in Spanish.]

Verbs that don't end in **-o** in the **yo** form of the present tense obviously can't follow the rule of dropping the **-o** before adding **-e** or **-a**. These irregular **usted** command forms are as follows: **dar → dé** [give]; **estar → esté** [be]; **ser → sea** [be]; **saber → sepa** [know]; **ir → vaya** [go].

As you look at those five irregular **usted** command forms, you'll notice that even though the forms are irregular, the endings are still what we would expect: **-ar** verbs have **usted** command forms that end in **-e**, while **-er** and **-ir** verbs have **usted** command forms that end in **-a**. Also notice the accents in the commands **dé** and **esté**.

C. Negative and Plural Commands

Putting a **no** before a command makes it negative (e.g., **No coma** is "Don't eat"). Adding an **-n** to the **usted** command makes it an **ustedes** command (e.g., **Vengan a nuestra casa** is the **ustedes** command "Come to our house"). A **no** and an **-n** at the end of the command results in a negative **ustedes** command (e.g., **Por favor, chicos, no vayan ahora** is "Please, boys, don't go now").

D. Comparisons of Inequality with Adjectives and Adverbs

When making comparisons using an adjective, the construction used is as follows: **más** or **menos** + adjective + **que** (e.g., **Estoy más nervioso que tú** is "I'm more nervous than you"; **El estadio es menos interesante que la catedral** is "The stadium is less interesting than the cathedral").

The construction is the same when making comparisons using an adverb: **más** or **menos** + adverb + **que** (e.g., **Ellos llegan más tarde que nosotros** is "They arrive later than we do"; **Benito habla menos claramente que Celia** is "Benito speaks less clearly than Celia").

Irregular comparative forms include **mejor** [better], **peor** [worse], **mayor** [older], and **menor** [younger]. When using these four adjectives, no **más** or **menos** is needed (e.g., **Anita es mayor que su hermana** is "Anita is older than her sister"; **Esta librería es mejor que la otra** is "This bookstore is better than the other one"). **Mejor** and **peor** can also be used as adverbs (e.g., **Ella escribe mejor que Rodrigo** is "She writes better than Rodrigo"; **Yo bailo peor que mi madre** is "I dance worse than my mother").

E. Different Ways to Approach Learning Grammar

Some language learners acquire grammar best by learning and following rules. If you're a rule follower, what will probably work for you is to memorize grammatical rules and then apply them when speaking or writing. Other learners prefer to focus on how the words and expressions of the language sound. If you're a "sounds right to me" language learner, you should focus less on the rules and more on hearing and reading numerous examples in which a new grammar point is used properly. With time and repeated exposure to the grammar, you will develop the ability to produce correct Spanish. There is no one correct method to acquire a language; experiment with different ways to learn grammar so that you can determine the approach that works best for you.

III. Actividades / Activities

a. Luis Cortés está preparando la publicidad para un viaje a Puerto Rico. / Luis Cortés is preparing the advertising for a trip to Puerto Rico.

Completa estas frases con mandatos de **ustedes**. / Complete these sentences with **ustedes** commands.

caminar	disfrutar [to enjoy]	venir	explorar [to explore]

1. _____ a disfrutar de una semana en el paraíso [paradise].

2. _____ por el Viejo San Juan y 3. _____ el Morro y San Cristóbal.

4. ¡_____ de las mejores comidas y bebidas del Caribe!

b. Cecilia acaba de salir de la reunión con su jefe, y él le ha pedido varias cosas. / Cecilia just left the meeting with her boss, and he has asked her for several things.

Completa las frases utilizando mandatos de **usted**. / Complete the sentences using **usted** commands.

escribir	llevar	llamar	comprar	invitar	cancelar

1. _____ los boletos de avión para el simposio [symposium] en Panamá.

2. _____ a los clientes por teléfono para hablarles sobre el viaje a Puerto Rico.

3. _____ la reunión de mañana porque ya [now] no es necesaria.

4. _____ el informe [report] esta tarde.

5. _____ los cheques [checks] al banco.

6. _____ a los empleados [employees] a la fiesta de este fin de semana.

c. El Doctor Esteban Quirós está hablando con dos de sus pacientes: Carmen y su esposo Manuel. / Doctor Esteban Quirós is talking to two of his patients: Carmen and her husband Manuel.

Completa los mandatos en la forma de **ustedes**. / Complete the commands in the **ustedes** form.

1. No _____ (comer) después de las diez de la noche.

2. _____ (jugar) más con sus hijos; es bueno para su salud [health].

3. No _____ (ir) tanto [so much] a la oficina.

4. No _____ (fumar [to smoke]).

5. _____ (hacer) ejercicio tres veces a la semana.

6. _____ (beber) mucha agua todos los días.

7. No _____ (usar [to use]) la computadora justo [just] antes de dormir.

d. Completa las oraciones utilizando comparaciones de desigualdad. / Complete the sentences using comparisons of inequality.

mejor	peor	joven	mayor	viejo	menor	más	menos

1. Diana mide [measures] 100 centímetros, y Mariana mide 72 centímetros. Diana es _____ alta _____ Mariana.

2. Alberto tiene 37 años. Su hermano Javier tiene 28 años. Javier es _____ que Alberto.

3. Javier tiene 28 años. Su hermano Diego tiene 30 años. Diego es _____ que Javier.

4. Una ensalada tiene _____ calorías [calories] _____ una pizza.

5. Alejandra siempre gana cuando juega al tenis, así que [so] ella juega _____ que su esposo Carlos.

6. Un carro nuevo cuesta _____ dinero _____ un carro viejo.

7. Las computadoras viejas son _____ rápidas _____ las computadoras nuevas.

8. La República Dominicana es _____ grande _____ Puerto Rico.

IV. Respuestas correctas / Correct Answers

a.
1. Vengan
2. Caminen
3. exploren
4. Disfruten

b.
1. Compre
2. Llame
3. Cancele
4. Escriba
5. Lleve
6. Invite

c.
1. coman
2. Jueguen
3. vayan
4. fumen
5. Hagan
6. Beban
7. usen

d.
1. más...que
2. menor
3. mayor
4. menos...que
5. mejor
6. más...que
7. menos...que
8. más...que

Informal Commands

I. Vocabulario nuevo / New Vocabulary

incorporar – to incorporate	**Discúlpeme.** – Excuse me. [usted command]
Perdóneme. – Pardon me. [usted command]	

la **casita** – little house	la **paz** – peace
la **abuelita** – granny	**humano** – human
el **cuerpo** – body	

la **cabeza** – head	la **espalda** – back
el **pelo** – hair	el **estómago** – stomach
la **cara** – face	el **brazo** – arm
la **frente** – forehead	el **codo** – elbow
el **ojo** – eye	la **muñeca** – wrist
la **nariz** – nose	el **dedo** – finger
la **mejilla** – cheek	la **cintura** – waist
la **boca** – mouth	la **pierna** – leg
el **labio** – lip	la **rodilla** – knee
el **diente** – tooth	el **tobillo** – ankle
la **lengua** – tongue, language	el **pie** – foot
la **oreja** – ear	el **dedo del pie** – toe
el **cuello** – neck	los **pulmones** – lungs
el **hombro** – shoulder	la **garganta** – throat
el **pecho** – chest	el **corazón** – heart

II. Repaso general / General Review

A. Affirmative tú Commands

The affirmative command used with someone you address as **tú** is the same as the third-person singular form of the verb in the present tense. Just conjugate the verb in the present as you would if the subject is **él**, **ella**, or **usted**; that same conjugation serves as the **tú** command. Consider the following **tú** commands for the given infinitives: **tocar →** **toca; aprender → aprende; vivir → vive; jugar → juega; servir → sirve; oír → oye.**

There are only eight irregular **tú** commands: **venir → ven; salir → sal; poner → pon; tener → ten; hacer → haz; ser → sé; decir → di; ir → ve.**

B. Negative **tú** Commands

The negative **tú** command is formed in the following way: **no** + **usted** command + **-s**. In other words, you start with **no** and follow it with the **usted** command, with an **-s** added at the end (e.g., **tocar → no toques; aprender → no aprendas; vivir → no vivas; ser → no seas; hacer → no hagas**). This command form offers another reminder of the importance of knowing how to form an **usted** command. Once you know the **usted** command, you are able to use it to form the affirmative and negative **usted** command, the affirmative and negative **ustedes** command, and the negative **tú** command.

C. Affirmative **vosotros** Commands

The way to make an affirmative command for a group you address as **vosotros** or **vosotras** is the following: Start with the infinitive, drop the **-r** at the end, and replace it with a **-d** (e.g., **hablar → hablad; tener → tened; dormir → dormid**). The **vosotros** command is only used in Spain; a Latin American would use an **ustedes** command rather than a **vosotros** command.

D. Using Pronouns with Commands

Three types of pronouns can be used with commands: direct object pronouns, indirect object pronouns, and reflexive pronouns. These pronouns go after affirmative commands and before negative commands, as shown below. Notice that the first three commands below are **tú** commands, and the final three commands are **usted** commands.

	Infinitive	Pronoun(s)	Affirmative Command	Negative Command
tú commands	**dar**	**me + lo**	**dámelo**	**no me lo des**
	despertarse	**se**	**despiértate**	**no te despiertes**
	hacer	**lo**	**hazlo**	**no lo hagas**
usted commands	**acostarse**	**se**	**acuéstese**	**no se acueste**
	comer	**las**	**cómalas**	**no las coma**
	escribir	**le + la**	**escríbasela**	**no se la escriba**

III. Actividades / Activities

a. María tiene problemas para controlar el colesterol. Ella está poniendo atención a las sugerencias que le da Luisa, su nutricionista. / María has trouble controlling her cholesterol. She is paying attention to the suggestions that Luisa, her nutritionist, is giving her.

Agrega los mandatos formales apropiados con pronombres reflexivos o de objeto directo o indirecto. / Add the appropriate formal commands with reflexive, direct object, or indirect object pronouns.

1. No _____ (comer) después de las 6:00 de la tarde y no _____ (acostarse) tarde.

2. _____ (dormirse) temprano y _____ (dormir) por lo menos 7 horas.

3. _____ (cambiar) su dieta [diet] y su estilo [style] de vida. _____ (hacer) por lo menos 30 minutos de ejercicio todos los días. _____ (empezar) los ejercicios lentamente [slowly].

4. _____ (tener) paciencia [patience] y _____ (ser) optimista.

5. No _____ (ir) muchas veces a los restaurantes. Si va a un restaurante, _____ (pedir al mesero) al mesero platos sin gluten [gluten] y con menos grasa [fat].

6. _____ (llevar al doctor) a su doctor otro examen de sangre [blood] más reciente [recent].

7. _____ (leer) la tabla [table] de información de la comida que compra en el supermercado.

_____ (enseñar a la familia) a su familia a leer la tabla de información de los alimentos [food].

8. No _____ (beber) más de una copa de vino tinto al día.

9. _____ (explicar al doctor) a su doctor si tiene otros problemas de salud [health].

10. _____ (decir al esposo) a su esposo que hagan ejercicios juntos.

b. Erica está preocupada porque no tiene tiempo de hacer ejercicio. Está embarazada de nuevo y ya tiene dos hijas: Diana y Mariana. Ella no tiene energía suficiente para hacer ejercicio. Su madre Luisa le da consejos para hacer actividad física con el tiempo que tiene. / Erica is worried because she has no time to exercise. She is pregnant again and already has two daughters: Diana and Mariana. She doesn't have enough energy to exercise. Her mother Luisa is giving her advice for engaging in physical activity within the time she has.

Completa las oraciones con un mandato informal. / Complete the sentences with an informal command.

1. _____ (estacionar [park]) tu carro lejos del supermercado o del consultorio [office] médico [medical].

2. _____ (usar) las escaleras [stairs] y no _____ (usar) el elevador [elevator].

3. _____ (llevar) a las niñas al parque dos veces al día.

4. _____ (caminar) por el parque.

5. No _____ (ponerse) zapatos incómodos [uncomfortable] para caminar.

6. _____ (salir) de casa por lo menos [at least] dos veces al día si hace buen tiempo.

7. _____ (hacer) ejercicio ligero [light] enfrente del televisor.

8. _____ (ir) a la piscina del vecindario [neighborhood] con las niñas.

c. El mejor amigo de Pablo de su vecindario anterior quiere visitarlo el próximo fin de semana. / Pablo's best friend from his former neighborhood wants to visit him next weekend.

Completa las indicaciones de cómo llegar a la nueva ciudad usando mandatos informales. / Complete the instructions on how to get to the new city using informal commands.

Desde tu casa, 1. _____ (tomar) la calle 32 y 2. _____ (manejar) por 30 minutos.

Luego, 3. _____ (continuar [continue]) hacia la autopista 1-80 oeste por tres horas. Después,

4. _____ (doblar [turn]) a la derecha para tomar la salida 232 hacia la I-20. Esta es una

autopista de peaje [turnpike], entonces [so] no 5. _____ (olvidarse) de llevar monedas [coins]

en el carro. Por favor, 6. _____ (tener) paciencia porque siempre hay mucho tráfico [traffic].

Después de otra media hora, 7._____(continuar) en la carretera 69 norte hasta llegar a

la autopista 380 oeste. 8. _____ (conducir) por 2 horas más. 9. _____

(mirar) los rótulos [signs] en la calle. Yo voy a esperarte en la salida 286 A. Como son muchas horas de manejar,

10 ._____ (poner) música en tu carro, pero no 11. _____ (poner) música

clásica. Guillermo, ¡no 12. _____ (dormirse) mientras manejas!

d. Escoge la respuesta correcta. Utiliza mandatos informales con los pronombres apropiados. / Choose the correct answer. Use informal commands with the appropriate pronouns.

1. _____ (lavarse la herida [wound/cut] de la rodilla).

   a) Lávemela   b) Lávesele   c) Lávatela

2. _____ (comprar el regalo a tu madre).

   a) Cómpraselo   b) Cómpreselo   d) Cómpratelo

3. _____ (llevar chocolates a tu sobrina).

   a) Llévaselo   b) Lléveselo   c) Llévaselos

4. _____ (acostarse) temprano.

   a) Acuéstese   b) Acuéstate   c) Acuéstesele

5. _____ (comprar los ingredientes [ingredients]).

   a) Cómpralos   b) Cómpralelos   c) Cómpralas

6. No _____ (dormirse) en clase.

   a) te duermes   b) te duermas   c) te duérmese

7. _____ (estirar [stretch] los músculos [muscles]).

   a) Estíremelos   b) Estíralos   c) Estírenos

8. _____ (dar el juguete [toy] a tu hermana).

   a) Dáselo   b) Dásela   c) Dámelo

9. ¡No ____ (maquillarse); eres muy joven!

   a) se maquille   b) te maquillas   c) te maquilles

10. _____ (cepillarse los dientes).

   a) Cepíllatelos   b) Cepílleselos   c) Cepíllesenos

11. No _____ (tomar <u>el café</u>); está muy caliente.

   a) tómelo   b) lo tomes   c) la tomes

12. No _____ (olvidarse) de ir al doctor a las 2:45 de la tarde.

   a) te olvides   b) me olvide   c) se olviden

IV. Lectura cultural / Cultural Reading

Desiertos de sal en América Latina

Los desiertos de sal forman parte de los maravillosos atributos naturales del planeta Tierra. Estos desiertos son grandes extensiones de tierra de miles de kilómetros cuadrados que parecen ser superficies cubiertas de nieve. Sin embargo, están cubiertas de sal. Estás áreas de temperaturas extremas tienen poca vegetación por su composición de sal. En América Latina se encuentran algunos de los desiertos de sal más grandes del mundo. De los desiertos en Bolivia, Chile y Argentina, se extraen varios elementos diferentes además de sal común.

Entre los desiertos de sal más grandes del mundo se encuentra el de Uyuni en Bolivia. Este desierto mide 10.582 kilómetros cuadrados y se encuentra a una altitud de 3.656 metros. El desierto de Uyuni es uno de los lugares más visitados de Bolivia. Las personas que viven en el pueblo de Colchani, cerca de este desierto, venden llamas pequeñitas y artesanías hechas de sal. En ese lugar existe un hotel muy famoso que está construido totalmente de sal. El Hotel Palacio de Sal tiene 16 habitaciones con pisos, paredes, techos, muebles, camas, mesas y sillas todos hechos de sal. También tiene un campo de golf de nueve hoyos con "greens" blancos. Para construir este hotel, se necesitaron alrededor de un millón de bloques de sal de 35 centímetros. Hay una regla muy importante: No se puede lamer las paredes porque podría dañarlas.

En Argentina, las Salinas Grandes tienen unos 8.200 kilómetros cuadrados y es también uno de los desiertos de sal más grandes del planeta, al igual que el de Atacama, que está en Chile. Este último tiene unos 3.000 kilómetros cuadrados y es una de las mayores reservas del mineral litio, que es muy utilizado por la industria de alta tecnología.

1. ¿Cuáles son tres países que tienen desiertos de sal en América Latina? _____ .

2. ¿Por qué hay poca vegetación en los desiertos de sal? _____ .

3. ¿Qué venden las personas que viven en Colchani? _____ .

4. ¿Cuál es la regla del Hotel Palacio de Sal? _____ .

5. ¿Cuál es el mineral que se encuentra en grandes cantidades en el desierto de Atacama? _____ .

IV. Respuestas correctas / Correct Answers

a.
1. coma…se acueste
2. Duérmase…duerma
3. Cambie…Haga…Empiece
4. Tenga…sea
5. vaya…pídale
6. Llévele
7. Lea…Enséñele
8. beba
9. Explíquele
10. Dígale

b.
1. Estaciona
2. Usa…no uses
3. Lleva
4. Camina
5. te pongas
6. Sal
7. Haz
8. Ve

c.
1. toma
2. maneja
3. continúa
4. dobla
5. te olvides
6. ten
7. continúa
8. Conduce
9. Mira
10. pon
11. pongas
12. te duermas

d.
1. c) Lávatela
2. a) Cómpraselo
3. c) Llévaselos
4. b) Acuéstate
5. a) Cómpralos
6. b) te duermas
7. b) Estíralos
8. a) Dáselo
9. c) te maquilles
10. a) Cepíllatelos
11. b) lo tomes
12. a) te olvides

Lectura cultural
1. Bolivia, Chile y Argentina tienen desiertos de sal.
2. Hay poca vegetación por su composición de sal. / Porque hay mucha sal.
3. Venden llamas pequeñitas y artesanías hechas de sal.
4. La regla es que no se puede lamer las paredes.
5. Se encuentra mucho litio.

Salt Deserts in Latin America

Salt deserts form part of the marvelous natural attributes of planet Earth. These deserts are great extensions of land of thousands of square kilometers that seem to be surfaces covered with snow. Nevertheless, they are covered with salt. These areas of extreme temperature have little vegetation because they are composed of salt. In Latin America are found some of the largest salt deserts of the world. From the deserts in Bolivia, Chile, and Argentina, various different elements are extracted in addition to common salt.

The Uyuni salt flat in Bolivia is among the largest salt deserts in the world. This desert measures 10,582 square kilometers and is at an altitude of 3,656 meters. The desert of Uyuni is one of the most visited places in Bolivia. The people who live in the town of Colchani, near this desert, sell little llamas and crafts made of salt. In that place, there is a very famous hotel that is entirely made of salt. The Salt Palace Hotel has 16 rooms with floors, walls, ceilings, furniture, beds, tables, and chairs all made of salt. It also has a nine-hole golf course with white greens. About a million 35-centimeter blocks of salt were needed to build this hotel. There is a very important rule: You can't lick the walls because it could damage them.

In Argentina, the Salinas Grandes [Great Salt Flats] are 8,200 square kilometers and are also one of the biggest salt deserts in the planet, as is the salt flat in Atacama, Chile. The salt flat in Atacama is 3,000 square kilometers, and it has one of greatest reserves of the mineral lithium, which is used extensively in the high-tech industry.

Superlatives and Equal Comparisons

I. Vocabulario nuevo / New Vocabulary

al aire libre – outdoors	el **boxeo** – boxing
la **liga** – league	el **esquí** – skiing
el **fútbol** – soccer	el **golf** – golf
el **fútbol americano** – football	el **ciclismo** – cycling
el **básquetbol** – basketball	

el **jugador** – player	el **campeón** – champion
el **aficionado** – fan	**nadar** – to swim
la **raqueta** – racquet	la **natación** – swimming
el **bate** – bat	la **piscina** – swimming pool
el **palo de golf** – golf club	**levantar pesas** – to lift weights
la **pelota** – ball	**entrenar** – to train
el **balón** – ball	el **entrenador** – coach, trainer
el **equipo** – team	la **competencia** – competition

esquiar – to ski	**tomar el sol** – to sunbathe
el **esquí acuático** – water skiiing	**montar a caballo** – to ride a horse
el **buceo** – scuba diving	**hacer yoga** – to do yoga
bucear – to scuba dive	

crear – to create	**conquistador** – conqueror
creador – creator	**de hecho** – in fact
conquistar – to conquer	**gratis** – free, at no cost

II. Repaso general / General Review

A. Deportes

One way to get more comfortable with the sports vocabulary—both the vocabulary presented in this lesson and sports vocabulary in general—is to read about the sporting world online. If you are interested in sports, two websites that might interest you are the American website espndeportes.com and the Spanish website marca.com.

B. Comparisons of Inequality with Verbs and Numbers

You've learned that adjectives, adverbs, and nouns can be compared using the same basic construction: **más** or **menos** + part of speech + **que** (e.g., **Soy más trabajador que mi hermano** is "I'm more hardworking than my brother"; **Ana habla más claramente que Raúl** is "Ana speaks more clearly than Raúl"; **Hay menos chicas que chicos en la clase** is "There are fewer girls than boys in the class").

The difference when doing a comparison of inequality focused on the verb is that you use **más que** or **menos que** with nothing in between the **más** or **menos** and the **que** (e.g., **Nuestros abuelos siempre cocinan más que nosotros** is "Our grandparents always cook more than we do"; **¿Por qué estudian menos que los otros estudiantes?** is "Why do they study less than the other students?").

When talking about numbers, the construction used is **más** or **menos + de** + number (e.g., **A veces juego con más de dos equipos** is "At times I play with more than two teams"; **Hay menos de cinco millones de habitantes en el país** is "There are fewer than five million residents of the country").

C. Superlatives

When comparing more than two things and distinguishing which one exceeds the others, the construction used is as follows: definite article + **más** or **menos** + adjective + **de** (e.g., **Brasil es el más grande de los países en América del Sur** is "Brazil is the largest of the countries in South America"). If the adjective you are using is irregular (such as **mejor**, **peor**, **mayor**, or **menor**), no **más** or **menos** will be needed in the superlative expression (e.g., **Esta piscina es la mejor del vecindario** is "This pool is the best in the neighborhood").

D. Comparisons of Equality

When using an adjective or adverb to compare two things that are equal, the construction used is as follows: **tan** + adjective or adverb + **como** (e.g., **Las doctoras son tan simpáticas como las profesoras** is "The doctors are as nice as the professors"; **Paco corre tan lentamente como yo** is "Paco runs as slowly as I do").

In a comparison of equality with nouns, the construction used is as follows: **tanto/tanta/tantos/tantas** + noun + **como** (e.g., **Isabel practica tantos deportes como su amigo** is "Isabel plays as many sports as her friend"; **Mis hermanos tienen tanto dinero como mis padres** is "My siblings have as much money as my parents"). You'll notice in these comparisons with nouns that the form of **tanto** (which could be **tanto**, **tanta**, **tantos**, or **tantas**) must agree with the noun modified (e.g., **tanto frío**, **tanta sed**, **tantos problemas**, **tantas lecciones**).

In a comparison of equality with verbs, the construction used is as follows: verb + **tanto como**, which in English gets translated to "as much as" (e.g., **Nado tanto como Tara** is "I swim as much as Tara"; **Luisa gana tanto como otras dentistas** is "Luisa earns as much as other dentists").

E. Expanding Your Vocabulary

Successful language learners work constantly to expand their vocabulary by learning and then using new words. Reading a lot helps enormously in the process of beginning to recognize and understand new words. The next step is to start incorporating the words you recognize into your speech so that they become words you use. If you've read or heard a word or expression that you can now understand, start using it. In fact, you should become a thief of words and expressions. Learn them, steal them, and begin using them often. The more you use new words and expressions, the greater your ability will be to express yourself in Spanish, and the more interesting your conversations will become.

III. Actividades / Activities

a. Comparaciones de desigualdad: Completa las siguientes frases. / Unequal comparisons: Complete the following sentences.

más	menos	mayor	menor	de

1. Erica tiene 24 años. Felipe tiene 22 años. Erica es _____ que Felipe.

2. Felipe tiene 22 años. Elena tiene 20 años. Elena es _____ que Felipe.

3. Pablo practica [plays] tres deportes. Su madre Alejandra practica un deporte. Alejandra practica _____ deportes que Pablo.

4. La casa de Luis y Cecilia tiene seis habitaciones. La casa de Carlos y Alejandra tiene cinco habitaciones. La casa de Carlos y Alejandra tiene _____ habitaciones que la casa de Luis y Cecilia.

5. Esteban tiene 16 palos de golf. Luis tiene 11 palos de golf. Esteban tiene _____ palos de golf que Luis.

6. Luis y Cecilia tienen 3 hijos. Ellos tienen _____ _____ dos hijos.

7. Este curso de español tiene un total [total] de 30 lecciones, así que [so] el curso tiene _____ _____ 20 lecciones, pero tiene _____ _____ 35 lecciones.

b. Comparaciones de igualdad: Completa las siguientes frases. / Equal comparisons: Complete the following sentences.

1. Javier tiene 28 años. Ignacio tiene 28 años. Javier tiene _____ años _____ Ignacio.

2. Celine Dion canta muy bien. Adele canta muy bien. Adele canta _____ bien _____ Celine Dion.

3. Esteban tiene dos carros. Luisa también tiene dos carros. Esteban tiene _____ carros _____ Luisa.

4. A Alejandra le gusta mucho la telenovela *La oveja negra* y a Cecilia también le gusta. A Alejandra le gusta *La oveja negra* _____ _____ a Cecilia.

5. Cecilia tiene mucha hambre. Javier también tiene mucha hambre. Cecilia tiene _____ hambre _____ Javier.

6. Alberto come comida muy rápido. Luis come comida muy rápido. Alberto come _____ rápido _____ Luis.

7. Diana y Mariana son hermanas muy felices. Diana es _____ feliz _____ Mariana.

c. Comparaciones superlativas: Completa las frases siguientes. / Superlatives: Complete the following sentences.

deportista [athletic]	mayor / menor	grande / pequeño, pequeña
alto, alta / bajo, baja	caro, cara / barato, barata	

1. Alberto tiene 37 años. Diego tiene 30 años. Javier tiene 28 años. Alberto es _____ _____ de ellos.

2. La casa de Luis y Cecilia tiene seis habitaciones. La casa de Carlos y Alejandra tiene cinco habitaciones. La casa de Esteban y Luisa tiene siete habitaciones. La casa de Esteban y Luisa es _____ más _____ de las tres que ...

3. Pablo practica tres deportes. Su amigo Guillermo practica dos deportes. Su amigo Sebastián practica dos deportes. Pablo es _____ más _____ _____ de los tres.

4. Alberto mide [measures] 5'9". Diego mide 6'0" y Javier mide 5'8". Diego es _____ más

   _____ de los tres.

5. Gabriela tiene que comprar sus libros. El libro de biología [biology] cuesta $150, el de inglés cuesta $175 y el de

   historia [history] cuesta $110. El libro de historia es _____ menos _____.

6. La montaña Aconcagua en Argentina mide 6.960,8 metros. La montaña Chopicalqui en Perú mide

   6.354 metros. La montaña Citlaltépetl mide 5.610 metros. Citlaltépetl es _____ más

   _____.

7. Entre las pelotas de fútbol, de béisbol y de básquetbol, la pelota de béisbol es _____ más

   _____.

IV. Respuestas correctas / Correct Answers

a.   1. mayor   5. más
     2. menor   6. más de
     3. menos   7. más de…menos de
     4. menos

b.   1. tantos años como   5. tanta hambre como
     2. tan bien como   6. tan rápido como
     3. tantos carros como   7. tan feliz como
     4. tanto como

c.   1. el mayor de ellos   5. el menos caro
     2. la más grande de las tres casas   6. la más baja
     3. el más deportista de los tres   7. la más pequeña
     4. el más alto de los tres

Regular -ar Verbs in the Preterite

I. Vocabulario nuevo / New Vocabulary

ayer – yesterday	el **mes pasado** – last month
anteayer – the day before yesterday	el **año pasado** – last year
anoche – last night	el **lunes pasado** – last Monday
pasado – past, last	el **sábado por la mañana** – Saturday morning
la **semana pasada** – last week	el **martes por la noche** – Tuesday night
el **fin de semana pasado** – last weekend	

todo el día – all day	**durante una semana** – during a week
toda la noche – all night	**entonces** – then
más tarde – later	**luego** – later
por tres horas – for three hours	

bajar – to take down	**criticar** – to criticize
avanzar – to progress	**charlar** – to chat
explorar – to explore	**afirmar** – to declare
expresar – to express	**existir** – to exist
comentar – to comment on	**resultar** – to turn out to be
mencionar – to mention	**considerar** – to consider
pronunciar – to pronounce	**formar** – to form

II. Repaso general / General Review

A. When to Use the Preterite Tense

The preterite tense is a past tense used to talk about a completed past action. It can be used to talk about a completed action that occurred at a specific moment in the past, or it can talk about a number of completed actions that occurred at specific moments in the past. The preterite can also be used to talk about an activity that lasted a specific amount of time in the past. Examples of the preterite in English include the following: "They arrived"; "I watched"; "We studied"; "They ate." [Note: A different past tense—the imperfect tense—is used to describe a repeated past action or a past action in progress. Examples of the Spanish imperfect translated into English include the following: "We used to walk"; "I used to swim"; "They were reading"; "He was dancing."]

B. Conjugating Regular **-ar** Verbs in the Preterite

The preterite tense endings for regular **-ar** verbs are as follows: **-é**, **-aste**, **-ó**, **-amos**, **-asteis**, **-aron**. The following is an example of a regular **-ar** verb (**cantar** [to sing]) conjugated in both the present and the preterite tense.

Present Tense	
cant**o**	cant**amos**
cant**as**	cant**áis**
cant**a**	cant**an**

Preterite Tense	
cant**é**	cant**amos**
cant**aste**	cant**asteis**
cant**ó**	cant**aron**

As you look at those two sets of conjugations, you should notice a few things.

1. The **nosotros** form of **cantamos** is the same in the present and the preterite; the context of how it's used will determine whether **cantamos** means "I sing" or "I sang."
2. The one form in the present that has an accent is the **vosotros** form of **cantáis**; the two forms in the preterite that have accents are **yo canté** and **usted cantó**.
3. The present tense ending of the **tú** form (**-as**) is the beginning of the preterite ending of the **tú** form (**-aste**), which is the beginning of the preterite ending of the vosotros form (**-asteis**).
4. The present tense ending of the **ustedes** form (**-an**) includes the first and last letters of the preterite ending of the **ustedes** form (**-aron**).

One final note on regular **-ar** verbs in the preterite is that all **-ar** stem-changing verbs are entirely regular in the preterite. You'll remember that **cerrar** [to close] has an **e → ie** stem change in all the singular forms and in the third-person plural form of the present tense. Like all other stem-changing verbs that end in **-ar**, **cerrar** is regular in the preterite (e.g., **cerré, cerraste, cerró, cerramos, cerrasteis, cerraron**).

C. Verbs Ending in **-car**, **-gar**, and **-zar** in the Preterite

Verbs like **sacar** [to take (out)], **pagar** [to pay], and **comenzar** [to begin]—in fact, all verbs with an infinitive form ending in **-car**, **-gar**, or **-zar**—have a spelling change in the **yo** form of the preterite, and only in the **yo** form. This change is made to make the consonant sounds made in the **yo** form of the preterite the same as they are in the infinitive form. The needed spelling changes in the **yo** form of the preterite are as follows: **c → qu**; **g → gu**; **z → c** (e.g., **yo saqué**; **yo pagué**; **yo comencé**).

III. Actividades / Activities

a. Esteban Quirós fue a un seminario para médicos la semana pasada y está contándole a su vecino Luis lo que pasó en esa semana. / Esteban Quirós went to a seminar for doctors last week and is telling his neighbor Luis what happened that week.

Lee el siguiente párrafo y contesta las preguntas. / Read the following paragraph and answer the questions.

El lunes empezó el seminario a las 8:00 de la mañana. Nosotros desayunamos huevos revueltos [scrambled], pan tostado, café y jugo de naranja. La sesión [session] del lunes terminó a las 5:00 de la tarde. En la noche, yo cené con unos amigos en un bar deportivo [sports bar] muy grande y moderno [modern]. Miramos un partido de básquetbol y un encuentro [match] de boxeo. El martes empezamos a las 9:00 de la mañana, y yo olvidé que la hora de empezar cambió para el martes y me desperté a las 6:00. Llegué a las 8:00 y por supuesto [of course] desayuné solo. Después de terminar ese día, caminamos alrededor de la ciudad y compramos unas cervezas que tomamos en el balcón [balcony] de la habitación del hotel. El miércoles el seminario empezó otra vez a las 8:00 de la mañana, y yo llegué tarde porque no escuché mi alarma [alarm]. Por la noche, escuchamos un concierto de jazz en la ciudad y luego cantamos en un karaoke [karaoke bar] hasta medianoche. El jueves las sesiones empezaron a las 10:00 de la mañana, y yo preparé una pequeña presentación [presentation] para las 4:00 de la tarde. Después de mi presentación, yo manejé al hotel y me encontré con [I met up with] otros amigos. El viernes terminamos al mediodía, y todos almorzamos juntos en un restaurante de comida brasileña [Brazilian]. En la tarde visitamos lugares turísticos de la zona. A las 5:30 de la tarde, me invitaron a un gimnasio muy famoso y grande. Todos practicamos CrossFit, y yo solo logré [managed] hacer ejercicios por 20 minutos. Por esa razón, hoy no puedo caminar bien, y en el aeropuerto necesité ayuda con el equipaje [luggage], pero voy a caminar mejor mañana.

1. ¿Dónde cenó Esteban el lunes? _____.

2. ¿A qué hora empezó el seminario el miércoles? _____.

3. ¿Por qué Esteban llegó tarde el miércoles? _____.

4. ¿Cuándo cantaron Esteban y sus amigos en un karaoke? _____.

5. ¿Dónde almorzó Esteban el viernes? _____.

6. ¿Por cuánto tiempo logró Esteban hacer ejercicios en el gimnasio? _____.

b. Conjuga el verbo en el pretérito. / Conjugate the verb in the preterite tense.

1. Esteban _____ (trabajar) 50 horas por semana el mes pasado.

2. Esteban y Luisa _____ (cenar) juntos anoche.

3. Javier _____ (cuidar [take care]) a Diana y Mariana todo el día de ayer.

4. Alberto _____ (mirar) otras casas toda la semana pasada.

5. Anoche Cecilia y Luis _____ (buscar) boletos de avión por Internet.

6. Alejandra _____ (practicar) tenis por tres horas el jueves.

7. Tú _____ (desayunar) con tu madre esta mañana.

8. Vosotros _____ (bailar) en la discoteca hasta las 2:00.

9. Diego no _____ (estudiar) anoche para su examen.

10. Tú no _____ (escuchar) las noticias [news] de ayer.

c. Los padres de Carlos van a ir a cenar a su casa a las 6:00. Carlos le ayudó a Alejandra a tener todo listo. / Carlos's parents are going to his home to eat dinner at 6:00. Carlos helped Alejandra to get everything ready.

Escoge la respuesta correcta. / Choose the correct answer.

1. Carlos y Alejandra (se levantaron / se levantó) a las 6:00 de la mañana.

2. Carlos y Alejandra (desayunaste / desayunaron) juntos a las 7:00 de la mañana.

3. Carlos y Alejandra (miramos / miraron) las noticias de la mañana.

4. Carlos y Alejandra (limpiaron / limpiaste) toda la casa.

5. Alejandra (compraste / compró) la comida en el supermercado.

6. Carlos (lavé / lavó) el carro.

7. Carlos (quitaron / quitó) el polvo de la sala.

8. Alejandra (buscó / busqué) recetas de cocina [recipes] por Internet.

9. Carlos (pasar / pasó) la aspiradora en los cuartos.

10. Carlos y Alejandra (prepararon / preparasteis) la cena juntos.

11. Alejandra (se maquillaste / se maquilló) después de que (te bañaste / se bañó).

12. Los padres de Carlos (llegasteis / llegaron) a las 5:45 de la tarde.

d. Completa las siguientes respuestas. / Complete the following answers.

1. ¿Pagaste mucho por la computadora? No, _____ mucho porque el tipo que yo

   _____(comprar) solo _____(costar) 500 dólares.

2. ¿Qué miraste en la televisión anteayer? _____las noticias y un programa de deportes.

3. ¿Cocinaste anoche? No, _____ porque mi esposo me _____(preparar) la cena.

4. ¿Hablaste con tu mejores amigos la semana pasada? Sí, _____.

5. ¿Ayudaste a tu pareja con los quehaceres de la casa? No, _____ ayer, pero sí

   _____ mucho la semana pasada.

IV. Respuestas correctas / Correct Answers

a.
1. El lunes cenó en un bar deportivo.
2. El miércoles el seminario empezó a las 8:00 de la mañana.
3. Llegó tarde porque no escuchó su alarma.
4. Esteban y sus amigos cantaron en un karaoke el miércoles por la noche.
5. El viernes Esteban almorzó en un restaurante de comida brasileña.
6. Por veinte minutos.

b.
1. trabajó	6. practicó
2. cenaron	7. desayunaste
3. cuidó	8. bailasteis
4. miró	9. estudió
5. buscaron	10. escuchaste

c.
1. se levantaron	7. quitó
2. desayunaron	8. buscó
3. miraron	9. pasó
4. limpiaron	10. prepararon
5. compró	11. se maquilló…se bañó
6. lavó	12. llegaron

d.
1. No, no pagué mucho porque el tipo que yo compré solo costó 500 dólares.
2. Miré las noticias y un programa de deportes.
3. No, no cociné porque mi esposo me preparó la cena.
4. Sí, hablé con mis mejores amigos la semana pasada.
5. No, no ayudé ayer, pero sí ayudé mucho la semana pasada.

Regular -er and -ir Verbs in the Preterite

I. Vocabulario nuevo / New Vocabulary

Conocí a Juan. – I met Juan.	**caber** – to fit
Quise llegar. – I tried to arrive.	**andar** – to walk, to go
No quise trabajar. – I refused to work.	**repasar** – to review
Supe la respuesta. – I found out the answer.	

la **terminación** – ending	la **explicación** – explanation
la **formación** – formation	el **aula** – classroom

el **muchacho** – boy	el **niño** – boy
la **muchacha** – girl	la **niña** – girl

general – general	**enorme** – enormous
por lo general – generally	**común** – common
capaz – capable	**absoluto** – absolute
suficiente – sufficient	**contrario** – contrary

dispuesto – willing	**disponible** – available
convencido – convinced	**resuelto** – resolved
satisfecho – satisfied	**agotado** – used up
acostumbrado – accustomed	**escondido** – hidden
sentado – seated	

II. Repaso general / General Review

A. Conjugating Regular -er and -ir Verbs in the Preterite

Regular **-er** and **-ir** verbs use the same endings in the preterite. These endings are as follows: **-í**, **-iste**, **-ió**, **-imos**, **-isteis**, and **-ieron**. The following is an example of a regular **-ar** verb (**repasar** [to review]) conjugated next to a regular **-er** verb (**comer** [to eat]) and a regular **-ir** verb (**abrir** [to open]).

repasar		**comer**		**abrir**	
repas**é**	repas**amos**	com**í**	com**imos**	abr**í**	abr**imos**
repas**aste**	repas**asteis**	com**iste**	com**isteis**	abr**iste**	abr**isteis**
repas**ó**	repas**aron**	com**ió**	com**ieron**	abr**ió**	abr**ieron**

As you look at these three sets of conjugations, you should notice several things.

1. The endings for **-er** and **-ir** verbs are the same, and they all start with the letter **i**. In fact, the **-er** and **-ir** endings for four subjects (**yo**, **tú**, **nosotros**, **vosotros**) can be formed by changing the first letter of the **-ar** ending to **i** (e.g., **é → í**; **aste → iste**; **amos → imos**; **asteis → isteis**).

2. The differences in endings between **-ar** and **-er/-ir** verbs are as follows for the usted and ustedes forms: **ó → ió**; **aron → ieron**).

3. For **-ar** verbs, the two forms in the preterite that have accents are the **yo** and **usted** forms (e.g., **yo repasé**; **usted repasó**). Likewise, for **-er** and **-ir** verbs, the two forms in the preterite that have accents are the **yo** and **usted** forms (e.g., **yo comí**; **usted comió**; **yo abrí**; **usted abrió**).

4. As is the case for all **-ir** verbs, the **nosotros** form of **abrimos** is the same in the present and the preterite; the context of how the verb is used will determine whether **abrimos** means "I open" or "I opened."

Most **-er** stem-changing verbs are entirely regular in the preterite. You'll remember that **volver** [to return] has an **o → ue** stem change in all the singular forms and in the third-person plural form of the present tense. Like most stem-changing verbs that end in **-er**, **volver** is regular in the preterite (e.g., **volví**, **volviste**, **volvió**, **volvimos**, **volvisteis**, **volvieron**).

B. Reflexive Verbs in the Preterite
Just as is the case with reflexive verbs in the present tense, conjugated reflexive verbs in the preterite need to be preceded by a reflexive pronoun. The following is the reflexive verb **despertarse** [to wake up] conjugated in the preterite. Note that although **despertarse** is an **e → ie** stem-changing verb in the present, it's regular in the preterite.

despertarse

me despert**é**	**nos** despert**amos**
te despert**aste**	**os** despert**asteis**
se despert**ó**	**se** despert**aron**

C. **Ver** and **dar** in the Preterite
The verb **ver** [to see] uses regular **-er** endings in the preterite but has no accents where they typically are (in the **yo** and **usted** forms). Although **dar** [to give] is an **-ar** verb, it has the same endings in the pretertite as **ver** (and, like **ver**, has no accents in the preterite).

ver			**dar**	
v**i**	v**imos**		d**i**	d**imos**
v**iste**	v**isteis**		d**iste**	d**isteis**
v**io**	v**ieron**		d**io**	d**ieron**

D. Verbs like **tener** in the Preterite
When conjugated in the preterite, the verb **tener** [to have] has an unusual stem (**tuv-**) and an unusual set of endings (**-e, -iste, -o, -imos, -isteis, -ieron**). The endings for **tener** are, in fact, kind of a combination of the regular **-ar** endings with the regular **-er/-ir** endings. The following are the forms of **tener** in the preterite shown after a regular **-ar** and a regular **-er** verb.

repasar		**comer**		**tener**	
repas**é**	repas**amos**	com**í**	com**imos**	tuv**e**	tuv**imos**
repas**aste**	repas**asteis**	com**iste**	com**isteis**	tuv**iste**	tuv**isteis**
repas**ó**	repas**aron**	com**ió**	com**ieron**	tuv**o**	tuv**ieron**

You'll notice that the preterite endings for **tener** are the **-ar** endings without the accent for the **yo** and **usted** forms (e.g., **-e** of **tuve**; **-o** of **tuvo**). The other four endings are the same as the regular **-er/-ir** endings (e.g., **-iste** of **tuviste**; **-imos** of **tuvimos**; **-isteis** of **tuvisteis**; **-ieron** of **tuvieron**).

Verbs that are conjugated like **tener** and their stem in the preterite are as follows.

Verb	Preterite Stem	Verb	Preterite Stem
tener [to have]	**tuv-**	**querer** [to want, to love]	**quis-**
estar [to be]	**estuv-**	**venir** [to come]	**vin-**
poder [to be able to]	**pud-**	**hacer** [to make, to do]	**hic-**
poner [to put]	**pus-**		
andar [to walk, to go]	**anduv-**	**decir** [to say, to tell]	**dij-**
saber [to know]	**sup-**	**traer** [to bring]	**traj-**
caber [to fit]	**cup-**	**conducir** [to drive]	**conduj-**
haber [there is, there are]	**hub-**		

The preterite of **haber** is **hubo** (e.g., **Hubo un accidente anoche** is "There was an accident last night"). The **usted** form of **hacer** in the preterite is **hizo** (with a **z** instead of a **c** to maintain the same sound as the one made in the other forms of **hacer** in the preterite). The third-person plural ending for **decir**, **traer**, and **conducir** is **-eron** instead of **-ieron** (e.g., **Ellos me dijeron mucho** is "They told me a lot"). To look at the conjugation of just one of these verbs, the following is **venir** in the preterite. Note that it has the same preterite endings as **tener**.

venir

vin**e**	vin**imos**
vin**iste**	vin**isteis**
vin**o**	vin**ieron**

E. Verbs That Change Meaning in the Preterite

There are some commonly used verbs that have one meaning in the present and a related but somewhat different meaning in the preterite. Among these verbs are **conocer**, **saber**, and **querer**. Remember that the preterite talks about something that happened at a specific time in the past. And the three verbs we're talking about—**conocer** [to know a person, place, or thing], **saber** [to know facts or how to do something], and **querer** [to want or to love]—are all really verbs of state rather than verbs of action. But when we use the preterite with these verbs, we're talking about something that happened at a specific moment in the past, so these verbs change meaning to express an action rather than a state.

In the preterite, **conocer** means "to meet," with the idea of meeting someone for the first time (e.g., **Finalmente conocí a Raúl la semana pasada** is "I finally met Raúl last week"). **Saber** in the preterite means "to find out" (e.g., **No supe la verdad hasta años después** is "I didn't find out the truth until years later"). When used affirmatively, **querer** in the preterite means "to try," and when used negatively, it means "to refuse" (e.g., **Quise ganar, pero perdí** is "I tried to win, but I lost; **Las muchachas no quisieron ir a la fiesta** is "The girls refused to go to the party").

III. Actividades / Activities

a. Lee el siguiente párrafo sobre Diego y contesta las preguntas. / Read the following paragraph about Diego and answer the questions.

Hace cinco años, Diego trató de [tried to] empezar una empresa [business] propia [his own]. Con poco dinero y una pequeña oficina, empezó a trabajar vendiendo artículos [supplies] escolares [school] y de oficina. Él mismo [himself] tuvo funciones [roles] de jefe [boss], secretario [secretary] y recepcionista [receptionist]. Él mismo entregó [delivered] todos los pedidos [orders] y viajó muchos kilómetros para complacer [please] a todos sus clientes [clients]. Todo salió más o menos bien, pero a los dos años, llegó una empresa multinacional [multinational] a la ciudad, y Diego no pudo controlar [control] los pedidos, el inventario [inventory], los gastos [expenses] ni las ganancias [profits]. Nunca entendió cómo negociar [negotiate] con empresas multinacionales y tampoco aprendió cómo equilibrar [balance] las exigencias [demands] de los clientes más grandes con su capacidad [capacity] de pedidos y entregas [deliveries]. Después de cuatro años con su compañía [company], él decidió cerrar su negocio [business]. Ahora está en la universidad y está estudiando para obtener [get] una maestría en administración de empresas [MBA]. Él espera tener su propio negocio de nuevo, aunque [even if] sea [it is] un negocio diferente.

1. ¿Cuándo empezó Diego su negocio de artículos escolares y de oficina? _____ .

2. ¿Quién entregó los pedidos? _____ .

3. ¿Qué llegó a la ciudad? _____ .

4. Nombra una cosa que Diego no pudo hacer después de que llegó la empresa multinacional. _____ .

5. ¿Cuándo cerró Diego su compañía? _____ .

b. Ayer Diego tuvo un día difícil en la universidad. / Yesterday Diego had a difficult day at the university.

Completa las oraciones con la forma correcta del verbo en el pretérito. / Complete the sentences with the correct form of the verb in the preterite.

Diego es muy inteligente y generalmente no estudia para sus exámenes. Ayer tuvo un día difícil. Diego no

1. _____ (escuchar) su alarma y 2. _____ (despertarse) mucho más tarde. Él

no 3. _____ (poner) atención en clase y no 4. _____ (terminar) su tarea. Diego

no 5. _____ (poder) estacionar [park] su carro en el mismo [same] lugar de siempre, y por eso

6. _____ (tener) que caminar más para llegar a su clase. La esudiante que le gusta en la

universidad 7. _____ (ponerse) otro color en su pelo. Él la 8. _____ (mirar)

pero no 9. _____ (saber [didn't realize]) que ella 10. _____ (sentarse [to sit down])

cerca de él en la cafetería. El no 11. _____ (revisar [to check]) su correo electrónico [e-mail]

y no 12. _____ (ver) el mensaje [message] del profesor cuando este 13. _____

(cancelar [to cancel]) la clase. Diego no 14. _____ (querer) estudiar para su examen, pero como

él y sus compañeros no 15. _____ (tener) clases, Diego al final 16. _____ (decidir)

estudiar un poco para su examen.

c. Ema, la estudiante que le gusta a Diego, puso más atención en clase. / Ema, the student that Diego likes, paid more attention in class.

Escoge la respuesta correcta. / Choose the correct answer.

1. Ema no (estoy / estuvo) en clase porque ella (vieron / vio) el mensaje del profesor a tiempo.

2. Ema (hice / hizo) la tarea porque ella sí (escucho / escuchó) al profesor.

3. Ema (estudia / estudió) ayer y anteayer para el examen.

4. Ema (quisiste / quiso) saludar a Diego, pero él no la (reconoció / reconocimos) [recognize] en la cafetería.

5. Ema le (diste / dio) la tarea al profesor.

Presente o pretérito / Present or Preterite
d. Escribe el verbo correcto según el contexto. / Write the correct verb according to the context.

Diego 1. _____ (conocer) a Ema el semestre pasado. Ellos no 2. _____ (hablar)

las primeras semanas del semestre. La primera vez que Diego 3. _____ (saludar) a Ema fue [it was] en la cafetería. Un amigo de Diego los 4. _____ (presentar) en ese lugar. Aquel día, Ema

5. _____ (parecer) muy simpática, pero también 6. _____ (parecer) tímida. Ahora

Diego 7. _____ (tener) 30 años y Ema 25, y como [like] Diego ella también 8. _____

(estudiar) administración de empresas, y por eso ellos 9. _____ (ser) compañeros en varias clases.

Ema 10. _____ (vivir) a 30 minutos de Diego, pero él no 11. _____ (conocer) su

casa. Ellos no 12. _____ (estudiar) juntos, pero Diego 13. _____ (querer) invitarla

pronto a salir. Ellos algunas veces 14. _____ (hablar) después de clases, pero aunque Diego no

15. _____ (tener) su número de teléfono, ellos 16. _____ (ser) amigos en

Facebook. Ahora Diego no 17. _____ (poder) entender cómo él no la 18. _____

(reconocer) el otro día en la cafetería.

IV. Respuestas correctas / Correct Answers

a. 1. Hace cinco años. / Hace cinco años que empezó su negocio.
    2. Diego entregó los pedidos. / Diego los entregó.
    3. Una empresa multinacional llegó.
    4. Diego no pudo a) controlar los pedidos; b) controlar el inventario; c) controlar las ganancias; d) equilibrar las exigencias de los clientes.
    5. Diego cerró su compañía después de cuatro años.

b. 1. escuchó
    2. se despertó
    3. puso
    4. terminó
    5. pudo
    6. tuvo
    7. se puso
    8. miró
    9. supo
    10. se sentó
    11. revisó
    12. vio
    13. canceló
    14. quiso
    15. tuvieron
    16. decidió

c. 1. estuvo…vio
    2. hizo…escuchó
    3. estudió
    4. quiso…reconoció
    5. dio

d. 1. conoció
    2. hablaron
    3. saludó
    4. presentó
    5. pareció
    6. pareció
    7. tiene
    8. estudia
    9. son
    10. vive
    11. conoce
    12. estudian
    13. quiere
    14. hablan
    15. tiene
    16. son
    17. puede
    18. reconoció

Irregular Verbs in the Preterite

I. Vocabulario nuevo / New Vocabulary

huir – to run away	**contribuir** – to contribute
incluir – to include	**destruir** – to destroy
influir – to influence	**caer** – to fall
construir – to build	

la **construcción** – construction	la **destrucción** – destruction
la **contribución** – contribution	la **influencia** – influence

organizar – to organize	el **asistente** – assistant
la **entrevista** – interview	el **contador** – accountant
la **entrevista de trabajo** – job interview	el **dueño** – owner
entrevistar – to interview	el **gerente** – manager
emplear – to employ	el **secretario** – secretary
contratar – to hire	el **supervisor** – supervisor
despedir – to fire	el **empleado** – employee

el **cajero automático** – automated teller machine	**retirar** – to withdraw
el **cheque** – check	la **tarjeta de crédito** – credit card
el **dinero en efectivo** – cash	la **tarjeta de débito** – debit card
cambiar – to change, to exchange	la **transacción bancaria** – bank transaction
el **préstamo** – loan	

II. Repaso general / General Review

A. Verbs Ending in **-uir** in the Preterite

Verbs ending in **-uir** have a spelling change in the **usted** and **ustedes** forms in the preterite: the **i** of the ending becomes **y**. This can be seen, for example, with the verb **huir** [to run away] in the preterite (e.g., **usted huyó**; **ustedes huyeron**). Verbs like **huir** include **destruir** [to destroy], **incluir** [to include], **influir** [to influence], **construir** [to build], and **contribuir** [to contribute]. Notice, for example, that there is a **y** in the third-person singular and plural forms of **destruir** when it is conjugated in the preterite.

destruir

destruí	destruimos
destruiste	destruisteis
destru**y**ó	destru**y**eron

B. Verbs like **creer** in the Preterite

Like verbs ending in **-uir**, the verb **creer** [to think, to believe] also has a **y** in the third-person singular and plural forms in the preterite (e.g., **usted creyó; ustedes creyeron**). Moreover, **creer** also has accents in the preterite in all forms except the third-person plural form. **Creer** is conjugated in the preterite as follows.

creer

creí	creímos
creíste	creísteis
creyó	creyeron

Verbs like **creer** in the preterite—meaning verbs with accents in all forms but the **ustedes** form and a **y** in the third-person singular and plural forms—include **caer** [to fall], **leer** [to read], and **oír** [to hear].

C. Ser and **ir** in the Preterite

The verbs **ser** [to be] and **ir** [to go] have the same conjugation in the preterite. You'll need to use the context of the sentence to determine if the word is referring to **ser** or **ir**. The conjugation of both verbs in the preterite is as follows.

ser / ir

fui	fuimos
fuiste	fuisteis
fue	fueron

Clearly, all six verb forms start with **fu-**. The endings for the **yo**, **tú**, **nosotros**, and **vosotros** forms (**-i**, **-iste**, **-imos**, **-isteis**) are actually regular **-er/-ir** endings (except there's no accent in the **yo** form; in fact, there are no accents on any of the six forms). The third-person forms are **usted fue** and **ustedes fueron**. Often when **ir** is used in the preterite, it is followed by **a**, while **ser** is not followed by **a** (e.g., **Los supervisores fueron a la reunión** is "The supervisors went to the meeting"; **Fue difícil terminar el trabajo** is "It was difficult to finish the job").

D. Stem-Changing **-ir** Verbs in the Preterite

Stem-changing verbs ending in **-ir** also change stem in the preterite, but not in the boot (as they do in the present tense). The preterite stem change for **-ir** verbs happens in the third-person singular and plural forms. The specific changes that happen are as follows.

1. Verbs that change **e → ie** or **e → i** in the present change **e → i** in the preterite.
2. Verbs that change **o → ue** in the present change **o → u** in the preterite.

Once again, these changes happen in the **usted** and **ustedes** forms of the preterite. Preterite tense conjugations showing these stem changes in the third-person singular and plural forms include the following.

servir			**dormir**	
serví	servimos		dormí	dormimos
serviste	servisteis		dormiste	dormisteis
sirvió	sirvieron		durmió	durmieron

E. Conjugating Verbs in Different Tenses

As you have learned throughout this course, there are many irregular verbs in both the present and preterite tenses in Spanish. And it is certainly a challenge for the beginning language learner to learn what the irregular verbs are and how to conjugate them in both the present and the preterite. The good news is that every verb tense you learn in future Spanish studies will be significantly easier than what you've already learned. There are relatively few irregular verbs in, for example, the imperfect, future, and conditional tenses, so know that as you continue your Spanish studies, you have already learned the two most difficult tenses in the language.

III. Actividades / Activities

a. Lee las siguientes oraciones y conjuga el verbo correctamente. Usa el pretériito. / Read the following sentences and conjugate the verb correctly. Use the preterite.

1. Diego _____ (preferir) estudiar administración [aministration] de negocios [business] en la universidad.

2. Una compañía multinacional _____ (influir) en el cierre [closing] del negocio de Diego.

3. Alejandra _____ (caerse) ayer en la cancha [court] de tenis. Cuando eso _____ (pasar), la raqueta de tenis se _____ (destruir).

4. Diana y Mariana le _____ (mentir) a su mamá. Ellas le _____ (decir) que su vecino _____ (comer) todos los dulces.

5. Diana y Mariana _____ (preferir) comer todos los dulces escondidos en el armario.

6. Erica, Diana y Mariana _____ (ir) al parque ayer y _____ (huir) de la lluvia que _____ (caer) en la tarde.

7. Diana y Mariana _____ (construir) una pequeña ciudad con legos.

8. Yo _____ (incluir) a Carlos y Alejandra entre los invitados [guests] a mi fiesta.

b. Completa las oraciones con la forma correcta del verbo en el pretérito. / Complete the sentences with the correct form of the verb in the preterite.

Alejandra 1. _____ (ir) a practicar tenis ayer. En la tarde de ayer, 2. _____ (llover) mucho y Alejandra 3. _____ (caerse), y toda su ropa blanca 4. _____ (cambiar) a color marrón. Ella 5. _____ (ir) al centro comercial a comprar otras prendas de ropa. Ella 6. _____ (tratar) de [to try to] pagar con su tarjeta de crédito, pero no la 7. _____ (encontrar) en su cartera. Entonces [So], Alejandra 8. _____ (ir) a un cajero automático en el centro comercial, pero el cajero automático no 9. _____ (aceptar) [to accept] su tarjeta de débito. Ella no 10. _____ (poder) retirar dinero en efectivo del cajero. Por suerte, ella 11. _____ (ver) su chequera [checkbook] en su bolsa. Ella 12. _____ (pagar) con un cheque. ¡Ahora ella tiene ropa limpia!

c. Escoge la respuesta correcta. / Choose the correct answer.

1. Hace unos meses Rogelio, el amigo de Felipe, (fui / fue) a una entrevista de trabajo a la agencia de viajes de don Luis.

2. Yo también (fui / fue) a una entrevista de trabajo con don Luis.

3. Don Luis (despedimos / despidió) a dos personas pero (contraté / contrató) a tres.

4. Luis y su asistente (entrevistasteis / entrevistaron) a 20 personas.

5. Cuando Diego (empezasteis / empezó) su empresa, (pedí / pidió) un préstamo al banco.

6. Luis y Cecilia (invertimos / invirtieron) [to invest] en la bolsa de valores [stock market] ayer.

7. Luis y Cecilia (organizaste / organizaron) un reporte de todas las transacciones bancarias.

8. Alejandra y yo (fuisteis / fuimos) al banco anteayer.

9. Yo (depositó / deposité) dinero en mi cuenta (account).

10. María y tú (trabajamos / trabajasteis) todo el día en la oficina.

d. Completa las siguientes respuestas. / Complete the following answers.

1. ¿Cuándo construyeron la casa de ustedes? _____ en 1985.

2. ¿Contribuiste con dinero a una iglesia el mes pasado? Sí, _____ _____.

3. ¿Leíste el periódico ayer? No, _____.

4. ¿Mentiste a tus padres alguna vez? Sí, de hecho les _____ ayer.

5. ¿Tú pareja y tu fueron al cine la semana pasada? Sí, _____.

IV. Respuestas correctas / Correct Answers

a.
1. prefirió
2. influyó
3. se cayó / pasó / destruyó
4. mintieron / dijeron / comió
5. prefirieron
6. fueron / huyeron / cayó
7. construyeron
8. incluí

b.
1. fue
2. llovió
3. se cayó
4. cambió
5. fue
6. trató
7. encontró
8. fue
9. aceptó
10. pudo
11. vio
12. pagó

c.
1. fue
2. fui
3. despidió / contrató
4. entrevistaron
5. empezó / pidió
6. invirtieron
7. organizaron
8. fuimos
9. deposité
10. trabajasteis

d.
1. Construyeron nuestra casa en 1985. / Construimos nuestra casa en 1985.
2. Sí, contribuí con dinero a una iglesia el mes pasado.
3. No, no leí el periódico ayer. / No no lo leí ayer.
4. Sí, de hecho les mentí ayer.
5. Sí, fuimos al cine la semana pasada.

Next Steps in Improving Your Spanish

I. Vocabulario nuevo / New Vocabulary

la **profesión** – profession	la **tecnología** – technology
el **maestro** – teacher	el **enfermero** – nurse
el **abogado** – lawyer	el **director de escuela** – school principal
el **hombre de negocios** – businessman	el **trabajador social** – social worker
la **mujer de negocios** – businesswoman	el **policía** – police officer
el **arquitecto** – architect	
el **sitio web** – website	el **usuario** – user
la **página web** – web page	el **enlace** – link
el **blog** – blog	la **conexión** – connection
el **correo electrónico** – e-mail	el **buscador** – search engine
el **mensaje de texto** – text message	
chatear – to chat online	la **contraseña** – password
acceder a Internet – to access the Internet	el/la **Internet** – Internet
descargar – to download	la **conexión inalámbrica** – wireless connection
navegar por la red – to surf the Internet	el **teléfono inalámbrico** – cordless phone
el **nombre de usuario** – username	el **teléfono celular**/el **celular**/el **móvil** – cell phone
Trato de leer mucho. – I try to read a lot.	**animar** – to encourage

II. Repaso general / General Review

A. Verbs Followed by a Preposition

You have already learned several verbs that are followed by a preposition: **asistir a** is "to attend"; **salir de** is "to leave"; **jugar a** is "to play a sport." Other verbs that are followed by a preposition include **tratar** (which is followed by **de**) and **entrar** (which is follwed by **a** or **en**). **Siempre trato de estudiar antes de un examen** is "I always try to study before an exam." As for **entrar**, Latin Americans tend to follow it with **a**, while Spaniards tend to follow it with **en**. So, to say "At times we enter the building late," a Latin American would say **A veces entramos al edificio tarde**, and a Spaniard would say **A veces entramos en el edificio tarde**.

B. Verbs That Need a Preposition before an Infinitive

You've learned in general that in Spanish, if you place one verb directly after another, the first verb is the one that is conjugated, and the second verb needs to be in the infinitive form (e.g., **Ellos quieren navegar por la red** is "They want to surf the Internet"; **No puedes hablar conmigo ahora** is "You can't talk to me now").

But there are some verbs that must be followed by a preposition before an infinitive. Two examples of this you've seen already are **acabar de** [to have just done something] and **ir a** [to be going to do something] (e.g., **Elena acaba de dormir** is "Elena just slept"; **Vamos a chatear** is "We are going to chat online"). Four other verbs that need a preposition before an infinitive (and specifically the preposition a) are **empezar** [to begin], **comenzar** [to begin], **aprender** [to learn], and **enseñar** [to teach]. Consider these examples: **Es hora de empezar a trabajar** is "It's time to begin to work"; **Al mediodía, los abogados empiezan a llegar al restaurante** is "At noon, the lawyers begin arriving at the restaurant"; **Pedro debe aprender a manejar** is "Pedro should learn to drive"; **Su hermano lo enseñó a mentir** is "His brother taught him to lie").

C. Immersing Yourself in Spanish
One good way to improve your Spanish is to force yourself to speak it. So, if you have someone you can speak Spanish with, meet and decide that you will speak only Spanish for an hour, a dinner, or a certain event—you decide. Of course, more time is better, but no matter how much time you spend speaking Spanish, the important thing is to continue with it. The impossibility of using English really forces you to try to (**tratar de**) figure out how to express yourself in Spanish. And your companion doesn't need to be a native speaker; he or she could be another Spanish language learner like you.

Know that when you have difficulties expressing yourself, it's okay. Often, a problem in communication will lead a learner to study a bit more—maybe grammar, maybe vocabulary. But the learner tends to be motivated because the studying is designed to solve a real communication problem that occurred during the immersive experience.

D. The Learning Curve of a Language Learner
Sometimes language learners imagine that their progress in studying a language will be a steadily ascending curve, starting with a baseline knowledge of zero and gradually but steadily moving upward toward communicative competence. The reality, however, is that while the progress of a language learner has many ups, it also has some downs. And there are definitely periods when your skills plateau and you seem not to be improving at all.

So, you need to know that it's entirely normal—to be expected, even—that there will be times when you feel stuck, and you think that you've stopped improving or even gotten worse with your Spanish skills. When this happens, don't give up. Continue your studies and keep in contact with the language as much as possible. The more you hear, speak, read, and write Spanish, the more quickly you'll notice that your Spanish really is getting better.

III. Actividades / Activities
a. Lee el párrafo y contesta las preguntas que siguen. / Read the paragraph and answer the questions that follow.

Luisa está planeando [planning] una reunión de vecinos. Ella quiere hacer la reunión en su casa. Además, quiere ver a sus nietas Diana y Mariana, y por eso también invitó a la reunión a su hija Erica y a su yerno Javier. Ella envió [sent] un correo electrónico la semana pasada, pero no todos enviaron una respuesta. Luisa va a mandarles otro mensaje a sus vecinos. La reunión va a ser mañana a las 6:30 de la tarde. Luisa quiere hablarles mañana sobre la necesidad [need] de tener un servicio de policía privado [private] en el vecindario. Ella también está preocupada porque últimamente [lately] alrededor del vecindario hay mucha basura [trash]. Algunos de los vecinos le dijeron a Luisa que estos son asuntos [issues] importantes de discutir [discuss]. Ella les dijo a todos que pueden llevar sus iPads para tomar notas [notes], y además [moreover] todos pueden usar su conexión inalámbrica. Luisa está enviándole un mensaje de texto a su hija para recordarle sobre la reunión.

1. ¿Cuáles son dos expresiones que hablan de acciones en el futuro?

_____ .

2. ¿Cuáles son tres verbos conjugados en el pretérito?

_____ .

3. ¿Cuál es un ejemplo del uso del presente progresivo (que expresa algo que ocurre ahora mismo)?

_____ .

4. ¿Cuáles son tres ejemplos del uso del objeto indirecto?

_____ .

5. ¿Cuál es un uso de estar para expresar una emoción?

_____ .

b. Completa las oraciones usando el pretérito. / Complete the sentences using the preterite.

Cuando Diego 1. _____ (empezar) su compañía [company], 2. _____ (pedir) un

servicio de Internet con conexión inalámbrica. Él 3. _____ (comprar) una computadora, un teléfono

celular y otro inalámbrico. Al principio, 4. _____ (tener) problemas para acceder a Internet y la

conexión no 5. _____ (ser) la mejor, y por eso 6. _____ (llamar) a la compañía de Internet

para solicitar [ask for] una conexión más rápida. En la compañía, ellos le 7. _____ (ayudar), y Diego

8. _____ (obtener) [to get] una mejor conexión. Cuando él 9. _____ (cerrar) su empresa,

10._____ (vender) todas las cosas de su oficina.

c. Escoge la opción correcta. / Choose the correct answer.

1. Luisa _____ un blog para hablar de nutrición desde hace cinco años.

   a) tuvo   b) va a tener   c) tiene

2. En este momento, Luisa y Esteban _____ tener una página web con información sobre
medicina y nutrición.

   a) quisieron   b) van a querer   c) quieren

3. Luisa _____ a todos los vecinos del vecindario, y por eso la reunión va a ser en su casa.

   a) conoció   b) va a conocer   c) conoce

4. Elena y su esposo _____ a la reunión de mañana.

   a) fueron   b) van a ir   c) van

5. Alejandra _____ directora de escuela por unos años, antes de casarse [to get married].

   a) fue   b) va a ser   c) es

6. A Alejandra le gusta mucho su nuevo teléfono celular y todos los días _____ mensajes de texto.

    a) mandó   b) van a mandar   c) manda

7. El primer año de universidad, Pablo _____ en estudiar enfermería [nursing], pero ahora no _____ estudiar enfermería.

    a) pensó…quiere   b) van a pensar…quiso   c) piensa…quiere

8. Ahora tú _____ dos correos electrónicos.

    a) tuviste   b) vas a tener   c) tienes

9. Ayer, tú y tus amigos _____ en el mejor restaurante de la ciudad.

    a) comieron   b) van a comer   c) comen

10. Tus amigos y tu _____ muchos correos electrónicos ayer durante el trabajo.

    a) enviaron   b) van a enviar   c) envían

IV. Lectura cultural / Cultural reading

El cacao

El árbol del cacao es originario de América, probablemente de los Andes. La planta del cacao es una planta tropical que requiere un clima caliente y constantes lluvias. La cosecha de esta fruta puede obtenerse durante varios meses del año, y en algunos países ocurre en cualquier momento. Esta fruta es la base para lo que conocemos como chocolate y también para el mole, por ejemplo, una salsa que es una especialidad de Puebla, México. Parece que los productos derivados del cacao se consumían mucho tiempo antes de la llegada de los españoles al Nuevo Mundo, incluyendo bebidas fermentadas. Además de sus usos gastronómicos, antes de 1492 se utilizaba el grano del cacao como moneda en Mesoamérica.

Hay muchas variedades de la planta de cacao, pero en general, la planta tiene altos niveles de antioxidantes que pueden ayudar a combatir el envejecimiento y ayudar con los problemas cardiovasculares. A pesar de ser un producto originario de América, hoy en día los principales productores del cacao, con 70% de la producción mundial, son los países en África del Oeste, incluyendo Costa de Marfil, Camerún y Ghana. En Asia se cultiva la planta en Indonesia y Malasia, mientras que en las Américas hay cacao en Colombia, Ecuador, Brasil, México y la República Dominicana. Para muchos pequeños agricultores y comerciantes, el cacao representa una fuente de ingresos importante.

Aunque Nicaragua no es uno de los principales países productores del cacao en el mundo, ha productos proyectos de cultivo, comercialización y exportación que han originado grandes beneficios para la población nicaragüense. En Matagalpa se produce uno de los mejores cafés de Nicaragua, pero los pequeños agricultores de la ciudad han encontrado en la producción del cacao otra oportunidad de tener una mejor rentabilidad e ingresos en sus cultivos. Gracias al cacao, algunos nicaragüenses han encontrado respuestas a sus problemas económicos que no habían podido solucionar solo con el cultivo del café.

1. ¿Qué requiere la planta del cacao? _____.

2. ¿Cuáles son tres principales países productores de cacao? _____.

3. ¿Quiénes producen el 70% de la producción mundial del cacao? _____.

4. ¿Dónde se produce uno de los mejores cafés de Nicaragua? _____.

V. Respuestas correctas / Correct Answers

a.
1. va a mandarles / va a ser
2. invitó / envió / enviaron / dijeron / dijo
3. está planeando / está enviándole
4. va a mandarles / quiere hablarles / le dijeron / les dijo / está enviándole / recordarle
5. está preocupada

b.
1. empezó	6. llamó
2. pidió	7. ayudaron
3. compró	8. obtuvo
4. tuvo	9. cerró
5. fue	10. vendió

c.
1. c) tiene	6. c) manda
2. c) quieren	7. a) pensó…quiere
3. c) conoce	8. b) vas a tener / c) tienes
4. b) van a ir / c) van	9. a) comieron
5. a) fue	10. a) enviaron

Lectura cultural
1. Requiere un clima caliente y constantes lluvias.
2. Entre otros, Costa de Marfil, Camerún y Ghana son principales países productores de cacao.
3. Los países de África del Oeste.
4. En la ciudad de Matagalpa.

Cocoa

The cacao tree is native to the Americas, probably from the Andes. The cocoa plant is a tropical plant that requires a hot climate and constant rains. The harvesting of this fruit can be done during various months of the year, and in some countries it occurs at any time. This fruit is the basis for what we know as chocolate and also for mole, for example, a sauce that is a specialty of Puebla, Mexico. It seems that the products derived from cocoa were being consumed long before the arrival of the Spaniards in the New World, including fermented beverages. In addition to its gastronomic uses, before 1492 the cocoa bean was used as currency in Mesoamerica.

There are many varieties of the cocoa plant, but in general the plant has high levels of antioxidants that can help to fight aging and help with cardiovascular problems. Despite being a product originating in America, nowadays the principal producers of cocoa, with 70% of worldwide production, are the countries of West Africa, including Ivory Coast,

Camoroon, and Ghana. In Asia, the plant is cultivated in Indonesia and Malaysia, while in the Americas there is cocoa in Colombia, Ecuador, Brazll, Mexico, and the Dominican Republc. For many small farmers and businesspeople, cocoa represents an important source of income.

Although Nicaragua is not one of the main cocoa-producing countries in the world, it has projects of cultivation, commercialization, and export that have produced great benefits for the Nicarguan people. One of Nicaragua's best coffees is produced in Matagalpa, but the small farmers of the city have found in the production of cocoa another opportunity to have better profitability and revenues in their farming. Thanks to cocoa, some Nicaraguans have found answers to their economic problems that they had not been able to solve by only growing coffee beans.

Grammar Reference

Articles

	Definite Articles			**Indefinite Articles**	
	masc.	fem.		masc.	fem.
sing.	**el**	**la**	sing.	**un**	**una**
pl.	**los**	**las**	pl.	**unos**	**unas**

The two contractions in Spanish are as follows.

a + el = al   **de + el = del**

Feminine nouns beginning with the sound **a** in a stressed syllable use **el** rather than **la** as their definite article and **un** rather than **una** as their indefinite article (e.g., **el águila rápida**, **un águila rápida**).

Nouns

Words ending in **-o** are usually masculine; words ending in the letters **-r** and **-l** are also usually masculine (e.g., **el maestro, el televisor, el papel**). Words ending in **-a** are usually feminine; words ending in the suffixes **-ión, -ad**, and **-tud** are also almost always feminine (e.g., **la mesa, la nación, la posibilidad, la virtud**). Words ending in **-ista** can be either masculine or feminine (e.g., **el dentista, la dentista**).

The rules for making a noun plural are as follows.

1. If a noun ends in a vowel, add an **-s**: **la silla → las sillas**.
2. If a noun ends in a consonant other than **z**, add **-es**: **el papel → los papeles**.
3. If a noun ends in a **z**, change the **z** to **c** and add **-es**: **el lápiz → los lápices**.

Adjectives

Adjectives must agree in number and gender with the noun modified. Adjectives ending in **-o** and **-dor** and adjectives of nationality ending in a consonant have four forms.

	masc.	fem.	masc.	fem.	masc.	fem.
sing.	**guapo**	**guapa**	**hablador**	**habladora**	**inglés**	**inglesa**
pl.	**guapos**	**guapas**	**habladores**	**habladoras**	**ingleses**	**inglesas**

Almost all other adjective have two forms.

	masc. & fem.	masc. & fem.
sing.	**elegante**	**fenomenal**
pl.	**elegantes**	**fenomenales**

Adjectives in Spanish typically follow the noun modified (e.g., **Queremos ver la casa grande y los parques bonitos**).

Possessive Adjectives

mi / mis	**nuestro / nuestra / nuestros / nuestras**
tu / tus	**vuestro / vuestra / vuestros / vuestras**
su / sus	**su / sus**

Possessive adjectives precede the modified noun (e.g., **Tengo mis libros y ella tiene sus papeles**).

Demonstrative Adjectives

	masc.	fem.	masc.	fem.	masc.	fem.
sing.	este	esta	ese	esa	aquel	aquella
pl.	estos	estas	esos	esas	aquellos	aquellas

Demonstrative adjectives precede the modified noun (e.g., **Me gusta esta computadora aquí**).

Demonstrative adjectives, which modify a noun, can also be used as demonstrative pronouns, which take the place of a noun (e.g., **¿Cuál de los restaurantes prefieres, ese o aquel?**).

Adverbs
One way to form an adverb is to add the suffix **-mente** to the feminine singular form of an adjective (e.g., **activa + mente → activamente**; **general + mente → generalmente**). A common way to make an adverbial expression is to use the preposition **con** before a noun (e.g., **con frecuencia**, **con cuidado**).

Pronouns

Subject Pronouns

yo	nosotros, nosotras
tú	vosotros, vosotras
usted	ustedes
él	ellos
ella	ellas

Prepositional Pronouns

mí	nosotros, nosotras
ti	vosotros, vosotras
usted	ustedes
él	ellos
ella	ellas

Reflexive Pronouns

me	nos
te	os
se	se

Direct Object Pronouns

me	nos
te	os
lo	los
la	las

Indirect Object Pronouns

me	nos
te	os
le	les

Direct object pronouns, indirect object pronouns, and reflexive pronouns go either before a conjugated verb or after and attached to an infinitive or a present participle. Examples include the following.

Lo vamos a hacer mañana or **Vamos a hacerlo mañana**.

Les quiero dar todo el dinero or **Quiero darles todo el dinero**.

Me estoy poniendo los zapatos or **Estoy poniéndome los zapatos**.

The indirect object pronoun always precedes the direct object pronoun when both are used in the same sentence (e.g., **Si tengo los papeles, te los puedo mostrar**).

Both **le** and **les** become **se** before **lo, la, los,** and **las** (e.g., **Cuando los estudiantes quieren más tiempo, sus maestros siempre se lo dan**).

Verbs
Present Tense of Regular Verbs
Once you learn the regular **-ar** endings in the present tense, you can learn the **-er** and **-ir** endings by knowing the following.

1. The **-er** endings have just one difference from the **-ar** endings: Change **a → e** for every **-ar** ending, and that gives you the **-er** endings.
2. There are only two differences between the **-er** endings and the **-ir** endings: **emos → imos** and **éis → ís**.

bailar		comer		vivir	
bailo	bailamos	como	comemos	vivo	vivimos
bailas	bailáis	comes	coméis	vives	vivís
baila	bailan	come	comen	vive	viven

Present Tense of Commonly Used Irregular Verbs

ser		estar		ir	
soy	somos	estoy	estamos	voy	vamos
eres	sois	estás	estáis	vas	vais
es	son	está	están	va	van

tener		venir		dar	
tengo	tenemos	vengo	venimos	doy	damos
tienes	tenéis	vienes	venís	das	dais
tiene	tienen	viene	vienen	da	dan

The following verbs have irregular **yo** forms in the present tense: **saber (yo sé)**; **conocer (yo conozco)**; **hacer (yo hago)**; **poner (yo pongo)**; **traer (yo traigo)**; **salir (yo salgo)**; verbs ending in **-ger**, such as **proteger (yo protejo)**; and verbs ending in **-cer** or **-cir**, such as **ofrecer (yo ofrezco)** and **conducir (yo conduzco)**.

Present Tense of Stem-Changing Verbs
Verbs that change stem:

1. Have one of four stem changes: **e → ie, e → i, o → ue, u → ue**.
2. Have regular endings.
3. Change stem in all singular forms and in the third-person plural (in the boot).

querer		pedir		recordar		jugar	
quiero	queremos	pido	pedimos	recuerdo	recordamos	juego	jugamos
quieres	queréis	pides	pedís	recuerdas	recordáis	juegas	jugáis
quiere	quieren	pide	piden	recuerda	recuerdan	juega	juegan

Talking about Something Happening Right Now
The present progressive, used to talk about something happening right now, is formed as follows: **estar** in the present + present participle. To form the present participle, do the following: For an **-ar** verb, drop the **-ar** ending and add **-ando**; for an **-er** or **-ir** verb, drop the **-er** or **-ir** ending and add **-iendo** (e.g., **bailar → bailando**; **aprender → aprendiendo**; **abrir → abriendo**).

Verbs ending in **-er** or **-ir** that have stems ending in a vowel have irregular present participles. Instead of ending in **-iendo**, the participle for these verbs ends in **-yendo** with a **y** (e.g., **leer → leyendo**; **oír → oyendo**; **traer → trayendo**).

An example of the present progressive being used is **Estamos comiendo ahora**.

Talking about the Future
Two ways to talk about the future are as follows.

1. Use the present tense (e.g., **Mañana te doy la computadora**).
2. Use the construcion **ir** + **a** + infinitive (e.g., **Esta noche vamos a trabajar mucho**).

Talking about the Recent Past

Acabar in the present + **de** + infinitive is used to express a recent past event (e.g., **La profesora acaba de explicar la lección**).

Expressing How Long Something Has Been Going On

A construction that expresses how long something has been going on is **hace** + time period + **que** + present tense of verb (e.g., **Hace cuatro meses que estudiamos español**).

Another way to express how long something has been going on is with the question **¿Desde cuándo** + subject + present tense of verb? (e.g., **¿Desde cuándo trabajas aquí?**).

There are three ways that a question like this could be answered. One way is with the construction **Desde que** + subject + present tense of verb (e.g., **Desde que trabajo en la universidad**). A second way to answer the question is with the construction **Desde** + specific point in time (e.g., **Desde el mes pasado**). A third way to answer the question is with the construction **Desde hace** + time period (e.g., **Desde hace tres años**).

Usted and ustedes Commands

To form an **usted** command:

1. Drop the **-o** ending from the **yo** form of the verb in the present tense.
2. For **-ar** verbs, add an **e**, and for **-er** and **-ir** verbs, add an **a**.

Examples of **usted** commands include the following: **caminar → camine**; **aprender → aprenda**; **abrir → abra**.

Stem-changing verbs follow this same rule to form the **usted** command (e.g., **pensar → piense**; **dormir → duerma**; **servir → sirva**). Many verbs that are irregular in the present tense have regular **usted** command forms, meaning that they follow the same rules as other verbs (e.g., **conocer → conozca**; **oír → oiga**; **venir → venga**).

Verbs ending in **-car**, **-gar**, and **-zar** have the following spelling changes in the **usted** command form: For verbs ending in **-car**, the change is **c → qu**; for verbs ending in **-gar**, the change is **g → gu**; for verbs ending in **-zar**, the change is **z → c** (e.g., **tocar → toque**; **buscar → busque**; **pagar → pague**).

The irregular **usted** command forms are as follows: **dar → dé**; **estar → esté**; **ser → sea**; **saber → sepa**; **ir → vaya**.

Putting a **no** before an **usted** command makes it negative (e.g., **No coma**). Adding an **-n** to the **usted** command makes it an **ustedes** command (e.g., **Amigos, vengan a nuestra casa**). A **no** and an **-n** at the end of the command results in a negative **ustedes** command (e.g., **Por favor, chicos, no vayan ahora**).

Affirmative tú Commands

The affirmative **tú** command is the third-person singular form of the verb in the present tense (e.g., **estudiar → estudia**; **comer → come**; **abrir → abre**; **jugar → juega**; **servir → sirve**; **oír → oye**).

There are eight irregular **tú** commands: **venir → ven**; **salir → sal**; **poner → pon**; **tener → ten**; **hacer → haz**; **ser → sé**; **decir → di**; **ir → ve**.

Negative tú Commands

The negative **tú** command is formed in the following way: **no** + **usted** command + **-s** (e.g., **trabajar → no trabajes**; **tener → no tengas**; **vivir → no vivas**; **ser → no seas**; **hacer → no hagas**).

Affirmative vosotros Commands

To make a **vosotros** command, drop the **-r** of the infinitive and replace it with a **-d** (e.g., **hablar → hablad**; **tener → tened**; **dormir → dormid**). The **vosotros** command is only used in Spain; a Latin American would use an **ustedes** command rather than a **vosotros** command.

Using Pronouns with Commands

Three types of pronouns can be used with commands: direct object pronouns, indirect object pronouns, and reflexive pronouns. These pronouns go after affirmative commands and before negative commands, as shown below. Notice that the first three commands below are **tú** commands, and the final three commands are **usted** commands.

	Infinitive	Pronoun(s)	Affirmative Command	Negative Command
tú commands	dar	me + lo	dámelo	no me lo des
	despertarse	se	despiértate	no te despiertes
	hacer	lo	hazlo	no lo hagas
usted commands	acostarse	se	acuéstese	no se acueste
	comer	las	cómalas	no las coma
	escribir	le + la	escríbasela	no se la escriba

Preterite Tense

Once you learn the regular **-ar** endings in the preterite tense, you can learn the **-er/-ir** endings and the endings for verbs like **tener** by knowing the following.

1. The endings for **-er** and **-ir** verbs are the same, and they all start with the letter **i**. In fact, the **-er** and **-ir** endings for four subjects (**yo, tú, nosotros, vosotros**) can be formed by changing the first letter of the **-ar** ending to **i** (e.g., **é → í; aste → iste; amos → imos; asteis → isteis**).
2. The differences in endings between **-ar** and **-er/-ir** verbs are as follows for the usted and ustedes forms: **ó → ió; aron → ieron**.
3. The preterite endings for verbs like **tener** are the **-ar** endings without the accent for the **yo** and **usted** forms (e.g., **-e** of **tuve**; **-o** of **tuvo**). The other four endings are the same as the regular **-er/-ir** endings (e.g., **-iste** of **tuviste**; **-imos** of **tuvimos**; **-isteis** of **tuvisteis**; **-ieron** of **tuvieron**).

Verbs Ending in **-ar**		Verbs Ending in **-er/-ir**		Verbs like **tener**	
repasar		**abrir**		**poder**	
repasé	repasamos	abrí	abrimos	pude	pudimos
repasaste	repasasteis	abriste	abristeis	pudiste	pudisteis
repasó	repasaron	abrió	abrieron	pudo	pudieron

Verbs ending in **-car**, **-gar**, and **-zar** have the following spelling change in the **yo** form of the preterite: **c → qu; g → gu; z → c** (e.g., **yo saqué; yo pagué; yo comencé**).

Stem-changing verbs ending in **-ir** also change stem in the preterite, but not in the boot (as they do in the present tense). The preterite stem change for **-ir** verbs happens in the third-person singular and plural forms. The specific changes that happen are as follows.

1. Verbs that change **e → ie** or **e → i** in the present change **e → i** in the preterite.
2. Verbs that change **o → ue** in the present change **o → u** in the preterite.

servir		**dormir**	
serví	servimos	dormí	dormimos
serviste	servisteis	dormiste	dormisteis
sirvió	sirvieron	durmió	durmieron

The verbs **ser** and **ir** have the same conjugation in the preterite.

ser / ir	
fu**i**	fu**imos**
fu**iste**	fu**isteis**
fu**e**	fu**eron**

Comparisons

Comparisons of Inequality

When making comparisons using an adjective, the construction used is as follows: **más** or **menos** + adjective + **que** (e.g., **Estoy más nervioso que tú**).

The construction is the same when making comparisons using an adverb: **más** or **menos** + adverb + **que** (e.g., **Ellos llegan más tarde que nosotros**).

When doing a comparison of inequality focused on the verb, the construction used is as follows: **más que** or **menos que** (e.g., **Nuestros abuelos siempre cocinan más que nosotros**).

When talking about numbers, the construction used is as follows: **más** or **menos** + **de** + number (e.g., **A veces ella tiene más de dos trabajos**).

When comparing more than two things and distinguishing which one exceeds the others, the construction used is as follows: definite article + **más** or **menos** + adjective + **de** (e.g., **Brasil es el más grande de los países en América del Sur**).

Irregular comparative forms include **mejor**, **peor**, **mayor**, and **menor**. When using these four adjectives, no **más** or **menos** is needed (e.g., **Anita es mayor que su hermana**; **Carlos y Juan son los mejores de la clase**).

Comparisons of Equality

When using an adjective or adverb to compare two things that are equal, the construction used is as follows: **tan** + adjective or adverb + **como** (e.g., **Las doctoras son tan simpáticas como las profesoras**; **Paco corre tan lentamente como yo**).

In a comparison of equality with nouns, the construction used is as follows: **tanto/tanta/tantos/tantas** + noun + **como** (e.g., **Isabel practica tantos deportes como su amigo**; **Es cierto que tengo tanta hambre como tú**).

In a comparison of equality with verbs, the construction used is as follows: verb + **tanto como** (e.g., **Leemos tanto como las muchachas**).

Los glosarios / The Glossaries

The glossaries included in this workbook are tools that will help you acquire Spanish vocabulary so that you can use it effectively when communicating in the language. Following these brief introductory notes, you will find four different glossaries.

1. **Glosario por tema / Glossary by Topic**: This glossary groups words together by function so that you can study in one place, for example, the colors, months of the year, weather expressions, parts of the body, etc.
2. **Glosario de cognados / Glossary of Cognates**: This glossary includes Spanish words that are cognates with English words. Reviewing these words will help you gain a sense of how many Spanish words are similar to English words, and learning these cognates will aid your listening and reading comprehension greatly. Roughly one-third of all the Spanish words presented in this course are cognates with English words. To get the most out of this glossary, you should understand that the following suffixes are equivalent in English and Spanish.

English Suffix	Spanish Suffix	Example Cognates	
-tion	-ción	celebra**tion**	la celebra**ción**
-sion	-sión	expres**sion**	la expre**sión**
-ity	-idad	activ**ity**	la activ**idad**
-ive	-ivo	progress**ive**	progres**ivo**
-ity	-idad	possibil**ity**	la posibil**idad**
-ed	-ado	frustrat**ed**	frustr**ado**
-ly	-mente	exact**ly**	exacta**mente**
-tude	-tud	atti**tude**	la acti**tud**
-logy	-logía	techno**logy**	la tecno**logía**

1. **Glosario español-inglés / Spanish-English Glossary**: This glossary gives you the English for a Spanish word.
2. **Glosario inglés-español / English-Spanish Glossary**: This glossary gives you the Spanish for an English word.

The words you will find in these glossaries are the ones that are presented in the 30 lessons. Throughout the course, the focus has been on high-frequency words, meaning words that are used most often by native speakers of Spanish. Your ability to learn and use the vocabulary presented in these glossaries will go a long way toward determining how successful you are in communicating with other Spanish speakers.

NB: Typically, Spanish nouns are presented in glossaries in the following way.

pared – wall (f)   [which means that **pared** is "wall" in English and is a feminine noun]

It is important to know the gender of a noun because if you want to say, for example, "The wall is white," you need to know that **pared** is feminine so you can correctly use the appropriate definite article (**la**) and the appropriate form of the adjective (**blanca**) to say **La pared es blanca**.

The problem with glossaries using the above format is that they promote the following kind of mental processing by the learner of Spanish: **pared** means "wall" and is feminine, so the way to say "the wall" must be **la pared**. That's too much thinking and takes too much time.

In these glossaries, the Spanish word is presented with the definite article preceding it. So, **pared** is presented as follows.

la **pared** – wall   [the audio glossary likewise presents the article before the noun]

With this kind of glossary entry, you are encouraged to learn that **la pared** means "the wall" (even though the English is provided as "wall" rather than the technically correct "the wall"). The very fact that **pared** is preceded by **la** tells you that it's a feminine noun.

When you study vocabulary (and to be a successful language learner, you must study new words in order to understand and use them), you should learn nouns with their appropriate definite article (**el** or **la**) preceding them. That way, if you want to say in Spanish "The wall is white," you automatically know that this would be **La pared es blanca**, because all along you have learned that the way to say "the wall" is **la pared**. Knowing that, **blanca** must be the appropriate form of the adjective to use, because **pared** is clearly a feminine noun.

There will be a few cases in which the definite article used before the noun is *not* indicative of the noun's gender. In those few cases, the glossary entry will appear as follows.

el **agua** – water [fem.]

The above entry means that to say "the water" you say **el agua**, but the "[fem.]" following the word means that it is feminine. So, to say, for example, "The water is cold," you would say **El agua está fría** (using the feminine form **fría** because **agua** is feminine). Once again, there are very few words like this in Spanish. In almost all cases, the definite article (**el** or **la**) preceding the noun will tell you the noun's gender; words preceded by **el** are masculine, while words preceded by **la** are feminine.

When adjectives are presented, the masculine singular form of the adjective is included.

When people and professions are presented, sometimes both the masculine and feminine forms (e.g., la **dentista** – female dentist; el **dentista** – male dentist) are included. At other times, only the masculine form (e.g., el **arquitecto** – architect) is included. As you learn in the course, the feminine form of this noun would be the following: la **arquitecta**.

For stem-changing verbs, the stem change is noted. That **mostrar**, for example, is an **o** to **ue** stem-changing verb can be seen in **mostrar** (o → ue) — to show.

The abbreviations used in the glossaries are as follows.

masc.	masculine	sing.	singular	dir.	direct	inf.	informal
fem.	feminine	pl.	plural	ind.	indirect	form.	formal
adj.	adjective			obj.	object		
				pron.	pronoun		

Glosario por tema / Glossary by Topic

Los saludos / Greetings

saludar – to greet

hola – hello

¿Qué tal? – How's it going?

¿Cómo estás? – How are you? [inf., sing.]

¿Cómo está usted? – How are you? [form., sing.]

¿Cómo están ustedes? – How are you? [form., pl.]

Bien, gracias. ¿Y tú? – Fine, thanks. And you? [inf., sing.]

Bien, gracias. ¿Y usted? – Fine, thanks. And you? [form., sing.]

Bien, gracias. ¿Y ustedes? – Fine, thanks. And you? [form., pl.]

bien – well

Estoy bien. – I'm well.

mal – not well

Estoy mal. – I'm not well.

regular – so-so

más o menos – so-so

no muy bien – not very well

buenos días – good morning

buen día – good morning

buenas tardes – good afternoon

buenas noches – good evening, good night

Me llamo…. – My name is….

Soy…. – I am….

Mi nombre es…. – My name is….

¿Cómo te llamas? – What's your name? [inf., sing.]

¿Cómo se llama usted? – What's your name? [form., sing.]

mucho gusto – nice to meet you

encantado – pleased to meet you [speaker masc.]

encantada – pleased to meet you [speaker fem.]

Es un placer. – It's a pleasure.

igualmente – likewise

gracias – thank you

muy bien, gracias – very well, thank you

bastante bien – just fine

bienvenidos – welcome [pl.]

Te presento a…. – Let me introduce you to….[inf., sing.]

Le presento a…. – Let me introduce you to…. [form., sing.]

Les presento a…. – Let me introduce you to….[pl.]

adiós – good-bye

chao – bye

hasta luego – see you later

hasta mañana – see you tomorrow

hasta pronto – see you soon

nos vemos – see you

¿Qué pasa? – What's happening?

Perdóneme. – Pardon me. [usted command]

Discúlpeme. – Excuse me. [usted command]

enhorabuena – congratulations

felicidades – congratulations

¡Qué elegante! – How elegant!

Palabras de comunicación / Communication Words

comunicarse – to communicate

la **comunicación** – communication

No entiendo. – I don't understand.

¿Entiendes? – Do you understand? [inf., sing.]

entender (e → ie) – to understand

comprender – to understand

¿Qué quiere decir? – What does it mean?

¿Cómo está Carla? – How is Carla?

¿Cómo es Carla? – What is Carla like?

¿no? – Isn't that so?

¿verdad? – right?

¿cierto? – right?

hablar – to speak, to talk

hablador – talkative

llamar – to call

escuchar – to hear

oír – to hear

animar – to encourage

decir – to say, to tell

la **expresión** – expression

corregir (e → i) – to correct

la **verdad** – truth

la **conversación** – conversation

expresar – to express

comentar – to comment on

mencionar – to mention

criticar – to criticize

charlar – to chat

afirmar – to declare

el **mandato** – command

Los días de la semana / Days of the week

lunes – Monday

martes – Tuesday

miércoles – Wednesday

jueves – Thursday

viernes – Friday

sábado – Saturday

domingo – Sunday

el **viernes** – on Friday

los **martes** – on Tuesdays

Los meses del año / Months of the Year

enero – January

febrero – February

marzo – March

abril – April

mayo – May

junio – June

julio – July

agosto – August

septiembre – September

octubre – October

noviembre – November

diciembre – December

Las estaciones / Seasons

la **estación** – season

la **primavera** – spring

el **verano** – summer

el **otoño** – autumn

el **invierno** – winter

Los periodos de tiempo / Time Periods

el **momento** – moment

el **segundo** – second

el **minuto** – minute

la **hora** – hour, time

el **día** – day

la **mañana** – morning

la **tarde** – afternoon

la **noche** – night

la **semana** – week

el **fin de semana** – weekend

el **mes** – month

el **año** – year

todo el día – all day

toda la noche – all night

por tres horas – for three hours

durante una semana – during a week

Otras palabras del tiempo / Other Time Words

el **tiempo** – time, weather

ahora – now

ahora mismo – right now

el **presente** – present

hoy – today

181

mañana – tomorrow	**frecuentemente** – frequently
ayer – yesterday	**todos los días** – every day
anoche – last night	**tarde** – late
anteayer – the day before yesterday	**temprano** – early
la **semana pasada** – last week	**en este momento** – at this moment
el **fin de semana pasado** – last weekend	**en un momento** – in a moment
el **mes pasado** – last month	**pasado** – past, last
el **año pasado** – last year	**entonces** – then
el **lunes pasado** – last Monday	**luego** – later
desde cuando – since when	

**Las expresiones de tiempo /
Weather expressions**

el **sábado por la mañana** – Saturday morning	**¿Qué tiempo hace?** – What's the weather like?
el **martes por la noche** – Tuesday night	**Hace buen tiempo.** – It's good weather.
¿Qué hora es? – What time is it?	**Hace mal tiempo.** – It's bad weather.
el **cuarto** – quarter	**Hace sol.** – It's sunny.
la **media (hora)** – half an hour	**Hace viento.** – It's windy.
en punto – on the dot, exactly	**Hace frío.** – It's cold.
Son las tres. – It's three o'clock.	**Hace calor.** – It's hot.
a las cinco – at five o'clock	**Hace fresco.** – It's cool.
el **mediodía** – noon	**Está a veinticinco grados.** – It's twenty-five degrees.
la **medianoche** – midnight	**Hay tormenta.** – There's a storm.
por la mañana – in the morning	**Caen rayos.** – It's lightning.
por la tarde – in the afternoon	**Truena.** – It's thundering.
por la noche – at night	**Está nublado.** – It's cloudy.
la **fecha** – date	**Está despejado.** – It's clear (cloudless).
¿Cuál es la fecha de hoy? – What is today's date?	**Llueve.** – It's raining.
el **cumpleaños** – birthday	**Está lloviendo.** – It's raining.
el **Año Nuevo** – New Year's Day	la **lluvia** – rain
la **Navidad** – Christmas	**Hay niebla.** – It's foggy.
antes de – before	**Llovizna.** – It's drizzling.
después de – after	**Nieva.** – It's snowing.
antes de Cristo – B.C.	**Hay hielo.** – It's icy.
después de Cristo – A.D.	la **temperatura** – temperature
más tarde – later	los **grados** – degrees
siempre – always	el **huracán** – hurricane
a veces – at times	la **precipitación** – precipitation
de vez en cuando – from time to time	
a menudo – often	

Los números ordinales / Ordinal numbers

el número – number

primero – first

segundo – second

tercero – third

cuarto – fourth

quinto – fifth

sexto – sixth

séptimo – seventh

octavo – eighth

noveno – ninth

décimo – tenth

Los números hasta 33 / Numbers to 33

cero – zero

uno – one

dos – two

tres – three

cuatro – four

cinco – five

seis – six

siete – seven

ocho – eight

nueve – nine

diez – ten

once – eleven

doce – twelve

trece – thirteen

catorce – fourteen

quince – fifteen

dieciséis – sixteen

diecisiete – seventeen

dieciocho – eighteen

diecinueve – nineteen

veinte – twenty

veintiuno – twenty-one

veintidós – twenty-two

veintitrés – twenty-three

veinticuatro – twenty-four

veinticinco – twenty-five

veintiséis – twenty-six

veintisiete – twenty-seven

veintiocho – twenty-eight

veintinueve – twenty-nine

treinta – thirty

treinta y uno – thirty-one

treinta y dos – thirty-two

treinta y tres – thirty-three

Múltiplos de 10 hasta 100 / Multiples of 10 to 100

diez – ten

veinte – twenty

treinta – thirty

cuarenta – forty

cincuenta – fifty

sesenta – sixty

setenta – seventy

ochenta – eighty

noventa – ninety

cien – one hundred

100 y más de 100 / 100 and More Than 100

cien – one hundred

doscientos – two hundred

trescientos – three hundred

cuatrocientos – four hundred

quinientos – five hundred

seiscientos – six hundred

setecientos – seven hundred

ochocientos – eight hundred

novecientos – nine hundred

mil – thousand

millón – million

Los colores / Colors

el **color** – color

rojo – red

anaranjado – orange

amarillo – yellow

verde – green

azul – blue

morado – purple

rosado – pink

negro – black

marrón – brown

blanco – white

gris – gray

Las nacionalidades / Nationalities

cubano – Cuban

dominicano – Dominican

puertorriqueño – Puerto Rican

norteamericano – (North) American

mexicano – Mexican

guatemalteco – Guatemalan

salvadoreño – Salvadoran

hondureño – Honduran

nicaragüense – Nicaraguan

costarricense – Costa Rican

panameño – Panamanian

venezolano – Venezuelan

colombiano – Colombian

ecuatoriano – Ecuadorian

peruano – Peruvian

boliviano – Bolivian

chileno – Chilean

paraguayo – Paraguayan

argentino – Argentine

uruguayo – Uruguayan

español – Spaniard

ecuatoguineano – Equatorial Guinean

Las personas / People

la **persona** – person

la **gente** – people

el **muchacho** – boy

la **muchacha** – girl

el **niño** – boy

la **niña** – girl

el **chico** – boy

la **chica** – girl

el **señor** – Mr., man

la **señora** – Mrs., woman

la **señorita** – Miss, young woman

el **hombre** – man

la **mujer** – woman

el **vecino** – male neighbor

la **vecina** – female neighbor

el **amigo** – male friend

la **amiga** – female friend

el **novio** – boyfriend

la **novia** – girlfriend

la **pareja** – partner, couple

la **media naranja** – soul mate

el **alma gemela** – soul mate [fem.]

el **trabajador** – male worker

la **trabajadora** – female worker

el **miembro** – member

La familia / Family

la **familia** – family

el **pariente** – relative

los **padres** – parents

la **madre** – mother

la **mamá** – mom

mami – mommy

el **padre** – father

el **papá** – dad

papi – daddy

el **esposo** – husband

la **esposa** – wife

el **hijo** – son

la **hija** – daughter

el **hermano** – brother

la **hermana** – sister

el **abuelo** – grandfather

la **abuela** – grandmother

la **abuelita** – granny

el **tío** – uncle

la **tía** – aunt

el **primo** – male cousin

la **prima** – female cousin

el **sobrino** – nephew

la **sobrina** – niece

el **nieto** – grandson

la **nieta** – granddaughter

el **nombre** – name

el **apellido** – last name

materno – maternal

paterno – paternal

la **suegra** – mother-in-law

el **suegro** – father-in-law

la **cuñada** – sister-in-law

el **cuñado** – brother-in-law

la **nuera** – daughter-in-law

el **yerno** – son-in-law

la **madrastra** – stepmother

el **padrastro** – stepfather

la **hijastra** – stepdaughter

el **hijastro** – stepson

la **hermanastra** – stepsister

el **hermanastro** – stepbrother

el **medio hermano** – half brother

la **media hermana** – half sister

el **bisabuelo** – great-grandfather

la **bisabuela** – great-grandmother

el **bisnieto** – great-grandson

la **bisnieta** – great-granddaughter

el **gemelo** – twin

casado – married

muerto – dead

único – only, unique

Las profesiones / Professions

la **profesión** – profession

el **trabajo** – work, job

el **pianista** – male pianist

la **pianista** – female pianist

el **dentista** – male dentist

la **dentista** – female dentist

el **futbolista** – male soccer player

la **futbolista** – female soccer player

el **profesor** – male professor

la **profesora** – female professor

el **doctor** – male doctor

la **doctora** – female doctor

el **maestro** – teacher

el **abogado** – lawyer

el **hombre de negocios** – businessman

la **mujer de negocios** – businesswoman

el **arquitecto** – architect

el **enfermero** – nurse

el **director de escuela** – school principal

el **trabajador social** – social worker

el **policía** – police officer

el **cocinero** – male cook

la **cocinera** – female cook

el **mesero** – waiter

la **mesera** – waitress

el **asistente** – assistant

el **contador** – accountant

el **dueño** – owner

el **gerente** – manager

el **secretario** – secretary

el **supervisor** – supervisor

el **empleado** – employee

la **entrevista** – interview

la **entrevista de trabajo** – job interview

entrevistar – to interview

emplear – to employ

contratar – to hire

despedir (e → i) – to fire

Las partes del cuerpo / Parts of the body

el **cuerpo** – body

la **cabeza** – head

el **pelo** – hair

la **cara** – face

la **frente** – forehead

el **ojo** – eye

la **nariz** – nose

la **mejilla** – cheek

la **boca** – mouth

el **labio** – lip

el **diente** – tooth

la **lengua** – tongue, language

la **oreja** – ear

el **cuello** – neck

el **hombro** – shoulder

el **pecho** – chest

la **espalda** – back

el **estómago** – stomach

el **brazo** – arm

el **codo** – elbow

la **muñeca** – wrist

la **mano** – hand

el **dedo** – finger

la **cintura** – waist

la **pierna** – leg

la **rodilla** – knee

el **tobillo** – ankle

el **pie** – foot

el **dedo del pie** – toe

los **pulmones** – lungs

la **garganta** – throat

el **corazón** – heart

La ropa / Clothing

la **ropa** – clothing

llevar – to wear, to carry

la **camisa** – shirt

el **saco** – suit jacket

la **corbata** – tie

el **cinturón** – belt

los **pantalones** – pants

el **traje** – suit

los **calcetines** – socks

los **zapatos** – shoes

el **sombrero** – hat

la **gorra** – cap

la **camiseta** – T-shirt

el **suéter** – sweater

la **chaqueta** – jacket

el **abrigo** – coat

la **blusa** – blouse

la **falda** – skirt

el **vestido** – dress

la **ropa interior** – underwear

las **medias** – stockings

los **zapatos de tenis** – sneakers

las **botas** – boots

las **sandalias** – sandals

la **prenda** – item of clothing

los **pantalones cortos** – shorts

el **traje de baño** – bathing suit

el **pijama** – pajamas

los **jeans** – jeans

el **impermeable** – raincoat

la **bufanda** – scarf

los **guantes** – gloves

el **panuelo** – handkerchief

los **zapatos de tacón alto** – high-heel shoes

la **talla** – size

ir de compras – to go shopping

caro – expensive

barato – inexpensive

chico – small

mediano – medium

grande – large

Los accesorios y los materiales / Accessories and materials

la **cartera** – wallet

la **bolsa** – purse

los **lentes** – glasses

los **lentes de sol** – sunglasses

el **anillo** – ring

la **pulsera** – bracelet

los **aretes** – earrings

el **collar** – necklace

la **joyería** – jewelry

el **algodón** – cotton

la **seda** – silk

la **lana** – wool

el **cuero** – leather

el **oro** – gold

la **plata** – silver

la **tela** – fabric

el **material** – material

Los lugares públicos / Public Places

la **ciudad** – city

la **comunidad** – community

la **escuela** – school

el **colegio** – high school

la **universidad** – university

la **residencia estudiantil** – dormitory

el **hotel** – hotel

el **restaurante** – restaurant

la **cafetería** – cafeteria

la **plaza** – city square, town square

el **museo** – museum

el **banco** – bank

la **farmacia** – pharmacy

el **supermercado** – supermarket

el **teatro** – theater

el **cine** – movie theater

el **club** – club

el **café** – café

la **discoteca** – discotheque

la **estación de trenes** – train station

la **estación de autobuses** – bus station

los **servicios sanitarios** – restrooms

la **librería** – bookstore

la **pizzería** – pizzeria

la **frutería** – fruit store

la **zapatería** – shoe store

la **panadería** – bakery

la **perfumería** – perfume store

el **gimnasio** – gymnasium

el **estadio** – stadium

el **bar** – bar

el **zoológico** – zoo

la **catedral** – cathedral

el **correo** – post office

la **calle** – street

la **autopista** – highway

el **edificio** – building

el **parque** – park

el **hospital** – hospital

la **biblioteca** – library

la **tienda** – store

la **oficina** – office

la **iglesia** – church

el **aeropuerto** – airport

el **mercado** – market

En el aula / In the Classroom

el **aula** – classroom [fem.]

el **curso** – course

la **clase** – class

asistir a – to attend

enseñar – to teach

aprender – to learn

escuchar – to listen

estudiar – to study

Hay que estudiar. – It's necessary to study.

¡A estudiar! – Let's study!

la **educación** – education

repasar – to review

la **atención** – attention

prestar atención – to pay attention

leer – to read

Trato de leer mucho. – I try to read a lot.

escribir – to write

la **actividad** – activity

la **pregunta** – question

hacer una pregunta – to ask a question

responder – to answer

la **respuesta** – answer

el **papel** – paper

el **mapa** – map

el **tema** – topic

la **cuestión** – question, issue

el **estudiante** – male student

la **estudiante** – female student

la **computadora** – computer

el **libro** – book

el **diccionario** – dictionary

el **lápiz** – pencil

la **pluma** – pen

la **letra** – letter

la **palabra** – word

pronunciar – to pronounce

la **frase** – sentence

el **vocabulario** – vocabulary

la **gramática** – grammar

el **verbo** – verb

el **verbo reflexivo** – reflexive verb

la **raíz** – root, stem of a verb

la **conjugación** – conjugation

la **terminación** – ending

el **sustantivo** – noun

el **adjetivo** – adjective

el **adverbio** – adverb

la **preposición** – preposition

el **objeto directo** – direct object

el **objeto indirecto** – indirect object

la **lección** – lesson

el **cuaderno** – notebook, workbook

la **tarea** – homework, chore

el **examen** – exam

el **cambio** – change

la **formación** – formation

la **explicación** – explanation

el **énfasis** – emphasis

fácil – easy

difícil – difficult

el **tipo** – kind, type

la **comprensión** – comprehension

explicar – to explain

mejorar – to improve

En la casa / At Home

la **casa** – house

la **casita** – little house

el **comedor** – dining room

la **cocina** – kitchen

el **garaje** – garage

la **sala** – living room

el **televisor** – television set

la **televisión** – television

la **radio** – radio

el **teléfono** – telephone

el **piano** – piano

la **habitación** – bedroom

el **dormitorio** – bedroom

la **cama** – bed

el **estudio** – study

el **pasillo** – hall

la **pared** – wall

el **techo** – roof

el **suelo** – floor

el **reloj** – watch, clock

la **silla** – chair

la **mesa** – table

la **almohada** – pillow

el **armario** – closet

el **refrigerador** – refrigerator

la **estufa** – stove

el **horno** – oven

el **microondas** – microwave oven

el **lavaplatos** – dishwasher

el **fregadero** – kitchen sink

el **espejo** – mirror

el **baño** – bathroom

la **ducha** – shower

la **bañera** – bathtub

el **inodoro** – toilet

el **lavabo** – bathroom sink

la **lámpara** – lamp

el **sillón** – armchair

la **puerta** – door

la **ventana** – window

la **cómoda** – bureau

la **alfombra** – rug

el **escritorio** – desk

el **estante** – bookshelf

En el comedor / In the Dining Room

el **comedor** – dining room

comer – to eat

beber – to drink

cocinar – to cook

la **comida** – food

la **bebida** – drink

el **plato** – plate

el **tazón** – bowl

el **tenedor** – fork

el **cuchillo** – knife

la **cuchara** – spoon

la **cucharita** – teaspoon

el **platillo** – saucer

la **taza** – cup

el **vaso** – glass

la **copa** – wineglass, cocktail

el **vino** – wine

la **servilleta** – napkin

el **mantel** – tablecloth

la **sal** – salt

la **pimienta** – pepper

el **azúcar** – sugar

el **desayuno** – breakfast

desayunar – to eat breakfast

el **almuerzo** – lunch

almorzar (o → ue) – to eat lunch

la **cena** – dinner

cenar – to eat dinner

tostar – to toast	el **postre** – dessert
hacer un brindis – to make a toast	**salado** – salty
la **carta** – menu	el **aperitivo** – appetizer
el **menú** – menu	la **lechuga** – lettuce

Las bebidas / Drinks

la **bebida** – drink	el **tomate** – tomato
beber – to drink	las **verduras** – vegetables
el **agua** – water [fem.]	la **ensalada** – salad
el **agua mineral** – mineral water [fem.]	el **maíz** – corn
el **café** – coffee	los **guisantes** – peas
el **té** – tea	las **espinacas** – spinach
el **jugo de naranja** – orange juice	el **pollo** – chicken
la **leche** – milk	el **pescado** – fish
el **refresco** – soft drink	la **carne** – meat
la **cerveza** – beer	el **bistec** – steak
el **vino blanco** – white wine	el **pastel** – cake
el **vino tinto** – red wine	el **helado** – ice cream

La comida / Food

comer – to eat	la **fruta** – fruit
el **pan** – bread	la **fresa** – strawberry
el **pan tostado** – toast	la **manzana** – apple
la **mantequilla** – butter	la **naranja** – orange
la **mermelada** – jam	el **plátano** – banana
el **cereal** – cereal	la **banana** – banana
los **huevos** – eggs	el **banano** – banana
el **tocino** – bacon	la **pera** – pear
el **sándwich** – sandwich	la **uva** – grape
la **sopa** – soup	el **limón** – lemon
el **jamón** – ham	el **melón** – melon
el **pavo** – turkey	el **aguacate** – avocado
el **queso** – cheese	la **piña** – pineapple
la **pasta** – pasta	la **toronja** – grapefruit
los **frijoles** – beans	el **brócoli** – broccoli
el **arroz** – rice	la **zanahoria** – carrot
la **papa** – potato	la **cebolla** – onion
la **fruta** – fruit	el **chile** – chili, chili pepper
	el **chocolate** – chocolate
	el **flan** – custard
	el **arroz con leche** – rice pudding

los **dulces** – candy

rico – rich, delicious

delicioso – delicious

Los quehaceres / Chores

los **quehaceres** – chores

limpiar – to clean

ordenar la casa – to straighten up the house

pasar la aspiradora – to vacuum

barrer el suelo – to sweep the floor

recoger – to pick up

recoger la ropa – to pick up clothing

sacar la basura – to take out the trash

quitar el polvo – to dust

planchar – to iron

Los pasatiempos / Hobbies

el **ocio** – leisure

libre – free

el **tiempo libre** – free time

la **fiesta** – party

hacer una fiesta – to throw a party

la **celebración** – celebration

el **regalo** – gift

tocar – to play an instrument, to touch

la **música** – music

el **concierto** – concert

la **orquesta** – orchestra

la **función** – show

el **espectáculo** – show

la **entrada** – admission ticket

el **boleto** – ticket

al aire libre – outdoors

pasear – to take a walk

la **película** – movie

el **film** – film

el **filme** – film

acampar – to camp

la **playa** – beach

las **vacaciones** – vacation

El transporte / Transportation

a pie – by foot

caminar – to walk

andar – to walk, to go

la **bicicleta** – bicycle

montar – to ride

montar en bicicleta – to ride a bicycle

el **carro** – car

el **coche** – car

el **automóvil** – car

conducir – to drive

manejar – to drive

el **taxi** – taxi

el **autobús** – bus

el **metro** – subway

el **tren** – train

el **barco** – boat

el **avión** – airplane

volar (o → ue) – to fly

¡A viajar! / Let's Travel!

viajar – to travel

el **mundo** – world

la **región** – region

el **kilómetro** – kilometer

los **Estados Unidos** – United States

la **cultura** – culture

la **lengua** – language

el **español** – Spanish language

el **castellano** – Spanish language

la **nación** – nation

la **libertad** – liberty, freedom

el **norte** – north

el **oeste** – west

el **sur** – south

el **este** – east

explorar – to explore

el **presidente** – president

la **situación** – situation

el **líder** – leader

la **reunión** – meeting

el **país** – country

la **capital** – capital city

la **inmigración** – immigration

legal – legal

ilegal – illegal

traducir – to translate

visitar – to visit

el **intercambio** – exchange

Los deportes / Sports

el **deporte** – sport

el **partido** – game

el **ejercicio** – exercise

hacer ejercicio – to exercise

jugar (u → ue) – to play

el **béisbol** – baseball

el **tenis** – tennis

la **liga** – league

el **fútbol** – soccer

el **fútbol americano** – football

el **básquetbol** – basketball

el **boxeo** – boxing

el **esquí** – skiing

el **golf** – golf

el **ciclismo** – cycling

el **jugador** – player

rápido – fast

el **aficionado** – fan

la **raqueta** – racquet

el **bate** – bat

el **palo de golf** – golf club

la **pelota** – ball

el **balón** – ball

el **equipo** – team

el **campeón** – champion

ganar – to win, to earn

nadar – to swim

la **natación** – swimming

la **piscina** – swimming pool

levantar pesas – to lift weights

entrenar – to train

el **entrenador** – coach, trainer

la **competencia** – competition

esquiar – to ski

el **esquí acuático** – water skiing

el **buceo** – scuba diving

bucear – to scuba dive

tomar el sol – to sunbathe

montar a caballo – to ride a horse

hacer yoga – to do yoga

La tecnología / Technology

la **tecnología** – technology

el **sitio web** – website

la **página web** – web page

el **blog** – blog

el **correo electrónico** – e-mail

el **mensaje de texto** – text message

el **usuario** – user

el **enlace** – link

la **conexión** – connection

funcionar – to work, to function

el **buscador** – search engine

chatear – to chat online

acceder a Internet – to access the Internet

descargar – to download

navegar por la red – to surf the Internet

el **nombre de usuario** – username

la **contraseña** – password

el/la **Internet** – Internet

la **conexión inalámbrica** – wireless connection

el **teléfono inalámbrico** – cordless phone

el **teléfono celular** – cell phone

el **celular** – cell phone

el **móvil** – cell phone

El dinero / Money

el **dinero** – money

el **dinero en efectivo** – cash

el **dólar** – dollar

el **cajero automático** – automated teller machine

el **cheque** – check

gratis – free, at no cost

cambiar – to change, to exchange

el **préstamo** – loan

depositar – to deposit

retirar – to withdraw

la **tarjeta de crédito** – credit card

la **tarjeta de débito** – debit card

la **transacción bancaria** – bank transaction

La puntuación / Punctuation

la **puntuación** – punctuation

el **signo de puntuación** – punctuation mark

el **punto** – point, period

dos puntos – colon

la **coma** – comma

el **punto y coma** – semicolon

los **signos de interrogación** – question marks

los **signos de exclamación** – exclamation marks

Las palabras interrogativas / Interrogative words

interrogativo – interrogative

¿cuánto?, ¿cuánta? – how much?

¿cuántos?, ¿cuántas? – how many?

¿cómo? – how?

¿qué? – what?

¿dónde? – where?

¿adónde? – to where?

¿quién? – who? [sing.]

¿quiénes? – who? [pl.]

¿por qué? – why?

¿cuándo? – when?

Las expresiones afirmativas y negativas / Affirmative and Negative Expressions

afirmativo – affirmative

negativo – negative

algo – something

alguien – someone

también – also

o...o – either...or

nada – nothing

nadie – no one

nunca – never

tampoco – neither

ni...ni – neither...nor

alguno – any, one

algunos – some

ninguno – none, not any

Las conjunciones / Conjunctions

y – and

o – or

pero – but

si – if

no solo – not only

sino también – but also

pues – well

bueno – well, so

que – that

porque – because

o...o – either...or

ni...ni – neither...nor

Las preposiciones / Prepositions

a – to

en – in

de – of, from

con – with

para – for, to, in order to

por – for, by, through

sin – without

entre – between, among

hacia – toward

hasta – until

contra – against

desde – from, since

encima de – on top of, over

sobre – on, about

debajo de – under

dentro de – inside of

detrás de – behind

delante de – in front of

enfrente de – across from

cerca de – near to

lejos de – far from

al lado de – next to

a la derecha de – to the right of

a la izquierda de – to the left of

alrededor de – around, about

Los adverbios / Adverbs

sí – yes

no – no, not

bastante – rather, quite

muy – very

más – more

aquí – here

allí – there

allá – over there

de nuevo – again

otra vez – again

ya – now, already

Ya voy. – I'm coming

despacio – slowly

probablemente – probably

posiblemente – possibly

tanto como – as well as

a lo mejor – maybe

bien – well

mal – poorly

como – like, as

así – so, like this

demasiado – too much

todavía – still

de hecho – in fact

por lo general – generally

afortunadamente – fortunately

inmediatamente – immediately

actualmente – at present

realmente – actually

exactamente – exactly

sumamente – extremely

correctamente – correctly

finalmente – finally

Expresiones con tener / Tener Expressions

tener – to have

tener frío – to be cold

tener calor – to be hot

tener hambre – to be hungry

tener sed – to be thirsty

tener sueño – to be tired

tener prisa – to be in a hurry

tener éxito – to be successful

tener razón – to be right

tener miedo – to be afraid

tener cuidado – to be careful

tener suerte – to be lucky

tener treinta años – to be thirty years old

tener que + infinitive – to have to do something	**mentir** – to lie
tener ganas de – to feel like doing something	**nevar** – to snow
tener que ver con – to have to do with	**preferir** – to prefer
	despertarse – to wake up
	divertirse – to enjoy oneself

Verbos reflexivos / Reflexive Verbs

llamarse – to call oneself	
despertarse (e → ie) – to wake up	
levantarse – to get up	
acostarse (o → ue) – to go to bed	
dormirse (o → ue) – to fall asleep	
bañarse – to bathe oneself	
lavarse – to wash oneself	
ducharse – to shower	
secarse – to dry oneself	
afeitarse – to shave	
cepillarse los dientes – to brush your teeth	
maquillarse – to put on makeup	
ponerse la ropa – to put on clothing	
quitarse la ropa – to take off clothing	
vestirse (e → i) – to get dressed	
olvidarse de – to forget	
acordarse de (o → ue) – to remember	
alegrarse de – to become happy	
divertirse (e → ie) – to enjoy oneself	
enamorarse de – to fall in love	

e → i

despedir – to fire
servir – to serve
pedir – to ask for
repetir – to repeat
vestirse – to get dressed

o → ue

encontrar – to find
costar – to cost
poder – to be able to
almorzar – to have lunch
recordar – to remember
mostrar – to show
volver – to return
devolver – to return something
dormir – to sleep
morir – to die
llover – to rain
tronar – to thunder
volar – to fly
acostarse – to go to bed
dormirse – to fall asleep
acordarse – to remember

Verbos con cambio de raíz / Stem-Changing Verbs

e → ie

pensar – to think
cerrar – to close
comenzar – to begin
empezar – to begin
entender – to understand
perder – to lose
querer – to want, to love

u → ue

jugar – to play

Glosario de cognados / Glossary of Cognates

A

abril – April

absoluto – absolute

acampar – to camp

accidental – accidental

el **accidente** – accident

la **actitud** – attitude

la **actividad** – activity

activo – active

el **adjetivo** – adjective

el **adverbio** – adverb

el **aeropuerto** – airport

afirmar – to affirm, to declare

afirmativo – affirmative

agosto – August

el **aire** – air

argentino – Argentine

árido – arid

el **arquitecto** – architect

el **asistente** – assistant

el **aspecto** – aspect

la **atención** – attention

el **automóvil** – automobile

avanzar – to advance

B

la **banana** – banana

el **banano** – banana

el **banco** – bank

el **bar** – bar

el **básquetbol** – basketball

el **bate** – bat

el **béisbol** – baseball

el **blog** – blog

boliviano – Bolivian

las **botas** – boots

el **boxeo** – boxing

el **brócoli** – broccoli

C

el **café** – café, coffee

la **cafetería** – cafeteria

el **campeón** – champion

la **capital** – capital city

la **característica** – characteristic

el **carro** – car

la **catedral** – cathedral

la **categoría** – category

católico – Catholic

la **celebración** – celebration

el **celular** – cell phone

central – central

el **cereal** – cereal

cero – zero

la **chaqueta** – jacket

chatear – to chat online

chao – ciao, bye

el **cheque** – check

el **chile** – chili, chili pepper

chileno – Chilean

el **chocolate** – chocolate

el **cine** – cinema, movie theater

claro – clear

la **clase** – class

clásico – classical

el **club** – club

colombiano – Colombian

el **color** – color

la **coma** – comma

comentar – to comment on

comenzar (e → ie) – to commence, to begin

comprender – to comprehend, to understand

la comprensión – comprehension

la computadora – computer

común – common

comunicarse – to communicate

la comunidad – community

el concierto – concert

la conexión – connection

la conjugación – conjugation

considerar – to consider

la construcción – construction

construir – to construct, to build

contento – content, happy

contrario – contrary

la contribución – contribution

contribuir – to contribute

convencido – convinced

la conversación – conversation

correcto – correct

correctamente – correctly

costar (o → ue) – to cost

costarricense – Costa Rican

el creador – creator

crear – to create

criticar – to criticize

cubano – Cuban

la cuestión – question, issue

la cultura – culture

el curso – course

D

decidir – to decide

dedicar – to dedicate

delicioso – delicious

demostrativo – demonstrativo

la dentista – female dentist

el dentista – male dentist

depositar – to deposit

descubrir – to discover

la destrucción – destruction

destruir – to destroy

el diccionario – dictionary

diciembre – December

diferente – different

difícil – difficult

el dilema – dilemma

la discoteca – discotheque

el doctor – male doctor

la doctora – female doctor

el dólar – dollar

dominicano – Dominican

el drama – drama

E

ecuatoguineano – Equatorial Guinean

ecuatoriano – Ecuadorian

la educación – education

egoísta – egotistical, selfish

el ejercicio – exercise

el elefante – elephant

elegante – elegant

emplear – to employ

el énfasis – emphasis

enorme – enormous

la ensalada – salad

entrar – enter

español – Spaniard

el español – Spanish language

el espectáculo – spectacle, show

las espinacas – spinach

el esquí – skiing

esquiar – to ski

el **estadio** – stadium

los **Estados Unidos** – United States

el **estómago** – stomach

la **estudiante** – female student

el **estudiante** – male student

estudiar – to study

el **estudio** – study

exactamente – exactly

el **examen** – exam

excelente – excellent

existir – to exist

expandir – to expand

explorar – to explore

expresar – to express

la **expresión** – expression

extra – extra

F

la **familia** – family

famoso – famous

fantástico – fantastic

la **farmacia** – pharmacy

favorito – favorite

febrero – February

fenomenal – phenomenal

el **film** – film

el **filme** – film

la **formación** – formation

formal – formal

formar – to form

frustrado – frustrated

la **fruta** – fruit

funcionar – to function, to work

G

el **garaje** – garage

general – general

el **gimnasio** – gymnasium

el **golf** – golf

guatemalteco – Guatemalan

H

hondureño – Honduran

la **hora** – hour, time

el **hospital** – hospital

el **hotel** – hotel

humano – human

el **huracán** – hurricane

I

ideal – ideal

ilegal – illegal

impaciente – impatient

importante – important

incluir – to include

incorporar – to incorporate

indicar – to indicate

la **influencia** – influence

influir – to influence

informal – informal

inmediatamente – immediately

la **inmigración** – immigration

inteligente – intelligent

el **interés** – interest

interesante – interesting

interesar – to interest

el/la **Internet** – Internet

interrogativo – interrogative

introductorio – introductory

J

el **jamón** – ham

los **jeans** – jeans

julio – July

junio – June

K

el **kilo** – kilo

el **kilómetro** – kilometer

L

la **lámpara** – lamp

la **lección** – lesson

legal – legal

la **libertad** – liberty, freedom

el **líder** – leader

la **liga** – league

el **limón** – lemon

M

la **mamá** – mom

mami – mommy

la **manera** – manner, way

el **mapa** – map

maravilloso – marvelous

marzo – March

el **material** – material

materno – maternal

mayo – May

me – me [dir. obj. pron.]; **me** – to me, for me; **me** – myself

el **melón** – melon

mencionar – to mention

el **mensaje de texto** – text message

el **menú** – menu

el **mercado** – market

el **metro** – metro, subway

mexicano – Mexican

el **miembro** – member

millón – million

el **mineral** – mineral

el **minuto** – minute

el **momento** – moment

la **montaña** – mountain

mucho – much, a lot

el **museo** – museum

la **música** – music

N

la **nación** – nation

negativo – negative

nervioso – nervous

nicaragüense – Nicaraguan

no – no, not

normal – normal

el **norte** – north

norteamericano – (North) American

noviembre – November

el **número** – number

O

el **objeto directo** – direct object

octubre – October

ocupado – occupied, busy

ocurrir – to occur, to happen

el **oeste** – west

la **oficina** – office

optimista – optimistic

organizar – to organize

la **orquesta** – orchestra

P

paciente – patient

panameño – Panamanian

los **pantalones** – pants

el **papá** – poppa, dad

el **papel** – paper

paraguayo – Paraguayan

el **parque** – park

la **parte** – part

pasar – to pass, to happen

la **pasta** – pasta

paterno – paternal

la **pera** – pear

perdonar – to pardon

el **perfume** – perfume

permitir – to permit, to allow

la **persona** – person

pesimista – pessimistic

la **pianista** – female pianist

el **pianista** – male pianist

el **piano** – piano

el **pijama** – pajamas

la **pizzería** – pizzeria

el **plato** – plate

la **plaza** – plaza, city square, town square

el **policía** – police officer

popular – popular

la **posibilidad** – possibility

posible – possible

posiblemente – possibly

la **precipitación** – precipitation

preferir (e → ie) – to prefer

preparado – prepared

preparar – to prepare

la **preposición** – preposition

presentar – to present, to introduce

el **presente** – present

el **presidente** – president

el **problema** – problem

producir – to produce

la **profesión** – profession

el **profesor** – male professor

la **profesora** – female professor

el **programa** – program

progresivo – progressive

pronunciar – to pronounce

proteger – to protect

próximo – proximate, next

puertorriqueño – Puerto Rican

el **punto** – point, period

la **puntuación** – punctuation

R

la **radio** – radio

rápido – rapid, fast

la **raqueta** – racquet

el **rayo** – ray, lightning, lightning bolt

reducir – to reduce

el **refrigerador** – refrigerator

la **región** – region

repetir (e → i) – to repeat

la **residencia estudiantil** – student residence, dormitory

responder – to respond, to answer

responsable – responsible

el **restaurante** – restaurant

resultar – to result, to turn out to be

rico – rich, delicious

S

la **sal** – salt

salvadoreño – Salvadoran

las **sandalias** – sandals

el **sándwich** – sandwich

el **secretario** – secretary

segundo – second

septiembre – September

servir (e → i) – to serve

el **sistema** – system

el **sitio web** – website

la **situación** – situation

solo – solo, alone, only

la **sopa** – soup

el **suéter** – sweater

suficiente – sufficient

la **superioridad** – superiority

el **supermercado** – supermarket

el **supervisor** – supervisor

T

tarde – tardy, late

el **taxi** – taxi

el **té** – tea

el **teatro** – theater

la **tecnología** – technology

el **teléfono** – telephone;
el **teléfono celular** – cellular phone

la **televisión** – television

el **televisor** – television set

la **temperatura** – temperature

el **tenis** – tennis

terminar – to terminate, to finish

terrible – terrible

tímido – timid

típico – typical

el **tipo** – type, kind

el **tomate** – tomato

tostar – to toast (bread)

tranquilo – tranquil, calm

la **transacción bancaria** – bank transaction

el **tren** – train

U

último – ultimate, last

único – unique, only

la **universidad** – university

uruguayo – Uruguayan

usual – usual

V

las **vacaciones** – vacation

la **variedad** – variety

varios – various

vender – to vend, to sell

venezolano – Venezuelan

el **verbo** – verb; el **verbo reflexivo** – reflexive verb

la **virtud** – virtue

visitar – to visit

el **vocabulario** – vocabulary

Y

el **yoga** – yoga

Z

la **zona** – zone

el **zoológico** – zoo

Glosario español-inglés / Spanish-English Glossary

A

a – to; **a** + verb – let's + infinitive;
a lo mejor – maybe; **a menudo** – often

abierto – open

el **abogado** – lawyer

el **abrigo** – coat

abril – April

abrir – to open

absoluto – absolute

la **abuela** – grandmother

el **abuelo** – grandfather

aburrido – bored (with **estar**), boring (with **ser**)

acabar – to finish;
acabar de + infinitive – to have just done something

acampar – to camp

acceder – to access;
acceder a Internet – to access the Internet

accidental – accidental

el **accidente** – accident

acordarse de (o → ue) – to remember

acostarse (o → ue) – to go to bed

acostumbrado – accustomed

la **actitud** – attitude

la **actividad** – activity

activo – active

actualmente – at present

adiós – good-bye

el **adjetivo** – adjective

¿adónde? – to where?

el **adverbio** – adverb

el **aeropuerto** – airport

afeitarse – to shave

el **aficionado** – fan

afirmar – to declare

afirmativo – affirmative

afortunadamente – fortunately

agosto – August

agotado – used up

el **agua** – water [fem.]

el **aguacate** – avocado

el **águila** – eagle [fem.]

ahora – now; **ahora mismo** – right now

el **aire** – air

alegrarse de – to become happy

alegre – happy

la **alfombra** – rug

algo – something

el **algodón** – cotton

alguien – someone

alguno – any, one; **algunos** – some

allá – over there

allí – there

el **alma** – soul [fem.]; el **alma gemela** – soul mate

la **almohada** – pillow

almorzar (o → ue) – to eat lunch

el **almuerzo** – lunch

alrededor de – around, about

alto – tall

amarillo – yellow

la **amiga** – female friend

el **amigo** – male friend

anaranjado – orange (adj.)

andar – to walk, to go

el **anillo** – ring

animar – to encourage

el **año** – year; el **Año Nuevo** – New Year's Day

anoche – last night

anteayer – the day before yesterday

antes de – before

antes de Cristo – B.C.

antipático – unfriendly

el **apellido** – last name

el **aperitivo** – appetizer

aprender – to learn

aquel – that over there

aquello – that

aquí – here

los **aretes** – earrings

argentino – Argentine

árido – arid

el **armario** – closet

el **arquitecto** – architect

el **arroz** – rice; el **arroz con leche** – rice pudding

así – so, like this

el **asiento** – seat

el **asistente** – assistant

asistir a – to attend

el **aspecto** – aspect

la **atención** – attention

el **aula** – classroom [fem.]

el **autobús** – bus

el **automóvil** – car

la **autopista** – highway

avanzar – to progress, to advance

avergonzado – embarrassed

el **avión** – airplane

ayer – yesterday

ayudar – to help

el **azúcar** – sugar

azul – blue

B

bailar – to dance

bajar – to take down

el **balón** – ball

la **banana** – banana

el **banano** – banana

bañarse – to bathe oneself

el **banco** – bank

la **bandera** – flag

la **bañera** – bathtub

el **baño** – bathroom

el **bar** – bar

barato – inexpensive

el **barco** – boat

barrer – to sweep

el **básquetbol** – basketball

bastante – rather, quite

la **basura** – trash

el **bate** – bat

beber – to drink

la **bebida** – drink

el **béisbol** – baseball

la **biblioteca** – library

la **bicicleta** – bicycle

bien – well

bienvenidos – welcome [masc., pl.]

el **bisabuelo** – great-grandfather

la **bisnieta** – great-granddaughter

el **bistec** – steak

blanco – white

el **blog** – blog

la **blusa** – blouse

la **boca** – mouth

el **boleto** – ticket

boliviano – Bolivian

la **bolsa** – purse

bonito – pretty

las **botas** – boots

el **boxeo** – boxing

el **brazo** – arm

el **brindis** – toast (to celebrate)

el **brócoli** – broccoli

bucear – to scuba dive

el **buceo** – scuba diving

bueno – good; well, so

la **bufanda** – scarf

el **buscador** – search engine

buscar – to look for

C

caber – to fit

la **cabeza** – head

cada – each

caer – to fall

el **café** – café, coffee

la **cafetería** – cafeteria

el **cajero automático** – automated teller machine

los **calcetines** – socks

caliente – hot

la **calle** – street

el **calor** – heat

la **cama** – bed

cambiar – to change, to exchange

el **cambio** – change

caminar – to walk

la **camisa** – shirt

la **camiseta** – T-shirt

el **campeón** – champion

cansado – tired

cantar – to sing

capaz – capable

la **capital** – capital city

la **cara** – face

la **característica** – characteristic

la **carne** – meat

caro – expensive

el **carro** – car

la **carta** – menu

la **cartera** – wallet

la **casa** – house

casado – married

el **castellano** – Spanish language

la **catedral** – cathedral

la **categoría** – category

católico – Catholic

catorce – fourteen

la **cebolla** – onion

la **celebración** – celebration

el **celular** – cell phone

la **cena** – dinner

cenar – to eat dinner

central – central

cepillarse los dientes – to brush your teeth

cerca de – near to

el **cereal** – cereal

cero – zero

cerrado – closed

cerrar (e → ie) – to close

la **cerveza** – beer

la **chaqueta** – jacket

charlar – to chat

chatear – to chat online

chao – bye

el **cheque** – check

la **chica** – girl

chico – small

el **chico** – boy

el **chile** – chili, chili pepper

chileno – Chilean

el **chocolate** – chocolate

el **ciclismo** – cycling

el **cielo** – sky

cien – one hundred

cierto – certain; ¿**cierto?** – right?

cinco – five

cincuenta – fifty

el **cine** – movie theater

la **cintura** – waist

el **cinturón** – belt

la **ciudad** – city

claro – clear

la **clase** – class

clásico – classical

el **club** – club

el **coche** – car

la **cocina** – kitchen

cocinar – to cook

la **cocinera** – female cook

el **cocinero** – male cook

el **codo** – elbow

el **colegio** – high school

el **collar** – necklace

colombiano – Colombian

el **color** – color

colorado – red-colored

la **coma** – comma

el **comedor** – dining room

comentar – to comment on

comenzar (e → ie) – to begin

comer – to eat

la **comida** – food

como – like, as

¿cómo? – how?

la **cómoda** – bureau

la **competencia** – competition

comprar – to buy

comprender – to understand

la **comprensión** – comprehension

la **computadora** – computer

común – common

comunicarse – to communicate

la **comunidad** – community

con – with; **conmigo** – with me; **contigo** – with you [inf., sing.]

el **concierto** – concert

conducir – to drive

la **conexión** – connection; la **conexión inalámbrica** – wireless connection

confundido – confused

la **conjugación** – conjugation

conocer – to know a person, place, or thing

el **conquistador** – conqueror

conquistar – to conquer

considerar – to consider

la **construcción** – construction

construir – to build

el **contador** – accountant

contento – happy

contra – against

contrario – contrary

la **contraseña** – password

contratar – to hire

la **contribución** – contribution

contribuir – to contribute

convencido – convinced

la **conversación** – conversation

la **copa** – wineglass, cocktail

el **corazón** – heart

la **corbata** – tie

correctamente – correctly

correcto – correct

corregir (e → i) – to correct

el **correo** – post office; el **correo electrónico** – e-mail

correr – to run

corto – short in length

la **cosa** – thing

costar (o → ue) – to cost

costarricense – Costa Rican

el **creador** – creator

crear – to create

creer – to believe, to think

criticar – to criticize

el **cuaderno** – notebook, workbook

¿**cuándo?** – when?

¿**cuánto?**, ¿**cuánta?** – how much?

¿**cuántos?**, ¿**cuántas?** – how many?

cuarenta – forty

cuarto – fourth, quarter

cuatro – four

cuatrocientos – four hundred

cubano – Cuban

la **cuchara** – spoon

la **cucharita** – teaspoon

el **cuchillo** – knife

el **cuello** – neck

el **cuero** – leather

el **cuerpo** – body

la **cuestión** – question, issue

cuidadoso – careful

la **cultura** – culture

el **cumpleaños** – birthday

la **cuñada** – sister-in-law

el **cuñado** – brother-in-law

el **curso** – course

D

dar – to give

de – of, from; **de hecho** – in fact; **de nuevo** – again

debajo de – under

deber – should

decidir – to decide

décimo – tenth

decir – to say, to tell

dedicar – to dedicate

el **dedo** – finger; el **dedo del pie** – toe

delante de – in front of

delicioso – delicious

demasiado – too much

demostrativo – demonstrative

la **dentista** – female dentist

el **dentista** – male dentist

dentro de – inside of

el **deporte** – sport

depositar – to deposit

la **derecha** – right side

desayunar – to eat breakfast

el **desayuno** – breakfast

descargar – to download

descubrir – to discover

desde – from, since; **desde cuando** – since when

el **deseo** – desire

desordenado – disorganized, messy

despacio – slowly

despedir (e → i) – to fire

despejado – clear, cloudless

despertarse (e → ie) – to wake up

después de – after

después de Cristo – A.D.

la **destrucción** – destruction

destruir – to destroy

detrás de – behind

devolver (o → ue) – to return something

el **día** – day

el **diccionario** – dictionary

diciembre – December

diecinueve – nineteen

dieciocho – eighteen

dieciséis – sixteen

diecisiete – seventeen

el **diente** – tooth

diez – ten

diferente – different

difícil – difficult

el dilema – dilemma

el dinero – money; el dinero en efectivo – cash

el director de escuela – school principal

la discoteca – discotheque

disculpar – to excuse

disponible – available

dispuesto – willing

divertirse (e → ie) – to enjoy oneself

doce – twelve

el doctor – male doctor

la doctora – female doctor

el dólar – dollar

domingo – Sunday

dominicano – Dominican

¿dónde? – where?

dormir (o → ue) – to sleep;
dormirse (o → ue) – to fall asleep

el dormitorio – bedroom

dos – two

doscientos – two hundred

dos puntos – colon

el drama – drama

la ducha – shower

ducharse – to shower

el dueño – owner

los dulces – candy

E

ecuatoguineano – Equatorial Guinean

ecuatoriano – Ecuadorian

el edificio – building

la educación – education

egoísta – selfish

el ejercicio – exercise

el – the [masc., sing.]

él – he; ellos – they [masc.]

el elefante – elephant

elegante – elegant

ella – she; ellas – they [fem.]

embarazada – pregnant

empezar (e → ie) – to begin

el empleado – employee

emplear – to employ

en – in; en punto – on the dot, exactly

enamorarse de – to fall in love

encantada – pleased to meet you [fem. speaker];
encantado – pleased to meet you [masc. speaker]

encantar – to be very pleasing

encima de – on top of, over

encontrar (o → ue) – to find

enero – January

el énfasis – emphasis

el enfermero – nurse

enfermo – sick

enfrente de – across from

enhorabuena – congratulations

el enlace – link

enojado – angry

enorme – enormous

la ensalada – salad

enseñar – to teach

entender (e → ie) – to understand

entonces – then

la entrada – admission ticket

entrar – enter

entre – between, among

el entrenador – coach, trainer

entrenar – to train

la entrevista – interview

entrevistar – to interview

el equipo – team

escoger – to choose

escondido – hidden

escribir – to write

el **escritorio** – desk

escuchar – to hear

la **escuela** – school

ese – that [adj. or pron.]

eso – that [pron.]

la **espalda** – back

español – Spaniard

el **español** – Spanish language

el **espectáculo** – show

el **espejo** – mirror

esperar – to wait for, to hope

las **espinacas** – spinach

la **esposa** – wife

el **esposo** – husband

el **esquí** – skiing

el **esquí acuático** – water skiing

esquiar – to ski

la **estación** – season

la **estación de autobuses** – bus station;
la **estación de trenes** – train station

el **estadio** – stadium

los **Estados Unidos** – United States

el **estante** – bookshelf

estar – to be

el **este** – east

este – this [adj. or pron.]

esto – this [pron.]

el **estómago** – stomach

la **estudiante** – female student

el **estudiante** – male student

estudiar – to study

el **estudio** – study

la **estufa** – stove

exactamente – exactly

el **examen** – exam

excelente – excellent

existir – to exist

expandir – to expand

la **explicación** – explanation

explicar – to explain

explorar – to explore

expresar – to express

la **expresión** – expression

extra – extra

F

fácil – easy

la **falda** – skirt

la **familia** – family

famoso – famous

fantástico – fantastic

la **farmacia** – pharmacy

favorito – favorite

febrero – February

la **fecha** – date

la **felicidad** – happiness

felicidades – congratulations

feliz – happy

fenomenal – phenomenal

feo – ugly

la **fiesta** – party

el **film** – film

el **filme** – film

el **fin** – end; el **fin de semana** – weekend

finalmente – finally

el **flan** – custard

florida – covered with flowers

la **formación** – formation

formal – formal

formar – to form

la **frase** – sentence

frecuentemente – frequently

el **fregadero** – kitchen sink

la **frente** – forehead

la **fresa** – strawberry

fresco – fresh, cool

los **frijoles** – beans

frío – cold (adj.)

el **frío** – cold

frustrado – frustrated

la **fruta** – fruit

la **frutería** – fruit store

fuerte – strong

la **función** – show

funcionar – to work, to function

el **fútbol** – soccer

el **fútbol americano** – football

la **futbolista** – female soccer player

el **futbolista** – male soccer player

G

ganar – to win, to earn

el **garaje** – garage

la **garganta** – throat

el **gemelo** – twin

general – general

la **gente** – people

el **gerente** – manager

el **gimnasio** – gymnasium

el **golf** – golf

la **gorra** – cap

gracias – thank you

los **grados** – degrees

la **gramática** – grammar

grande – large

gratis – free, at no cost

gris – gray

los **guantes** – gloves

guapo – good-looking

guatemalteco – Guatemalan

los **guisantes** – peas

gustar – to be pleasing

H

la **habitación** – bedroom

hablador – talkative

hablar – to speak, to talk

hacer – to make, to do

hacia – toward

hasta – until

hay – there is, there are

hay que + infinitive – it's necessary to + verb

el **helado** – ice cream

la **hermana** – sister

la **hermanastra** – stepsister

el **hermanastro** – stepbrother

el **hermano** – brother

el **hielo** – ice

la **hija** – daughter

la **hijastra** – stepdaughter

el **hijastro** – stepson

el **hijo** – son

hola – hello

el **hombre** – man;
el **hombre de negocios** – businessman

el **hombro** – shoulder

hondureño – Honduran

la **hora** – hour, time

el **horno** – oven

el **hospital** – hospital

el **hotel** – hotel

hoy – today

los **huevos** – eggs

huir – to run away

humano – human

el **huracán** – hurricane

I

ideal – ideal

la **iglesia** – church

igualmente – likewise

ilegal – illegal

impaciente – impatient

el **impermeable** – raincoat

importante – important

incluir – to include

incorporar – to incorporate

indicar – to indicate

la **influencia** – influence

influir – to influence

informal – informal

inmediatamente – immediately

la **inmigración** – immigration

el **inodoro** – toilet

inteligente – intelligent

el **intercambio** – exchange

el **interés** – interest

interesante – interesting

interesar – to interest

el/la **Internet** – Internet

interrogativo – interrogative

introductorio – introductory

el **invierno** – winter

ir – to go; **ir de compras** – to go shopping

la **izquierda** – left side

J

el **jamón** – ham

los **jeans** – jeans

joven – young

la **joyería** – jewelry

jueves – Thursday

el **jugador** – player

jugar (u → ue) – to play

el **jugo de naranja** – orange juice

julio – July

junio – June

juntos – together

K

el **kilo** – kilo

el **kilómetro** – kilometer

L

la – the [fem., sing.];
la – her, it [fem., sing., dir. obj. pron.]

el **labio** – lip

el **lado** – side; **al lado de** – next to

la **lámpara** – lamp

la **lana** – wool

el **lápiz** – pencil

largo – long

las – the [fem., pl.]; **las** – them [fem., pl., dir. obj. pron.]

el **lavabo** – bathroom sink

el **lavaplatos** – dishwasher

lavarse – to wash oneself

le – to him, for him, to her, for her, to you [form., sing.], for you [form., sing.]

la **lección** – lesson

la **leche** – milk

la **lechuga** – lettuce

leer – to read

legal – legal

lejos de – far from

la **lengua** – language, tongue

los **lentes** – glasses; los **lentes de sol** – sunglasses

les – to them, for them, to you [form., pl.], for you [form., pl.]

la **letra** – letter of the alphabet

levantar pesas – to lift weights; **levantarse** – to get up

la **libertad** – liberty, freedom

libre – free

la **librería** – bookstore

el **libro** – book

el **líder** – leader

la **liga** – league

el **limón** – lemon

limpiar – to clean

llamar – to call; **llamarse** – to call oneself

llegar – to arrive

llevar – to wear, to carry

llover (o → ue) – to rain

lloviznar – to drizzle

la **lluvia** – rain

lo – him, it [masc., sing., dir. obj. pron.]

los – the [masc., pl.];
los – them [masc., pl., dir. obj. pron.]

luego – later

lunes – Monday

M

la **madrastra** – stepmother

la **madre** – mother

el **maestro** – teacher

el **maíz** – corn

mal – not well, poorly

malo – bad

la **mamá** – mom

mami – mommy

mañana – tomorrow

la **mañana** – morning

el **mandato** – command

manejar – to drive

la **manera** – way

la **mano** – hand

el **mantel** – tablecloth

la **mantequilla** – butter

la **manzana** – apple

el **mapa** – map

maquillarse – to put on makeup

maravilloso – marvelous

marrón – brown

martes – Tuesday

marzo – March

más – more; **más o menos** – so-so

el **material** – material

materno – maternal

mayo – May

mayor – older

me – me [dir. obj. pron.];
me – to me, for me; **me** – myself

la **media naranja** – soul mate

mediano – medium

la **medianoche** – midnight

las **medias** – stockings

medio – half; el **medio hermano** – half brother

el **mediodía** – noon

la **mejilla** – cheek

mejor – better

mejorar – to improve

el **melón** – melon

mencionar – to mention

menor – younger

el **mensaje de texto** – text message

mentir (e → ie) – to lie

el **menú** – menu

el **mercado** – market

la **mermelada** – jam

el **mes** – month

la **mesa** – table

la **mesera** – waitress

el **mesero** – waiter

el **metro** – subway

mexicano – Mexican

mi / mis – my

el **microondas** – microwave oven

el **miembro** – member

miércoles – Wednesday

mil – thousand

millón – million

el **mineral** – mineral

el **minuto** – minute

mirar – to look at

molestar – to bother

el **momento** – moment

la **montaña** – mountain

montar – to ride; **montar a caballo** – to ride a horse

morado – purple

morir (o → ue) – to die

mostrar (o → ue) – to show

el **móvil** – cell phone

la **muchacha** – girl

el **muchacho** – boy

mucho – a lot; **muchos** – many

muerto – dead

la **mujer** – woman; la **mujer de negocios** – businesswoman

el **mundo** – world

la **muñeca** – wrist

el **museo** – museum

la **música** – music

muy – very

N

la **nación** – nation

nada – nothing

nadar – to swim

nadie – no one

la **naranja** – orange

la **nariz** – nose

la **natación** – swimming

navegar por la red – to surf the Internet

la **Navidad** – Christmas

necesitar – to need

negativo – negative

negro – black

nervioso – nervous

nevado – snow-covered

nevar (e → ie) – to snow

ni…ni – neither…nor

nicaragüense – Nicaraguan

la **niebla** – fog

la **nieta** – granddaughter

el **nieto** – grandson

la **niña** – girl

ninguno – none, not any

el **niño** – boy

no – no, not; **¿no?** – Isn't that so?; **no solo** – not only

la **noche** – night

el **nombre** – name

normal – normal

el **norte** – north

norteamericano – (North) American

nos – us [dir. obj. pron.];
nos – to us, for us; **nos** – ourselves

nosotras – we [fem.]; **nosotros** – we [masc.]

novecientos – nine hundred

noveno – ninth

noventa – ninety

la **novia** – girlfriend

noviembre – November

el **novio** – boyfriend

nublado – cloudy

la **nuera** – daughter-in-law

nuestro(s) / nuestra(s) – our

nueve – nine

nuevo – new

el **número** – number

nunca – never

O

o – or; **o…o** – either…or

el **objeto directo** – direct object

ochenta – eighty

ocho – eight

ochocientos – eight hundred

el **ocio** – leisure

octavo – eighth

octubre – October

ocupado – busy

ocurrir – to occur, to happen

el **oeste** – west

la **oficina** – office

ofrecer – to offer

oír – to hear

el **ojo** – eye

olvidarse de – to forget

once – eleven

optimista – optimistic

ordenado – organized, tidy

ordenar – to order, to straighten

la **oreja** – ear

organizar – to organize

el **oro** – gold

la **orquesta** – orchestra

os – you [inf., plur., dir. obj. pron.]; **os** – to **vosotros/as**, for **vosotros/as**; yourselves [inf.]

el **otoño** – autumn

otro – other, another; **otra vez** – again

P

paciente – patient

el **padrastro** – stepfather

el **padre** – father

los **padres** – parents

pagar – to pay

la **página web** – web page

el **país** – country

la **palabra** – word

el **palo de golf** – golf club

el **pan** – bread; el **pan tostado** – toast; **Es pan comido.** – It's a piece of cake.

la **panadería** – bakery

panameño – Panamanian

los **pantalones** – pants; los **pantalones cortos** – shorts

el **pañuelo** – handkerchief

el **papá** – dad

la **papa** – potato

el **papel** – paper

papi – daddy

para – for, to, in order to

paraguayo – Paraguayan

parecer – to seem

la **pared** – wall

la **pareja** – partner, couple

los **parientes** – relatives

el **parque** – park

la **parte** – part

el **partido** – game

pasado – past (adj.), last

el **pasado** – past

pasar – to happen; **pasar la aspiradora** – to vacuum

la **Pascua** – Easter

pasear – to take a walk

el **pasillo** – hall

la **pasta** – pasta

el **pastel** – cake

paterno – paternal

el **pavo** – turkey

la **paz** – peace

el **pecho** – chest

pedir (e → i) – to ask for

la **película** – movie

el **pelo** – hair

la **pelota** – ball

pensar (e → ie) – to think; **pensar** + infinitive – to plan to do something; **pensar en** – to think about

peor – worse

pequeño – small

la **pera** – pear

perder (e → ie) – to lose

perdonar – to pardon

el **perfume** – perfume

la **perfumería** – perfume store

el **periódico** – newspaper

permitir – to allow, to permit

pero – but

el **perro** – dog

la **persona** – person

peruano – Peruvian

el **pescado** – fish

pesimista – pessimistic

la **pianista** – female pianist

el **pianista** – male pianist

el **piano** – piano

el **pie** – foot; **a pie** – by foot

la **pierna** – leg

el **pijama** – pajamas

la **pimienta** – pepper

la **piña** – pineapple

la **piscina** – swimming pool

la **pizzería** – pizzeria

el **placer** – pleasure

planchar – to iron

la **plata** – silver

el **plátano** – banana

el **platillo** – saucer

el **plato** – plate

la **playa** – beach

la **plaza** – city square, town square

la **pluma** – pen

poco – little; **pocos** – few

poder (o → ue) – to be able to

el **policía** – police officer

el **pollo** – chicken

el **polvo** – dust

poner – to put; **ponerse la ropa** – to put on clothing

popular – popular

por – for, by, through; **por favor** – please; **por lo general** – generally

¿por qué? – why?

porque – because

la **posibilidad** – possibility

posible – possible

posiblemente – possibly

el **postre** – dessert

la **precipitación** – precipitation

preocupado – worried

preferir (e → ie) – to prefer

la **pregunta** – question

la **prenda** – item of clothing

preparado – prepared

preparar – to prepare

la **preposición** – preposition

presentar – to present, to introduce

el **presente** – present

el **presidente** – president

el **préstamo** – loan

prestar – to lend; **prestar atención** – to pay attention

la **prima** – female cousin

la **primavera** – spring

primero – first

el **primo** – male cousin

probablemente – probably

el **problema** – problem

producir – to produce

la **profesión** – profession

el **profesor** – male professor

la **profesora** – female professor

el **programa** – program

progresivo – progressive

pronunciar – to pronounce

proteger – to protect

próximo – next

la **puerta** – door

puertorriqueño – Puerto Rican

pues – well

los **pulmones** – lungs

la **pulsera** – bracelet

el **punto** – point, period

el **punto y coma** – semicolon

la **puntuación** – punctuation

Q

que – that

qué + adjective – how + adjective; **qué** + noun – what a(n) + noun

¿qué? – what?

los **quehaceres** – chores

querer (e → ie) – to want, to love

el **queso** – cheese

¿quién? – who? [sing.]; **¿quiénes?** – who? [pl.]

quince – fifteen

quinientos – five hundred

quinto – fifth

quitar – to take away

quitarse la ropa – to take off clothing

R

la **radio** – radio

la **raíz** – root, stem of a verb

rápido – fast

la **raqueta** – racquet

el **rayo** – lightning, lightning bolt

realmente – actually

recibir – to receive

recoger – to pick up

recordar (o → ue) – to remember

reducir – to reduce

el **refresco** – soft drink

el **refrigerador** – refrigerator

el **regalo** – gift

la **región** – region

regular – so-so

el **reloj** – watch, clock

repasar – to review

repetir (e → i) – to repeat

la **residencia estudiantil** – dormitory

responder – to answer

responsable – responsible

la **respuesta** – answer

el **restaurante** – restaurant

resuelto – resolved

resultar – to turn out to be

retirar – to withdraw

la **reunión** – meeting

rico – rich, delicious

la **rodilla** – knee

rojo – red

la **ropa** – clothing; la **ropa interior** – underwear

rosado – pink

roto – broken

S

sábado – Saturday

saber – to know facts, to know how to do something

sacar – to take out, to get

el **saco** – suit jacket

la **sal** – salt

la **sala** – living room

salado – salty

salir – to leave, to go out

saludar – to greet

salvadoreño – Salvadoran

las **sandalias** – sandals

el **sándwich** – sandwich

satisfecho – satisfied

se – himself, herself, yourself, yourselves, themselves

secarse – to dry oneself

el **secretario** – secretary

la **seda** – silk

segundo – second

seis – six

seiscientos – six hundred

la **semana** – week

el **señor** – Mr., man

la **señora** – Mrs., woman

la **señorita** – Miss, young woman

sentado – seated

septiembre – September

séptimo – seventh

ser – to be

los **servicios sanitarios** – restrooms

la **servilleta** – napkin

servir (e → i) – to serve

sesenta – sixty

setecientos – seven hundred

setenta – seventy

sexto – sixth

si – if

sí – yes

siempre – always

la **sierra** – mountain range, saw

siete – seven

el **signo de puntuación** – punctuation mark

los **signos de exclamación** – exclamation marks

los **signos de interrogación** – question marks

la **silla** – chair

el **sillón** – armchair

simpático – nice

sin – without

sino – but rather; **sino también** – but also

el **sistema** – system

el **sitio web** – website

la **situación** – situation

sobre – on, about

la **sobrina** – niece

el **sobrino** – nephew

el **sol** – sun

solo – alone, only

el **sombrero** – hat

la **sopa** – soup

su / sus – his, her, their, your [form., sing. and pl.]

subir – to go up

la **suegra** – mother-in-law

el **suegro** – father-in-law

el **suelo** – floor

el **suéter** – sweater

suficiente – sufficient

sumamente – extremely

sumo – extreme

la **superioridad** – superiority

el **supermercado** – supermarket

el **supervisor** – supervisor

el **sur** – south

el **sustantivo** – noun

T

la **talla** – size

también – also

tampoco – neither

tanto como – as well as

tarde – late

la **tarde** – afternoon

la **tarea** – homework, chore

la **tarjeta** – card; la **tarjeta de crédito** – credit card; la **tarjeta de débito** – debit card

el **taxi** – taxi

la **taza** – cup

el **tazón** – bowl

el **té** – tea

te – you [inf., sing., dir. obj. pron.]; to you, for you [inf., sing., ind. obj. pron.]; yourself

el **teatro** – theater

el **techo** – roof

la **tecnología** – technology

la **tela** – fabric

el **teléfono** – telephone; el **teléfono celular** – cell phone; el **teléfono inalámbrico** – cordless phone

la **telenovela** – soap opera

la **televisión** – television

el **televisor** – television set

el **tema** – topic

la **temperatura** – temperature

temprano – early

el **tenedor** – fork

tener – to have

el **tenis** – tennis

tercero – third

la **terminación** – ending

terminar – to finish

terrible – terrible

la **tía** – aunt

el **tiempo** – time, weather; el **tiempo libre** – free time

la **tienda** – store

tímido – timid

el **tío** – uncle

típico – typical

el **tipo** – kind, type

el **tobillo** – ankle

tocar – to play an instrument, to touch

el **tocino** – bacon

todavía – still

todo – all, every

tomar – to take, to drink; **tomar el sol** – to sunbathe

el **tomate** – tomato

tónico – tonic

la **tormenta** – storm

la **toronja** – grapefruit

tostar – to toast (bread)

trabajador – hard-working

el **trabajador** – worker; el **trabajador social** – social worker

trabajar – to work

el **trabajo** – work, job

traducir – to translate

traer – to bring

el **traje** – suit; el **traje de baño** – bathing suit

tranquilo – calm

la **transacción bancaria** – bank transaction

tratar de + infinitive – to try to + verb

trece – thirteen

treinta – thirty

el **tren** – train

tres – three

trescientos – three hundred

triste – sad

tronar (o → ue) – to thunder

tú – you [sing., inf.]

tu / tus – your [sing., inf.]

U

último – last

un – a, an [masc., sing.]; **una** – a, an [fem., sing.]; **unos** – some [masc., pl.]; **unas** – some [fem., pl.]

único – only, unique

la **universidad** – university

uno – one

uruguayo – Uruguayan

usted – you [sing., form.]; **ustedes** – you [pl., form.]

usual – usual

el **usuario** – user

útil – useful

la **uva** – grape

V

las **vacaciones** – vacation

la **variedad** – variety

varios – various

el **vaso** – glass

la **vecina** – female neighbor

el **vecino** – male neighbor

veinte – twenty

vender – to sell

venezolano – Venezuelan

venir – to come

la **ventana** – window

ver – to see

el **verano** – summer

el **verbo** – verb; el **verbo reflexivo** – reflexive verb

la **verdad** – truth; ¿**verdad?** – right?

verde – green

las **verduras** – vegetables

el **vestido** – dress

vestirse (e → i) – to get dressed

la **vez** – time; **a veces** – at times; **de vez en cuando** – from time to time

viajar – to travel

viejo – old

el **viento** – wind

viernes – Friday

el **vino** – wine; el **vino blanco** – white wine; el **vino tinto** – red wine

la **virtud** – virtue

visitar – to visit

vivir – to live

el **vocabulario** – vocabulary

volar (o → ue) – to fly

volver (o → ue) – to return

vosotras – you [fem. pl., inf.]; **vosotros** – you [masc. pl., inf.]

vuestro(s) / **vuestra(s)** – your [inf., pl.]

Y

y – and

ya – now, already

el **yerno** – son-in-law

yo – I

el **yoga** – yoga

Z

la **zanahoria** – carrot

la **zapatería** – shoe store

el **zapato** – shoe; los **zapatos de tacón alto** – high-heel shoes; los **zapatos de tenis** – sneakers

la **zona** – zone

el **zoológico** – zoo

Glosario inglés-español / English-Spanish Glossary

A

a, an – **un** [masc., sing.], **una** [fem., sing.]

absolute – **absoluto**

access – **acceder**;
access the Internet – **acceder a Internet**

accident – el **accidente**

accidental – **accidental**

accountant – el **contador**

accustomed – **acostumbrado**

across from – **enfrente de**

active – **activo**

activity – la **actividad**

actually – **realmente**

adjective – el **adjetivo**

admission ticket – la **entrada**

adverb – el **adverbio**

affirmative – **afirmativo**

after – **después de**

afternoon – la **tarde**

again – **de nuevo, otra vez**

against – **contra**

air – el **aire**

airplane – el **avión**

airport – el **aeropuerto**

allow – **permitir**

alone – **solo**

already – **ya**

always – **siempre**

(North) American – **norteamericano**

and – **y**

angry – **enojado**

ankle – el **tobillo**

another – **otra**

answer – la **respuesta**; to answer – **responder**

any – **alguno**

appetizer – el **aperitivo**

apple – la **manzana**

April – **abril**

architect – el **arquitecto**

Argentine – **argentino**

arid – **árido**

arm – el **brazo**

armchair – el **sillón**

around – **alrededor de**

arrive – **llegar**

as – **como**

as well as – **tanto como**

ask a question – **hacer una pregunta**

ask for – **pedir** (e → i)

aspect – el **aspecto**

assistant – el **asistente**

at present – **actualmente**

attend – **asistir a**

attention – la **atención**

attitude – la **actitud**

August – **agosto**

aunt – la **tía**

automated teller machine – el **cajero automático**

autumn – el **otoño**

available – **disponible**

avocado – el **aguacate**

B

back – la **espalda**

bacon – el **tocino**

bad – **malo**

bakery – la **panadería**

ball – la **pelota**, el **balón**

banana – la **banana**, el **banano**, el **plátano**

bank – el **banco**

bank transaction – la **transacción bancaria**

bar – el **bar**

baseball – el **béisbol**

basketball – el **básquetbol**

bat – el **bate**

bathe oneself – **bañarse**

bathing suit – el **traje de baño**

bathroom – el **baño**

bathroom sink – el **lavabo**

bathtub – la **bañera**

be – **ser**, **estar**

be able to – **poder** (o → ue)

beach – la **playa**

beans – los **frijoles**

because – **porque**

become happy – **alegrarse de**

bed – la **cama**

bedroom – la **habitación**, el **dormitorio**

beer – la **cerveza**

before – **antes de**

begin – **comenzar** (e → ie), **empezar** (e → ie)

behind – **detrás de**

believe – **creer**

belt – el **cinturón**

better – **mejor**

between – **entre**

bicycle – la **bicicleta**; ride a bicycle – **montar en bicicleta**

birthday – el **cumpleaños**

black – **negro**

blog – el **blog**

blouse – la **blusa**

blue – **azul**

boat – el **barco**

body – el **cuerpo**

Bolivian – **boliviano**

book – el **libro**

bookshelf – el **estante**

bookstore – la **librería**

boots – las **botas**

bored – **aburrido** (with **estar**)

boring – **aburrido** (with **ser**)

bother – **molestar**

bowl – el **tazón**

boxing – el **boxeo**

boy – el **chico**, el **muchacho**, el **niño**

boyfriend – el **novio**

bracelet – la **pulsera**

bread – el **pan**

breakfast – el **desayuno**

bring – **traer**

broccoli – el **brócoli**

broken – **roto**

brother-in-law – el **cuñado**

brother – el **hermano**

brown – **marrón**

brush your teeth – **cepillarse los dientes**

build – **construir**

building – el **edificio**

bureau – la **cómoda**

bus – el **autobús**

bus station – la **estación de autobuses**

businessman – el **hombre de negocios**

businesswoman – la **mujer de negocios**

busy – **ocupado**

but – **pero**; but rather – **sino**

butter – la **mantequilla**

buy – **comprar**

bye – **chao**

C

cash – el **dinero en efectivo**

café – el **café**

cafeteria – la **cafetería**

cake – el **pastel**; It's a piece of cake. – **Es pan comido.**

call – **llamar**; to call oneself – **llamarse**

calm – **tranquilo**

camp – **acampar**

candy – los **dulces**

cap – la **gorra**

capable – **capaz**

capital city – la **capital**

car – el **automóvil**, el **carro**, el **coche**

card – la **tarjeta**; credit card – la **tarjeta de crédito**; debit card – la **tarjeta de débito**

careful – **cuidadoso**

carrot – la **zanahoria**

carry – **llevar**

category – la **categoría**

cathedral – la **catedral**

Catholic – **católico**

celebration – la **celebración**

cell phone – el **teléfono celular**, el **celular**, el **móvil**

central – **central**

cereal – el **cereal**

certain – **cierto**

chair – la **silla**

champion – el **campeón**

change – el **cambio**; to change – **cambiar**

characteristic – la **característica**

chat – **charlar**

chat online – **chatear**

check – el **cheque**

cheek – la **mejilla**

cheese – el **queso**

chest – el **pecho**

chicken – el **pollo**

Chilean – **chileno**

chili, chili pepper – el **chile**

chocolate – el **chocolate**

choose – **escoger**

chores – los **quehaceres**

Christmas – la **Navidad**

church – la **iglesia**

city – la **ciudad**

city square – la **plaza**

class – la **clase**

classical – **clásico**

classroom – el **aula** [fem.]

clean – **limpiar**

clear – **claro**

cloudless – **despejado**

cliché – **tópico**

clock – el **reloj**

close – **cerrar** (e → ie)

closed – **cerrado**

closet – el **armario**

clothing – la **ropa**

cloudy – **nublado**

club – el **club**

coach – el **entrenador**

coat – el **abrigo**

cocktail – la **copa**

coffee – el **café**

cold (adj.) – **frío**; cold – el **frío**

Colombian – **colombiano**

colon – **dos puntos**

color – el **color**

come – **venir**

comma – la **coma**

command – el **mandato**

comment on – **comentar**

common – **común**

communicate – **comunicarse**

community – la **comunidad**

competition – la **competencia**

comprehension – la **comprensión**

computer – la **computadora**

concert – el **concierto**

confused – **confundido**

congratulations – **enhorabuena, felicidades**

conjugation – la **conjugación**

connection – la **conexión**;
wireless connection – la **conexión inalámbrica**

conquer – **conquistar**

conqueror – el **conquistador**

consider – **considerar**

construction – la **construcción**

contrary – **contrario**

contribute – **contribuir**

contribution – la **contribución**

conversation – la **conversación**

convinced – **convencido**

cook – el **cocinero**; to cook – **cocinar**

cool – **fresco**

corn – el **maíz**

correct – **correcto**; to correct – **corregir** (e → i)

correctly – **correctamente**

cost – **costar** (o → ue)

Costa Rican – **costarricense**

cotton – el **algodón**

country – el **país**

couple – la **pareja**

course – el **curso**

cousin – el **primo**

covered with flowers – **florida**

create – **crear**

creator – el **creador**

criticize – **criticar**

Cuban – **cubano**

culture – la **cultura**

cup – la **taza**

custard – el **flan**

cycling – el **ciclismo**

D

dad – el **papá**

daddy – **papi**

dance – **bailar**

date – la **fecha**

daughter – la **hija**

daughter-in-law – la **nuera**

day – el **día**

day before yesterday – **anteayer**

dead – **muerto**

December – **diciembre**

decide – **decidir**

declare – **afirmar**

dedicate – **dedicar**

degrees – los **grados**

delicious – **delicioso, rico**

demonstrative – **demostrativo**

dentist – el **dentista**

deposit – **depositar**

desire – el **deseo**

desk – el **escritorio**

dessert – el **postre**

destroy – **destruir**

destruction – la **destrucción**

dictionary – el **diccionario**

die – **morir** (o → ue)

different – **diferente**

difficult – **difícil**

dilemma – el **dilema**

dining room – el **comedor**

dinner – la **cena**

direct object – el **objeto directo**

discotheque – la **discoteca**

discover – **descubrir**

dishwasher – el **lavaplatos**

disorganized – **desordenado**

do – **hacer**

doctor – el **doctor**

dog – el **perro**

dollar – el **dólar**

Dominican – **dominicano**

door – la **puerta**

dormitory – la **residencia estudiantil**

download – **descargar**

drama – el **drama**

dress – el **vestido**

drink – la **bebida**; to drink – **beber, tomar**

drive – **manejar, conducir**

drizzle – **lloviznar**

dry oneself – **secarse**

dust – el **polvo**

E

each – **cada**

eagle – el **águila** [fem.]

ear – la **oreja**

early – **temprano**

earn – **ganar**

earrings – los **aretes**

east – el **este**

Easter – la **Pascua**

easy – **fácil**

eat – **comer**

eat breakfast – **desayunar**

eat dinner – **cenar**

eat lunch – **almorzar** (o → ue)

Ecuadorian – **ecuatoriano**

Equatorial Guinean – **ecuatoguineano**

education – la **educación**

eggs – los **huevos**

eight – **ocho**

eight hundred – **ochocientos**

eighteen – **dieciocho**

eighth – **octavo**

eighty – **ochenta**

either…or – **o…o**

elbow – el **codo**

elegant – **elegante**

elephant – el **elefante**

eleven – **once**

e-mail – el **correo electrónico**

embarrassed – **avergonzado**

emphasis – el **énfasis**

employ – **emplear**

employee – el **empleado**

encourage – **animar**

end – el **fin**

ending – la **terminación**

enjoy oneself – **divertirse** (e → ie)

enormous – **enorme**

enter – **entrar**

every – **todos**

exactly – **exactamente**

exam – el **examen**

excellent – **excelente**

exchange – el **intercambio**

exclamation marks – los **signos de exclamación**

excuse – **disculpar**

exercise – el **ejercicio**; to exercise – **hacer ejercicio**

exist – **existir**

expand – **expandir**

expensive – **caro**

explain – **explicar**

explanation – la **explicación**

explore – **explorar**

express – **expresar**

expression – la **expresión**

extra – **extra**

extreme – **sumo**

extremely – **sumamente**

eye – el **ojo**

F

fall asleep – **dormirse** (o → ue)

fall in love – **enamorarse de**

family – la **familia**

famous – **famoso**

fan – el **aficionado**

fantastic – **fantástico**

far from – **lejos de**

fast – **rápido**

father – el **padre**

father-in-law – el **suegro**

favorite – **favorito**

February – **febrero**

fabric – la **tela**

face – la **cara**

fall – **caer**

few – **pocos**

fifteen – **quince**

fifth – **quinto**

fifty – **cincuenta**

film – el **film**, el **filme**

finally – **finalmente**

find – **encontrar** (o → ue)

finger – el **dedo**

finish – **terminar, acabar**

fire – **despedir** (e → i)

first – **primero**

fish – el **pescado**

fit – **caber**

five – **cinco**

five hundred – **quinientos**

flag – la **bandera**

floor – el **suelo**

fly – **volar** (o → ue)

fog – la **niebla**

food – la **comida**

foot – el **pie**; by foot – **a pie**

football – el **fútbol americano**

for – **por, para**

forehead – la **frente**

forget – **olvidarse de**

fork – el **tenedor**

form – **formar**

formal – **formal**

formation – la **formación**

fortunately – **afortunadamente**

forty – **cuarenta**

four – **cuatro**

four hundred – **cuatrocientos**

fourteen – **catorce**

fourth – **cuarto**

free – **libre**

free (at no cost) – **gratis**

freedom – la **libertad**

frequently – **frecuentemente, con frecuencia**

fresh – **fresco**

Friday – **viernes**

friend – el **amigo**

from – **de, desde**

fruit – la **fruta**

fruit store – la **frutería**

frustrated – **frustrado**

function – **funcionar**

G

game – el **partido**

garage – el **garaje**

general – **general**

generally – **por lo general**

get dressed – **vestirse** (e → i)

get up – **levantarse**

gift – el **regalo**

girl – la **chica**, la **muchacha**, la **niña**

girlfriend – la **novia**

give – **dar**

glass – el **vaso**

glasses – los **lentes**; sunglasses – los **lentes de sol**

gloves – los **guantes**

go – **ir**; go out – **salir**; go up – **subir**; go shopping – **ir de compras**; go to bed – **acostarse** (o → ue)

gold – el **oro**

golf – el **golf**

golf club – el **palo de golf**

good-bye – **adiós**

good-looking – **guapo**

good – **bueno**

grammar – la **gramática**

granddaughter – la **nieta**

grandfather – el **abuelo**

grandmother – la **abuela**

grandson – el **nieto**

grape – la **uva**

grapefruit – la **toronja**

gray – **gris**

great-granddaughter – la **bisnieta**

great-grandfather – el **bisabuelo**

green – **verde**

greet – **saludar**

Guatemalan – **guatemalteco**

gymnasium – el **gimnasio**

H

hair – el **pelo**

half – **medio**; half brother – el **medio hermano**

hall – el **pasillo**

ham – el **jamón**

hand – la **mano**

handkerchief – el **pañuelo**

happen – **pasar**, **ocurrir**

happiness – la **felicidad**

happy – **alegre**, **contento**, **feliz**

hard-working – **trabajador**

hat – el **sombrero**

have – **tener**

he – **él**

head – la **cabeza**

hear – **oír**

heart – el **corazón**

heat – el **calor**

hello – **hola**

help – **ayudar**

her – **la**; to her, for her – **le**

here – **aquí**

hidden – **escondido**

high school – el **colegio**

highway – la **autopista**

him – **lo**; to him, for him – **le**

hire – **contratar**

homework – la **tarea**

Honduran – **hondureño**

hope – **esperar**

hospital – el **hospital**

hot – **caliente**

hotel – el **hotel**

hour – la **hora**

house – la **casa**

how + adjective – **qué** + adjective

how many? – **¿cuántos?**, **¿cuántas?**

how much? – **¿cuánto?**, **¿cuánta?**

how? – **¿cómo?**

human – **humano**

hurricane – el **huracán**

husband – el **esposo**

I

I – **yo**

ice – el **hielo**

ice cream – el **helado**

ideal – **ideal**

if – **si**

illegal – **ilegal**

immediately – **inmediatamente**

immigration – la **inmigración**

impatient – **impaciente**

important – **importante**

improve – **mejorar**

in front of – **delante de**

in – **en**

include – **incluir**

incorporate – **incorporar**

indicate – **indicar**

inexpensive – **barato**

influence – la **influencia**; to influence – **influir**

informal – **informal**

inside of – **dentro de**

intelligent – **inteligente**

interest – el **interés**; to interest – **interesar**

interesting – **interesante**

Internet – el/la **Internet**

interrogative – **interrogativo**

interview – la **entrevista**; to interview – **entrevistar**

introduce – **presentar**

introductory – **introductorio**

iron – **planchar**

it's necessary to + verb – **hay que** + infinitive

item of clothing – la **prenda**

J

jacket – la **chaqueta**

jam – la **mermelada**

January – **enero**

jeans – los **jeans**

jewelry – la **joyería**

job – el **trabajo**

July – **julio**

June – **junio**

K

kilo – el **kilo**

kilometer – el **kilómetro**

kitchen – la **cocina**

kitchen sink – el **fregadero**

knee – la **rodilla**

knife – el **cuchillo**

know – (facts, how to do something) **saber**; (a person, place, or thing) **conocer**

L

lamp – la **lámpara**

language – la **lengua**

large – **grande**

last – **pasado**, **último**

last name – el **apellido**

last night – **anoche**

late – **tarde**

later – **luego**, **más tarde**

lawyer – el **abogado**

leader – el **líder**

league – la **liga**

learn – **aprender**

leather – el **cuero**

leave – **salir**

left side – la **izquierda**

leg – la **pierna**

legal – **legal**

leisure – el **ocio**

lemon – el **limón**

lend – **prestar**

lesson – la **lección**

let's + verb – **a** + infinitive

letter of the alphabet – la **letra**

lettuce – la **lechuga**

liberty – la **libertad**

library – la **biblioteca**

lie – **mentir** (e → ie)

lift weights – **levantar pesas**

lightning bolt – el **rayo**

like – **como**

likewise – **igualmente**

link – el **enlace**

lip – el **labio**

listen – **escuchar**

little – **poco**

live – **vivir**

living room – la **sala**

loan – el **préstamo**

long – **largo**

look at – **mirar**

look for – **buscar**

lose – **perder** (e → ie)

lot, a lot – **mucho**

love – **querer**

lunch – el **almuerzo**

lungs – los **pulmones**

M

make – **hacer**

man – el **hombre**, el **señor**

manager – el **gerente**

many – **muchos**

map – el **mapa**

March – **marzo**

market – el **mercado**

married – **casado**

marvelous – **maravilloso**

material – el **material**

maternal – **materno**

May – **mayo**

maybe – **a lo mejor**

me – **me** [dir. obj. pron.];
to me, for me – **me** [ind. obj. pron.]

meat – la **carne**

medium – **mediano**

meeting – la **reunión**

melon – el **melón**

member – el **miembro**

mention – **mencionar**

menu – la **carta**, el **menú**

Mexican – **mexicano**

microwave oven – el **microondas**

midnight – la **medianoche**

milk – la **leche**

million – **millón**

mineral – el **mineral**

minute – el **minuto**

mirror – el **espejo**

Miss – la **señorita**

mom – la **mamá**

moment – el **momento**

mommy – **mami**

Monday – **lunes**

money – el **dinero**

month – el **mes**

more – **más**

morning – la **mañana**

mother – la **madre**

mother-in-law – la **suegra**

mountain – la **montaña**

mountain range – la **sierra**

mouth – la **boca**

movie – la **película**

movie theater – el **cine**

Mr. – el **señor**

Mrs. – la **señora**

museum – el **museo**

music – la **música**

my – **mi / mis**

myself – **me**

N

name – el **nombre**

napkin – la **servilleta**

nation – la **nación**

near to – **cerca de**

neck – el **cuello**

necklace – el **collar**

need – **necesitar**

negative – **negativo**

neighbor – el **vecino**

neither – **tampoco**

neither…nor – **ni…ni**

nephew – el **sobrino**

nervous – **nervioso**

never – **nunca**

new – **nuevo**

New Year's Day – el **Año Nuevo**

newspaper – el **periódico**

next – **próximo**

next to – **al lado de**

Nicaraguan – **nicaragüense**

nice – **simpático**

niece – la **sobrina**

night – la **noche**

nine – **nueve**

nine hundred – **novecientos**

nineteen – **diecinueve**

ninety – **noventa**

ninth – **noveno**

no one – **nadie**

no, not – **no**; not only – **no solo**

none, not any – **ninguno**

noon – el **mediodía**

normal – **normal**

north – el **norte**

nose – la **nariz**

notebook – el **cuaderno**

nothing – **nada**

noun – el **sustantivo**

November – **noviembre**

now – **ahora**; right now – **ahora mismo**

number – el **número**

nurse – el **enfermero**

O

occur – **ocurrir, pasar**

October – **octubre**

of – **de**

offer – **ofrecer**

office – la **oficina**

often – **a menudo**

old – **viejo**

older – **mayor**

on – **encima de, sobre**; on the dot – **en punto**

one – **uno**

one hundred – **cien**

onion – la **cebolla**

only – **solo**; only child – **hijo** único

open – **abierto**

open – **abrir**

optimistic – **optimista**

or – **o**

orange (adj.) – **anaranjado**; orange – la **naranja**

orange juice – el **jugo de naranja**

orchestra – la **orquesta**

order – **ordenar**

organize – **organizar**

organized – **ordenado**

other – **otro**

our – **nuestro(s) / nuestra(s)**

oven – el **horno**

over there – **allá**

owner – el **dueño**

P

pajamas – el **pijama**

Panamanian – **panameño**

pants – los **pantalones**

paper – el **papel**

Paraguayan – **paraguayo**

pardon – **perdonar**

parents – los **padres**

park – el **parque**

part – la **parte**

partner – la **pareja**

party – la **fiesta**

password – la **contraseña**

past (adj.) – **pasado**; past – el **pasado**

pasta – la **pasta**

paternal – **paterno**

patient – **paciente**

pay – **pagar**; pay attention – **prestar atención**

peace – la **paz**

pear – la **pera**

peas – los **guisantes**

pen – la **pluma**

pencil – el **lápiz**

people – la **gente**

pepper – la **pimienta**

perfume – el **perfume**

perfume store – la **perfumería**

period – el **punto**

person – la **persona**

Peruvian – **peruano**

pessimistic – **pesimista**

pharmacy – la **farmacia**

phenomenal – **fenomenal**

pianist – el **pianista**

piano – el **piano**

pick up – **recoger**

pillow – la **almohada**

pineapple – la **piña**

pink – **rosado**

pizzeria – la **pizzería**

plan to do something – **pensar** + infinitive

plate – el **plato**

play a sport – **jugar** (u → ue)

play an instrument – **tocar**

player – el **jugador**

please – **por favor**; to please – **gustar**; to please very much – **encantar**

pleasure – el **placer**

point – el **punto**

police officer – el **policía**

poorly – **mal**

popular – **popular**

possibility – la **posibilidad**

possible – **posible**

possibly – **posiblemente**

post office – el **correo**

potato – la **papa**

precipitation – la **precipitación**

prefer – **preferir** (e → ie)

pregnant – **embarazada**

prepare – **preparar**

prepared – **preparado**

preposition – la **preposición**

present – el **presente**; to present – **presentar**

president – el **presidente**

pretty – **bonito**

probably – **probablemente**

problem – el **problema**

produce – **producir**

profession – la **profesión**

professor – el **profesor**

program – el **programa**

progress – **avanzar**

progressive – **progresivo**

pronounce – **pronunciar**

protect – **proteger**

Puerto Rican – **puertorriqueño**

punctuation – la **puntuación**

punctuation mark – el **signo de puntuación**

purple – **morado**

purse – la **bolsa**

put – **poner**; put on clothing – **ponerse la ropa**; put on makeup – **maquillarse**

Q

quarter – el **cuarto**

question – la **pregunta**; question, issue – la **cuestión**

question marks – los **signos de interrogación**

quite – **bastante**

R

racquet – la **raqueta**

radio – la **radio**

rain – la **lluvia**

rain – **llover** (o → ue)

raincoat – el **impermeable**

rather – **bastante**

read – **leer**

receive – **recibir**

red – **rojo**

red-colored – **colorado**

reduce – **reducir**

refrigerator – el **refrigerador**

region – la **región**

relatives – los **parientes**

remember – **recordar** (o → ue), **acordarse de** (o → ue)

repeat – **repetir** (e → i)

resolved – **resuelto**

responsible – **responsable**

restaurant – el **restaurante**

restrooms – los **servicios sanitarios**

return – **volver** (o → ue)

return something – **devolver** (o → ue)

review – **repasar**

rice – el **arroz**; rice pudding – el **arroz con leche**

rich – **rico**

ride – **montar**; ride a horse – **montar a caballo**

right? – **¿verdad?, ¿cierto?**

right side – la **derecha**

ring – el **anillo**

roof – el **techo**

root – la **raíz**

rug – la **alfombra**

run – **correr**

run away – **huir**

S

sad – **triste**

salad – la **ensalada**

salt – la **sal**

salty – **salado**

Salvadoran – **salvadoreño**

sandals – las **sandalias**

sandwich – el **sándwich**

satisfied – **satisfecho**

Saturday – **sábado**

saucer – el **platillo**

say – **decir**

scarf – la **bufanda**

school – la **escuela**

school principal – el **director de escuela**

scuba diving – el **buceo**; to scuba dive – **bucear**

search engine – el **buscador**

season – la **estación**

seat – el **asiento**

seated – **sentado**

second – **segundo**

secretary – el **secretario**

see – **ver**

seem – **parecer**

selfish – **egoísta**

sell – **vender**

semicolon – el **punto y coma**

sentence – la **frase**

September – **septiembre**

serve – **servir** (e → i)

seven – **siete**

seven hundred – **setecientos**

seventeen – **diecisiete**

seventh – **séptimo**

seventy – **setenta**

shave – **afeitarse**

she – **ella**

shirt – la **camisa**

shoe store – la **zapatería**

shoe – el **zapato**; high-heel shoes – los **zapatos de tacón alto**

short in length – **corto**

shorts – los **pantalones cortos**

should – **deber**

shoulder – el **hombro**

show – el **espectáculo**, la **función**

show – **mostrar** (o → ue)

shower – la **ducha**; to shower – **ducharse**

sick – **enfermo**

side – el **lado**

silk – la **seda**

silver – la **plata**

since – **desde**; since when – **desde cuando**

sing – **cantar**

sister – la **hermana**

sister-in-law – la **cuñada**

situation – la **situación**

six – **seis**

six hundred – **seiscientos**

sixteen – **dieciséis**

sixth – **sexto**

sixty – **sesenta**

size – la **talla**

to ski – **esquiar**

skiing – el **esquí**

skirt – la **falda**

sky – el **cielo**

sleep – **dormir** (o → ue); to fall asleep – **dormirse** (o → ue)

slowly – **despacio**

small – **pequeño**, **chico**

sneakers – los **zapatos de tenis**

snow-covered – **nevado**

snow – **nevar** (e → ie)

so – **así**

so-so – **más o menos**, **regular**

soap opera – la **telenovela**

soccer – el **fútbol**

soccer player – el **futbolista**

social worker – el **trabajador social**

socks – los **calcetines**

soft drink – el **refresco**

some – **unos** [masc., pl.], **unas** [fem., pl.], **algunos** [masc. pl.], **algunas** [fem. pl.]

someone – **alguien**

something – **algo**

son – el **hijo**

son-in-law – el **yerno**

soul – el **alma** [fem.]

soul mate – el **alma gemela**, la **media naranja**

soup – la **sopa**

south – el **sur**

Spaniard – **español**

Spanish language – el **español**, el **castellano**

speak – **hablar**

spinach – las **espinacas**

spoon – la **cuchara**

sport – el **deporte**

spring – la **primavera**

stadium – el **estadio**

steak – el **bistec**

stepbrother – el **hermanastro**

stepdaughter – la **hijastra**

stepfather – el **padrastro**

stepmother – la **madrastra**

stepsister – la **hermanastra**

stepson – el **hijastro**

still – **todavía**

stockings – las **medias**

stomach – el **estómago**

store – la **tienda**

storm – la **tormenta**

stove – la **estufa**

strawberry – la **fresa**

street – la **calle**

strong – **fuerte**

student – el **estudiante**

study – el **estudio**; to study – **estudiar**

subway – el **metro**

sufficient – **suficiente**

sugar – el **azúcar**

suit jacket – el **saco**

suit – el **traje**

summer – el **verano**

sun – el **sol**

sunbathe – **tomar el sol**

Sunday – **domingo**

superiority – la **superioridad**

supermarket – el **supermercado**

supervisor – el **supervisor**

surf the Internet – **navegar por la red**

sweater – el **suéter**

sweep – **barrer**

swim – **nadar**

swimming – la **natación**

swimming pool – la **piscina**

system – el **sistema**

T

T-shirt – la **camiseta**

table – la **mesa**

tablecloth – el **mantel**

take – **tomar**

take away – **quitar**; take off clothing – **quitarse la ropa**

take down – **bajar**

take out – **sacar**

talk – **hablar**

talkative – **hablador**

tall – **alto**

taxi – el **taxi**

tea – el **té**

teach – **enseñar**

teacher – el **maestro**

team – el **equipo**

teaspoon – la **cucharita**

technology – la **tecnología**

telephone – el **teléfono**; cell phone – el **teléfono celular**, el **celular**, el **móvil**; cordless phone – el **teléfono inalámbrico**

television – la **televisión**

television set – el **televisor**

tell – **decir**

temperature – la **temperatura**

ten – **diez**

tennis – el **tenis**

tenth – **décimo**

terrible – **terrible**

text message – el **mensaje de texto**

thank you – **gracias**

that – **que**, **ese** [adj. or pron.], **eso** [pron.], **aquello** [pron.]

that over there – **aquel**

the – **el** [masc., sing.], **la** [fem., sing.], **los** [masc., pl.], **las** [fem., pl.]

theater – el **teatro**

their – **su / sus**

them – **los** [masc.], **las** [fem.]; to them – **les**

then – **entonces**

there – **allí**

there is, there are – **hay**

they – **ellos** [masc.]; **ellas** [fem.]

thing – la **cosa**

think – **pensar** (e → ie); think about – **pensar en**

third – **tercero**

thirteen – **trece**

thirty – **treinta**

this – **este** [adj. or pron.], **esto** [pron.]

thousand – **mil**

three – **tres**

three hundred – **trescientos**

throat – la **garganta**

thunder – **tronar** (o → ue)

Thursday – **jueves**

ticket – el **boleto**

tie – la **corbata**

time – el **tiempo**, la **vez**; free time – el **tiempo libre**; at times – **a veces**; from time to time – **de vez en cuando**

timid – **tímido**

tired – **cansado**

to – **a**; to where? – **¿adónde?**

toast – el **pan tostado**; toast (to celebrate) – el **brindis**; to toast (bread) – **tostar**

today – **hoy**

toe – el **dedo del pie**

together – **juntos**

toilet – el **inodoro**

tomato – el **tomate**

tomorrow – **mañana**

tongue – la **lengua**

too much – **demasiado**

tooth – el **diente**

topic – el **tema**

touch – **tocar**

toward – **hacia**

town square – la **plaza**

train – el **tren**; to train – **entrenar**

train station – la **estación de trenes**

translate – **traducir**

trash – la **basura**

travel – **viajar**

truth – la **verdad**

try to + verb – **tratar de** + infinitive

Tuesday – **martes**

turkey – el **pavo**

turn out to be – **resultar**

twelve – **doce**

twenty – **veinte**

twin – el **gemelo**

two – **dos**

two hundred – **doscientos**

type – el **tipo**

typical – **típico**

U

ugly – **feo**

uncle – el **tío**

under – **debajo de**

understand – **entender** (e → ie), **comprender**

unfriendly – **antipático**

unique – **único**

United States – los **Estados Unidos**

university – la **universidad**

underwear – la **ropa interior**

until – **hasta**

Uruguayan – **uruguayo**

us – **nos** [dir. obj. pron.]; to us – **nos** [ind. obj. pron.]

used up – **agotado**

useful – **útil**

user – el **usuario**

usual – **usual**

V

vacation – las **vacaciones**

vacuum – **pasar la aspiradora**

variety – la **variedad**

various – **varios**

vegetables – las **verduras**

Venezuelan – **venezolano**

verb – el **verbo**; reflexive verb – el **verbo reflexivo**

very – **muy**

virtue – la **virtud**

visit – **visitar**

vocabulary – el **vocabulario**

W

waist – la **cintura**

wait for – **esperar**

waiter – el **mesero**

waitress – la **mesera**

wake up – **despertarse** (e → ie)

walk – **caminar**, **andar**; to take a walk – **pasear**

wall – la **pared**

wallet – la **cartera**

want – **querer** (e → ie)

to wash – **lavar**; to wash oneself – **lavarse**

watch – el **reloj**

water – el **agua** [fem.]

water skiing – el **esquí acuático**

way – la **manera**

we – **nosotros** [masc.], **nosotras** [fem.]

wear – **llevar**

weather – el **tiempo**

web page – la **página web**

website – el **sitio web**

Wednesday – **miércoles**

week – la **semana**

weekend – el **fin de semana**

welcome – **bienvenidos** [masc., pl.]

well – **bien**

well, so – **pues**, **bueno**

west – el **oeste**

what? – **¿qué?**

what a(n) + noun – **qué** + noun

when? – **¿cuándo?**

where? – **¿dónde?**

white – **blanco**

who? – **¿quién?** [sing.], **¿quiénes?** [pl.]

why? – **¿por qué?**

wife – la **esposa**

willing – **dispuesto**

win – **ganar**

wind – el **viento**

window – la **ventana**

wine – el **vino**; white wine – el **vino blanco**; red wine – el **vino tinto**

wineglass – la **copa**

winter – el **invierno**

with – **con**; with me – **conmigo**; with you – **contigo** [inf., sing.]

withdraw – **retirar**

without – **sin**

woman – la **mujer**, la **señora**

wool – la **lana**

word – la **palabra**

work – el **trabajo**; to work – **trabajar**

workbook – el **cuaderno**

worker – el **trabajador**

world – el **mundo**

worried – **preocupado**

worse – **peor**

wrist – la **muñeca**

write – **escribir**

Y

yellow – **amarillo**

year – el **año**

yes – **sí**

yesterday – **ayer**

yoga – el **yoga**

you – **tú** [sing., inf.]; **usted** [sing., form.]; **vosotros** [masc. pl., inf.]; **vosotras** [fem. pl., inf.]; **ustedes** [pl., form.]; to you – **te** [sing., inf.], **os** [pl., inf.], **les** [pl., form.]

young – **joven**

younger – **menor**

your – **tu / tus** [sing., inf.]; **vuestro(s) / vuestra(s)** [inf., pl.]; **su / sus** [form., pl.]

Z

zero – **cero**

zone – la **zona**

zoo – el **zoológico**

Resources for Further Study

Dictionaries

It is always useful for a language learner to have access to a good dictionary. One that is recommended to beginning Spanish language learners is McGraw-Hill's **Vox Everyday Spanish and English Dictionary**. This dictionary includes just about all the words you're likely to come across without overwhelming you with too many entries.

In terms of online resources, the most useful dictionary is the one at **wordreference.com**. This is a particularly good website for a number of reasons. First, it allows you to find the English for a Spanish word, the Spanish for an English word, a definition in Spanish, and even Spanish synonyms for a given word. In addition to showing the WordReference definition, this website also allows you to consult the Collins online dictionary, which is another excellent resource.

Beyond the definitions you can find at wordreference.com, another useful feature of the website is the forum discussion section, which is content created by users of the dictionary. Someone asks a question in the forum, such as, "What's the difference between the word *x* and the word *y*?," and users will then respond, saying something like the following: "In Colombia, we say…." or "In Argentina, we use the word *x* when…." Some users write in Spanish while others write in English, and the answers to the questions asked in the forum give real insight into how words and expressions are used in daily communication by Spanish speakers.

One final dictionary worth mentioning is the dictionary of the **Real Academia Española** [Royal Spanish Academy], found at rae.es. All of the definitions in this dictionary are entirely in Spanish, so it's not an ideal resource for a beginning language learner. Nevertheless, it's a website worth taking a look at, given that the Real Academia Española is the official institution that oversees the Spanish language. This dictionary will become more useful to you as your level of Spanish improves.

Listening to Varieties of Spoken Spanish

There are two very interesting and useful academic websites that can help you become familiar with different varieties of spoken Spanish. One website, maintained by The Ohio State University, is called the **Digital Catalog of the Sounds of Spanish** and can be found at dialectos.osu.edu. If you go to this website, you will be able to see short videos of Spanish speakers from Spain, almost all of the Spanish-speaking countries in Latin America, and even the United States. Most of the videos also include a transcript of the Spanish being spoken by the person in the video. So, as you're listening to the words being spoken, you can, if you want, read the words as well.

Another academic website is called **Spanish Proficiency Exercises**, and you can find it at the University of Texas at Austin website at laits.utexas.edu/spe. This website also includes video clips of a variety of Spanish speakers from different countries talking about a wide range of topics. And very often, you can read the text of what the person is saying as you listen to the Spanish.

Both of these websites are recommended as a way to begin to get a sense of different ways that Spanish is spoken in different countries. It will allow you to compare, for example, a Mexican accent with one from Chile or a Guatemalan accent with one from Spain.

Practice with Grammar and Vocabulary

There are several useful websites that offer online practice of both grammar and vocabulary. One of these is found at **conjuguemos.com** (**conjuguemos** means "let's conjugate"). This website will allow you to practice, for example, adjective agreement with nouns, verb conjugation, comparisons, and many other grammatical topics. You enter answers to specific questions, and the website will let you know which answers are correct and which are incorrect. Some of the questions are based on what you read, while others relate to videos of different Spanish speakers.

Another useful website for practicing with the language is called **Spanish Language and Culture with Barbara Kuczun Nelson** and can be found at personal.colby.edu/~bknelson/SLC. This website offers a wide range of activities that allow you to work on developing your skills with a variety of grammar topics.

Grammar Reference

Any introductory Spanish textbook can be a good resource for you to consult regarding questions you might have related to grammar topics. Introductory textbooks are also good places to find readings that are not too difficult for beginning language learners.

An online resource that offers helpful explanations of grammar topics is **spanishgrammarguide.com**, a website developed by the Spanish Institute of Puebla. The grammar explanations on this website are in Spanish, but they are short and tend not to be too difficult to understand, even for beginning language learners. Several examples are given for all grammar points, allowing you to see the specific grammar topic being used in a variety of sentences.

Television and Radio Programming

With the growing number of channels on television, it's getting easier each year to find Spanish-speaking programs. Three specific networks that you might have access to where you live are **Univisión**, **Telemundo**, and **Azteca**. If you are able to find some channels in Spanish, you should tune in to the news—which is recommended for a few reasons.

First, newscasters tend to speak slowly and clearly. For a learner new to the language, this is exactly the kind of spoken Spanish you'll be most likely to understand. Moreover, when watching the news, you'll see clips or scenes of what the newscaster is discussing. These images accompanying the words you hear provide helpful context for what's being said, meaning that you'll likely be able to understand more of the Spanish that is being used. When listening to the radio in Spanish, news programs also tend to be the best kind of programming for beginning language learners.

You might also choose to watch other kinds of programs on television: sports, **telenovelas** (soap operas), dramas, game shows—anything, really. The more you are able to hear Spanish in any sort of context, the better. If your television set allows it, you should occasionally watch a program while looking at the captions in Spanish. You might be tempted to use closed captioning in English, but using it in Spanish will help you relate words you hear to the way they are spelled. And the entire all-Spanish experience—meaning that both the words you're hearing and the words you're reading will be in Spanish—will help get you more used to the language in its various aspects.

Websites of Interest

The Internet, of course, offers a plethora of websites in Spanish. Although language learners should at times use the Internet as a study guide—when consulting an online dictionary, for example—at other times it's a good idea to visit different websites in Spanish simply to explore topics that are of interest to you. As a beginning language learner, you certainly won't be able to understand everything you read. Nevertheless, your use of context, cognates, and conjecture (in other words, educated guesses) can help you make sense of much more than you might think possible in your reading.

To read the news in Spanish, you might consult **cnnenespanol.com** or the Spanish page of **foxnewslatino.com**. You can find news from Mexico at **eluniversal.com.mx** and news from Spain at **elpais.com**; those countries, of course, have other newspapers, too. If you're interested in news from a specific Spanish-speaking country, just google "**periódico**" [newspaper] with the name of the country and you'll be directed to a number of different websites.

To see a weather report, you can consult the website of Spain's **Agencia Estatal de Meteorología** [State Meteorological Agency] found at aemet.es, which always has a video of a meteorologist giving the weather for all the regions in Spain. If you like to read about sports, you might be interested in the U.S. website **espndeportes.com**, the Mexican website **aztecadeportes.com**, or the Spanish website **marca.com**. If your interests are culinary, the website **elgourmet.com** is a place where you can explore lots of recipes and articles related to food. Finally, Spain's public broadcasting service, **Radio y televisión española** (which can be found online at rtve.es), offers programs dedicated to news, sports, music, and more.

Any reading you do in Spanish is good for the development of your reading skills, so take some time to explore the Internet to find websites in Spanish that match your interests.

Photographic Credits

Page 7:   Morning — © Maxim Khytra/Shutterstock.

Page 7:   Afternoon — © GaudiLab/Shutterstock.

Page 7:   Night — © Kamira/Shutterstock.

Page 13:   Family unpacking boxes — © Darren Baker/Shutterstock.

Page 13:   Man labeling boxes — © stefanolunardi/Shutterstock.

Page 29:   Biology classroom — © bikeriderlondon/Shutterstock.

Page 31:   Tamale — © REDAV/Shutterstock.

Page 31:   Ceviche — © Ismael Perez/Shutterstock.

Page 31:   Patacones — © bonchan/Shutterstock.

Page 36:   Messy room — © Jo Ann Snover/Shutterstock.

Page 36:   Pollen allergy — © Alex Cofaru/Shutterstock.

Page 42:   Dirty house — © Valzhina/Shutterstock.

Page 43:   3 generation family — © Goodluz/Shutterstock.

Page 43:   Grandparents and grandkids — © Goodluz/Shutterstock.

Page 48:   South America atlas — © TonelloPhotography/Shutterstock.

Page 49:   Airplane family — © toranosuke/Shutterstock.

Page 55:   Clock — © Divers Vector/Shutterstock.

Page 61:   Mother and kids — © FamVeld/Shutterstock.

Page 63:   Family dinner — © wavebreakmedia/Shutterstock.

Page 68:   Sun — © Yulia Glam/Shutterstock.

Page 68:   Partially sunny — © Yulia Glam/Shutterstock.

Page 68:   Lightning and thunder — © Netfalls - Remy Musser/Shutterstock.

Page 70:   Sun — © Studio Barcelona/Shutterstock.

Page 70:   Man shivering — © Gazoukoo/Shutterstock.

Page 70:   Girl in rain — © LWY Partnership/Shutterstock.

Page 70:   Snow — © katarina_1/Shutterstock.

Page 75:   South America political map — © mghstars/Shutterstock.

Page 77:   Room — © mghstars/Shutterstock; © Nip/Shutterstock; © Elena Terletskaya/Shutterstock;

            © Allydesign/Shutterstock; © Spasiblo/Shutterstock; © Palau/Shutterstock;

            © Christopher Hall/Shutterstock; © Oxy_gen/Shutterstock.

Page 80:   Family discussion — © Iakov Filimonov/Shutterstock.

Page 86:   Giraffe in zoo — © Kairos69/Shutterstock.

Page 86:   Elephant zoo — © Joseph M. Arseneau/Shutterstock.

Page 93:   Tuk Tuk — © Sura Nualpradid/Shutterstock.

Page 97:   Doctor and patient — © g-stockstudio/Shutterstock.

Page 98:   Picnic basket — © Ekaterina Pokrovsky/Shutterstock.

Page 119:   Clothing factory — © michaeljung/Shutterstock.

Page 119:   Alpaca weaving— © Thomas Barrat/Shutterstock.

Page 129:   Excited music fans — © wavebreakmedia/Shutterstock.

Page 146: Salt lake — © Vadim Petrakov/Shutterstock.
Page 146: Hotel of salt blocks — © Alberto Loyo/Shutterstock.
Page 169: Cocoa plant — © mchin/Shutterstock.

NOTES

NOTES

NOTES